MINERVA
社会福祉叢書
⑥

DV被害からの
離脱・回復を支援する

――被害者の「語り」にみる経験プロセス――

増井 香名子 著

ミネルヴァ書房

は じ め に

　筆者は長らく実践者である。本研究は，DV被害者支援という実践での行き詰まりと当事者との出会いの中で，少しでもより良き支援をしたいという筆者の実践者としての思いが契機となり始めたものである。それらはまた研究を続けるエネルギーでもあった。一方で，今や研究の力に魅了された研究者である。実践に行き詰まった筆者を救い，支援を導いてくれたのは研究により見出した知の力である。何年もの実践における「もがき」だけではたどり着けなかったことが研究というアカデミックなプロセスと手法を通して，現象に言葉を見出し，実践に理論をつなぐことができるようになった。そして，雲が晴れ，目の前にいる被害者に自分のすべきことがみえてくるようになった。また，支援者が行き詰まり，困惑している状況に対して現象を捉え直す視点や方策を提示できるようになった。

　しかし，この知への取り組みはまだ道半ばである。だが，この時も暴力のただ中にいる被害者，パートナーとの関係に悩む被害者，被害の影響に苦しむ被害者がいる。また，自らの支援に悩む支援者，行っている支援に違和感を抱いている支援者，支援者としてのあり方に行き詰まる支援者がいる。現場を知った者の責任，研究を知った者の責任として，研究により生み出された知を現時点で外在化し，共有したいと考えたのが本書刊行の動機である。

　本書は，DV被害者の語りを分析することによって，DV被害者が経験するプロセスを明らかにし，支援実践につなげる試みである。わが国のDV被害者研究および被害者支援における本書の意義は，以下の3点と考える。

　第1は，DV被害者の経験するプロセスを明らかにした点である。明らかにしたプロセスは，関係当初からDV関係に陥るプロセス，関係から離別することを決意して実際に離脱するプロセス，そして関係から離れた後の生活を再構築し，「回復」していくプロセスという被害者が経験する全プロセスである。インタビューした被害者の属性や経験は多種多様だが，個々の事例を超えて「DV

被害者」の経験する共通した「動き」を示すことができた。これを可能にしたのは，既成の概念にあてはめたり，数量化して示すのではなく，語りというデータに根ざした分析により当事者が経験するプロセスを描く，修正版グラウンデッド・セオリー・アプローチという分析方法を用いたことによる。

　わが国のDVに関する研究は，諸外国に比べ大幅な遅れをとっており，ましてや被害者の離脱や回復の経験についてはほとんど取り扱われていない。本研究では作成した分析結果図により，被害者に共通するプロセスの全体像を視覚的に明示することができたと考える。また，データから導いたカテゴリーや概念は，被害者の状況と経験に接近し，理解する知となるのではないだろうか。

　目次にも記されているように，分析において生成した概念は『　　』，カテゴリーは〈　　〉，コアカテゴリーは《　　》で示している。なお，概念は一定程度の多様性を説明する分析の最小単位としてデータを解釈し生成したもの，カテゴリーは概念のまとまりや複数の概念の関係からなる動きを示したもの，コアカテゴリーはカテゴリーの関係から見出した分析テーマで問いとしたプロセスの現象を示したものである。

　第2は，被害者の力強い側面を描き出したことである。これまでの先行研究は，被害実態や被害者が被害により経験する困難を主に明らかにしてきた。もちろんこれらの研究により，被害実態や被害の影響の理解が進んできたといえる。しかしながら被害者は決して無力なだけの存在ではない。また，筆者が専門とするソーシャルワークは人権へ感応する実践，そして人が持つ強みに着目しそこへの働きかけを行う実践である。被害者の持つ強さや強みの側面を知ることは支援を考えるにあたって不可欠である。本研究の結果から見出した被害者の姿は，本来安全で安心があるはずの家庭の中で親密な関係にあるパートナーより著しい心身の脅かしを反復して受けた者たちが，困難な中で生き抜き，自己を保持し，自分自身の状況認識を再構成し，「暴力のある生活」を終結させるために動き，実際に「暴力のない生活」を獲得し，さらに喪失から新しい生活を築き，元の状態に戻るのではなく新たな自己へとバージョンアップしていく姿であった。データと向き合い分析や執筆を進める中で，その姿に何度も鳥肌が立ち，感銘を受けた。それらは，痛みと苦悩などの脆弱な側面との拮抗ともがきの中で力強く生み出される経験であり，プロセスであるといえる。

はじめに

　第3は，生成したグラウンデッド・セオリーから支援のあり方を導き，支援現場での応用を意図した「ステージモデル」を提唱した点である。DV被害からの「脱却」プロセスは先に示したように力強さを感じるものであったが，被害者一人でそれを成し遂げることは不可能である。そこで出会う他者が大きな役割を果たしていたことから，支援のあり方が重要であることの再確認に至った。本研究の結果より見出した「ステージモデル」は，目の前にいるDV被害者の状況をアセスメントし，理解をした上で，支援を行う手がかりとなると考える。さらに，「いかに逃がすか」という支援に終始するのではなく，加害者と同居しており且つ離別の決意のない被害者への支援のあり方を提示したこと，また加害者と別居後の生活の構築段階にある被害者への重層的な支援の必要性を示した点は，被害者の状況に合わせた支援の多様なヴァリエーションの展開に寄与するものであると考える。

　本書の主題であるDV被害者が経験するプロセスは，第3章から第7章に記している。各章では，第1節においてカテゴリーを用いて分析結果を簡潔に示したストーリーラインと，カテゴリーおよび概念の相互作用を図にした分析結果図を示し，第2・3節において分析結果の詳細を記述している。この記述を通して，今DVの渦中にいる人が自身の経験を俯瞰できること，そして，「暴力のない生活」を得るためにすべき事を理解すること，今，離脱後の「しんどさ」の中にいる人がしんどさの理由を知り，その先の見通しが持てること，そして，「回復」に向かう人が自身の経験に言葉をみつけてさらに「回復」に向かえるようにすること。また，実践者が自身の実践を振り返ること，実践での視点・理論を得ること，そして確かに「暴力のない生活」を得ている人を知り，支援の意味を再確認すること。このような羅針盤となる知見を提供することが可能ではないかと思う。

　本書が被害者支援に関わる支援者の実践を支える知となり，DV被害者へのより良き支援につながること，そして，今なお暴力の中にいる人やその後を生きる人が，自らを取り戻し，安全で安心な生活を切り拓く一助となることを願っている。

2019年7月

増井香名子

目　　次

はじめに

序　章　DV 被害者はどのように捉えられてきたのか……………………… 1
　　　　──先行研究の検討から

　　1　当事者の経験と先行研究 ……………………………………………… 1

　　2　強みとプロセスへの着目 …………………………………………… 16
　　　　── DV 被害からの「脱却」のプロセスモデル構築

第1章　DV 被害者支援の現状…………………………………………………… 23

　　1　DV とは何か──暴力による支配とその影響 ……………………… 23

　　2　DV 問題の可視化──わが国の対応の遅れ ………………………… 28

　　3　DV 防止法による対応と他の虐待防止法との相違………………… 30
　　　　──本人の意思に基づく支援

　　4　DV 被害者支援に関する現状の課題………………………………… 34
　　　　──法律・実践現場・児童虐待・研究

第2章　当事者の経験プロセスを知る ………………………………………… 43
　　　　── M-GTA を用いて

　　1　質的データの特性を活かす──データに根ざした分析から理論生成へ … 43

　　2　M-GTA による当事者の経験への接近── DV 被害者26名の語りから … 50

第3章　DV 関係に陥るプロセス ……………………………………………… 57
　　　　──なぜ離別できなくなるのか

　　1　ストーリーラインと分析結果図……………………………………… 57

　　2　《がんじがらめになっていく》プロセス …………………………… 58

v

3 〈自己の譲り渡し〉 ……………………………………………………… 73

4 〈心理的絡みとられ〉と〈物理的がんじがらめ〉の巧みな進行……… 75

5 他者との経験からみる支援の役割 …………………………………… 77

第4章 離別の決意に至るプロセス…………………………………… 81
　　　　──どのような要因が「後押し」になったのか

1 ストーリーラインと分析結果図………………………………………… 81

2 《決定的底打ち実感に至る》プロセス ……………………………… 83

3 〈奪われる自己〉と〈生き続けている自己〉……………………… 100

4 限界感の再構成とターニングポイント ……………………………… 106

5 他者との経験からみる支援の役割 …………………………………… 109

第5章 離脱の行動プロセス…………………………………………… 111
　　　　──いかにして関係から「離脱」したのか

1 ストーリーラインと分析結果図……………………………………… 111

2 《パワー転回行動》のプロセス……………………………………… 113

3 〈超自己の感得〉と〈自己のよみがえり〉 ……………………… 125

4 行動の急発進が導く不可欠資源の確保 …………………………… 129

5 他者との経験からみる支援の役割 …………………………………… 131

第6章 生活の再生プロセス…………………………………………… 133
　　　　──いかにして新しい生活を築いていくのか

1 ストーリーラインと分析結果図……………………………………… 134

2 《大丈夫を増やしていく・大丈夫が増えていく》プロセス ………… 136

3 〈喪失自己からの歩み〉……………………………………………… 163

4 内外の痛みと脅かしの中で境界設定を完了させていく …………… 165

5 他者との経験からみる支援の役割 …………………………………… 168

目　次

第7章　「私」の新生プロセス……………………………………171
——いかにして自らの人生を新たに生きていくのか

1　ストーリーラインと分析結果図……………………………………171

2　《大丈夫な私になっていく》プロセス………………………………173

3　〈自己の確かさ〉と〈新たな自己〉……………………………191

4　ゼロにはならないことの受け入れとPTG……………………193

5　他者との経験からみる支援の役割……………………………196

第8章　被害者の経験プロセスを俯瞰する………………………199

1　DV被害者の経験プロセスを見通す……………………………199

2　自己の変化・被害者認識の変化……………………………………207

3　DV被害からの「脱却」の促進…………………………………210
——拮抗を力にする・レジリエンス・子ども

第9章　臨機応変な支援のための「ステージモデル」……………215
——複雑な構造を乗りこえるための枠組み

1　被害者の状況に応じた支援の必要性……………………………215

2　「DV被害者支援のためのステージモデル」とは何か……………216

3　ステージに着目した被害者への支援の視点………………………221

終　章　自治体への専門職配置とアドボケイトシステム…………229
——今後の支援システムへの展望

1　ステージを通した効果的な支援のために…………………………229

2　本書の到達点………………………………………………………235

おわりに

参考文献

索　引

序　章	DV 被害者はどのように捉えられてきたのか
	──先行研究の検討から

　ドメスティック・バイオレンス（以下，DV）被害の当事者たちはどのような世界を生き，どのような経験をしているのだろうか。本書は被害者支援を考えるために，当事者の経験を十分に理解する必要があるという前提に立つ。本章では，まず DV 被害者の経験に着目した先行研究を概観することにより DV 被害者の経験が国内外でどのように示されてきたかをみていく。その上で DV 被害者研究として本研究が目指す位置を確認し，研究の目的と試みを示す。

1　当事者の経験と先行研究

（1）2つの軸からの検討

　DV 被害者の経験に関する研究を大別すると，2つの軸による4つの分類に整理できる。この軸を踏まえると，1つ目の軸は関心の軸であり，DV の被害実態・困難に着目するもの（脆弱的側面と呼称する）と，経験への対処・被害者のもつしなやかさや強さに着目するもの（強靭的側面と呼称する）による分類である。2つ目の軸は，プロセスへの着目の軸である。時間的な変化に着目せず，プロセスを重視しない（非プロセス型と呼称）ものと，時間的な変化に着目しプロセスを重視するもの（プロセス型と呼称）による分類である。この2つの軸による4つの分類（①脆弱的側面-非プロセス型，②脆弱的側面-プロセス型，③強靭的側面-非プロセス型，④強靭的側面-プロセス型）に従って，各論者の着眼点を整理した（図序-1）。以下では，この分類ごとに先行研究を概観する。

（2）脆弱的側面──非プロセス型研究

　ここでは，被害実態・困難へ着目した研究のうち，プロセスを重視しない研究，つまり脆弱的側面-非プロセス型研究を概観する。

図序 - 1　DV 被害者の経験についての先行研究の分類の視点

	被害実態・困難への着目 （脆弱的側面）	経験への対処・強さへの着目 （強靭的側面）
プロセスを重視しない （非プロセス型）	脆弱的側面—非プロセス型	・強靭的側面—非プロセス型
プロセスを重視する （プロセス型）	脆弱的側面—プロセス型	強靭的側面—プロセス型

1）海外研究

　海外においてもわが国においても，DV 被害者研究は，DV 被害率や被害の重篤さ，DV が被害者にもたらす負の影響などを明らかにすることから始まっている。これらの研究は，DV の被害実態や暴力関係のダイナミックス，簡単に逃れられないといった支配のメカニズム，DV 被害によって被害者が複数の健康問題を抱えること，メンタルヘルスの悪さという多くの負の影響をもたらすことを示してきた。

　海外では1980年頃より DV 被害者の研究が盛んに行われるようになり，当初は被害の実態や被害者の困難が明らかにされた。DV 研究の初期の代表は1979年に出版された著書 *The Battered Women* に始まる Walker の研究といえる（Walker 1979＝1997）。Walker は，この本の中で，家庭内で暴力にさらされた女性の被害状況やその影響を丁寧に描写している。加えて，被害女性に共通する性格として，以下の 9 点を挙げている（Walker 1979＝1997：42-44）。

①　自己評価が低い。

②　虐待関係の神話を全部信じている。

③　伝統的な家庭主義者で，家族の絆を重要視し，女性の性的役割について固定観念を持っている。

④　虐待者の行為について責任をとる。

⑤　罪悪感に悩んでいるが，彼女自身が恐怖と怒りを感じていることを否定する。

⑥　社会に対しては受け身であるが，それ以上の暴力を受けたり殺されたりしないように環境を操作する強さをもっている。

⑦　重度の精神的重圧反応があり，心理生理学的な苦情を訴える。

⑧　セックスに基づいた親密な関係を作り上げる。

⑨　自分以外に自分の苦境を解決できるものはいないと信じている。

　⑥で環境を操作する強さについて触れられてはいるものの，その他の項目では，DV 被害者は弱い混乱した存在として描かれている。

　この Walker（1979）前後から，多くの研究が被害の実態や暴力関係のダイナミックスを説明するとともに，被害者が加害者から簡単には逃れられないことや，その理由を示してきた（Gelles 1976；Straus et al. 1980；Romero 1985；Benton 1986；Herman 1992＝1999；Rhodes & McKenzie 1998；Barnett 2001 等）。特に DV 被害者がなぜ加害者の元に留まるのかは，長年の研究の関心事である。Walker の研究に先立ち，Gelles は，DV 被害者がなぜ逃れないのかについて，暴力の頻度が少なく程度が低いこと，子ども時代に被虐待経験があること，経済的な理由や社会的地位の低さの３つを示している（Gelles 1976）。Romero は，暴力の中にある心理的虐待の影響，感情的な依存が生じること，加害者の信念や行為の妥当性から生じるサポートシステムからの孤立を挙げ（Romero 1985），Barnett は，被害者の加害者に対する経済的依存，警察を含めた司法システムの不適切さ（Barnett 2001）と，それぞれ加害者から逃れない要因を述べている。

　1990年代には DV の被害率への関心からアメリカでは NWS（Nation Women Study）や NVAWS（National Violence Against Women Survey）といった全国標本を用いた大規模被害者調査がなされ（小西 2010），その結果，女性の24.8％が身体的暴力，7.7％が強姦を親密な関係のパートナーから受けた経験があることが明らかになった（小西 2001：62）。

　その後，さらに多くの研究が行われ，被害者に及ぼす多岐にわたる影響が明らかにされている。身体的な健康との関連性については，McCauley et al. (1995)，Campbell et al. (1997a)，Campbell (2002)，Campbell et al. (2002)，Brewer et al. (2010) など，性的暴力による影響については，Campbell (1989)，Campbell & Soeken (1999)，Weaver et al. (2007)，Temple et al. (2007) など，精神的健康（うつ病との関連）については，Follingstad et al. (1991)，Campbell et al. (1995)，Campbell et al. (1997b)，Golding (1999)，Tolman & Rosen (2001)，

Weaver et al. (2007) など，薬物やアルコール依存との関係については，McCauley et al. (1995)，Tolman & Rosen (2001) など，精神的健康（PTSD との関連）については，Astin et al. (1993)，Golding (1999)，Tolman & Rosen (2001)，Campbell (2002)，Yoshihama & Horrocks (2003) など，加害者から逃れた後の影響については，Anderson & Saunders (2003) などである。

２）国内研究

わが国においては，1990年代後半になり，複数の調査（「夫（恋人）からの暴力」調査研究会 1998；東京都生活文化局 1998；フェミニストカウンセリング堺 DV 研究プロジェクトチーム 1998 など）によって DV 被害の実態がようやく明らかにされた。わが国における初めての公的な全国的規模の調査は，1999年に実施された「男女間における暴力に関する調査」（総理府 2000）である。この調査において，夫婦間で「命の危険を感じるくらいの暴行をうける」経験が１度でもある人は女性では4.6％もいることが明らかになった。同様の調査は３年ごとに実施されており，その結果は一貫して家庭内における暴力が存在していることを示している[1]。他にも，内閣府は，「配偶者等からの暴力に関する事例調査」において暴力被害の内容や暴力を振るう加害者の特性など（内閣府男女共同参画局 2001），「配偶者からの暴力の被害者の自立支援等に関する調査」では暴力関係から自立に至る困難さがみられること（内閣府男女共同参画局 2007）を明らかにしている。

別れられない理由については，橋本は，DV が深刻化する被害者側の要因として「孤立による無力化」「閉ざされた価値観や思考」「尋常ではない加害者への恐怖心」「DV と児童虐待との関連」「DV 被害による精神的ダメージ」「自立への足がかりのなさと見通しのない将来」「被害者性の認識のなさと加害者への依存」の７つを示し（橋本 2010），宇治は，関係を絶ち切れない被害女性の特徴として，「DV が起こるような関係性を作ったのは自分にも責任があると感じ，支援者の使う DV 概念を受け入れることに消極的で，且つ暴力問題よりも相手への執着を優先させたり関係が改善するのを期待したりして，加害男性と関係を続けていく方向を志向する」と分析している（宇治 2014）。

また DV 防止法制定前後には，DV について説明し，被害者への支援のあり方について言及した書籍が出版されている（森田 2001；小西 2001；信田 2002 など）[2]。これらは，DV 被害者の被害実態や支配のメカニズム，逃れることの難し

序　章　DV 被害者はどのように捉えられてきたのか

さ，自立の困難さなどに着目しつつ，暴力からの離脱から自立に至る被害者の
状況に応じた支援の必要性を述べている。

　以上，脆弱的側面-非プロセス型研究によって，「見えないもの」とされてき
た DV の存在が顕在化され，被害の実態や DV が被害者に及ぼす影響が深刻で
あることを一貫して示してきた。このような研究が，社会問題として DV を浮
かび上がらせる力となり，社会による対応や支援の必要性が示されたといえる。

（3）脆弱的側面──プロセス型研究

　被害者の被害実態や困難へ着目し，そのプロセス性に着眼した研究もみられ
る。これらは，DV があっても離別しなかったり，家を出ても帰宅したりする
被害者への関心をプロセスに着目し検討したものである。研究結果からは，親
密な関係における暴力の影響により被害者に生じる心理的要因をみることがで
きる。

1）海外研究

　DV 被害者が，暴力関係から逃れることが困難になるプロセス的側面につい
ての指摘は古くからみられる[3]。Walker は，被害者が虐待関係に留まって逃げ
ない理由を，学習性無力感という概念で説明している。学習性無力感とは，状
況に対しどうにもならない経験をし，無力であることをいったん経験すると，
自分自身が状況を変えられるとは感じられなくなるということを示す概念であ
る（Walker 1979 = 1997：53-55）。Dutton らは，暴力と謝罪や愛情表現の周期的な
サイクルの繰り返しの中で，特別な強い感情の結びつきが生じるプロセスがあ
ることを示し，被害者は一度関係を離れても加害者の元に戻り関係を継続する
というトラウマティック・ボンディングを説明している（Dutton & Painter 1981）。
また Mills は，関係の始まりの幸福感が残り続けるとともに，加害者を病気で
あると受け止めることで何とか対処しようとして関係を継続させていくプロセ
スがあることを示している（Mills 1985）。

2）国内研究

　国内では，被害を受けていくプロセスや DV が深刻化する要因，逃れない被
害者に関する研究がいくつかみられる。米田は被害者が被害を受けていくプロ

5

セスについて 4 人の被害者への調査から，「DV 被害者は，暴力を受けても，結婚に対する，本人のさまざまな価値観や考え，夫に対する願望，期待などが，暴力による恐怖心や不安感，不快感を否認し，生活を維持する方向に，自ら努力している過程」がみられることを示している（米田 2014）。また武内らは，デート DV の被害者の研究によって被害が深刻化するプロセスからその要因として「自己犠牲性」と「恋人への依存性」の高さ，長期化する要因として「自己主張力」や「人権意識」の低さという個人特性があることを指摘している（武内・小坂 2011）。

（4）強靭的側面──非プロセス型研究

　本項では，DV 被害者の経験への対処・しなやかさや強さである強靭的側面に着目した研究のうち，プロセスを重視していないものを概観する。これらに着目した海外研究は，暴力下で被害者がとっている積極的な対処や，被害者に離別や回復をもたらす要因，ターニングポイントとなった出来事を明らかにするものや，被害者の経験の中にソーシャルワークや対人援助の近隣分野で用いられている人の強みに着目した概念であるレジリエンスやストレングス，心的外傷後の成長を示す PTG を見出す研究などがある。

1）暴力下の対処

　暴力下にあっても被害者は暴力や支配に甘んじるだけでなく，被害者は生きのびるために積極的に対処していることを複数の研究が明らかにしている（Merritt-Gray & Wuest 1995；Campbell et al. 1998；Sieutel 1998；Davis 2002 ほか）。たとえば，Merritt-Gray らは，被害者は虐待に抵抗する方法として，①自己の一部を捨てる，②虐待を最小限にする，③防御を強化することを示している（Merritt-Gray & Wuest 1995）。Campbell らは，被害者が暴力問題に直接対処する方法として，①警察を呼ぶ，②他者に助言や助けを求める，③反撃する，あるいは先に攻撃する，④離れる，⑤経済的行動，⑥自分に問いかける，⑦終結に向けた動き，⑧避ける，あるいは隠れること，の 8 つを例示している（Campbell et al. 1998）。また，被害者の多くが家を出ることと戻ることを繰り返すが，それは自らの人生へのコントロールを増やそうとするメカニズムであるという報告もされている（Sullivan & Davidson 1991；Ulrich 1991）。

序　章　DV 被害者はどのように捉えられてきたのか

2）関係からの離脱

Campbell らは，被害者が暴力関係から「離脱」した要因に着目し，32人の女性（アフリカ系アメリカ人24名，白人 7 名，その他 1 名）へのインタビュー調査の結果から，離別や変化の決意となるターニングポイントには，①凶暴感情の芽生え（彼を殺したいと思う），②経済的な自立，③彼の浮気，④彼の虐待と暴力，⑤自分自身を被虐待者であると定義する，⑥子どもに影響があること，の 6 つがあり，離別の有無に地位や人種などには相違がみられないことを明らかにしている（Campbell et al. 1998）。Chang らは，①虐待・虐待者から他の人を守ること，②虐待の激しさと屈辱の増加，③選択肢の気づき・サポートや資源のつながり，④虐待者が変化しないことへの疲労／認知，⑤パートナーの裏切りと浮気，の 5 つがターニングポイントであると示している（Chang et al. 2010）。

さらに，Landenburger は，虐待関係から逃れる女性の能力に影響を与える要因として，①子どもへの影響，②安全への恐れ，③自己効力感や孤立などの心理社会的要因の 3 つを示している（Landenburger 1998）。Patzel が，離脱に寄与した個人のストレングスや内的資源について分析し，①ターニングポイント，②現実，③再構成，④力，⑤自己効力感の 5 つの要素を見出している。これらの要素は相互に作用し合い，他のものを強化する。たとえば④の力には，自己学習・声・信念が影響を与える（Patzel 2001）。また Zink らは，離別の選択に影響を与えた家庭内の要因について分析し，①被害者の現実（経済，教育など），②虐待者への愛着対脅迫や危害の程度の認知，③子ども，の 3 つの要因を示し（Zink et al. 2004），Kim らは，①経済的自立，②親の暴力の目撃，③心理的要因，④支援要請への警察の対応，の 4 つを離別の決意の要因として示した（Kim & Gray 2008）。

3）回復の経験

海外研究では，DV 被害からの離脱だけでなく，その後の被害者の経験，つまり回復をテーマとした研究もみられる（Farrell 1996；Senter & Caldwell 2002；Taylor 2004；Hou et al. 2013）。たとえば，Senter らは，回復の影響因子として特に被害者のスピリチュアルな側面に焦点を絞り，被害者の回復を促す以下の12の影響因子を示している（Senter & Caldwell 2002）。

7

① 虐待する関係の真実／実在を認めること。
② アドボケイトする声を受け入れること。
③ 他者のサポートを受け入れること。
④ 新しい生活に適応すること。
⑤ 怒りと喪失感情／恐れの感情を認めること。
⑥ 非生産的な出来事から解放すること。
⑦ 自己の目覚め／再発見。
⑧ 自己の内なるものを見て／焦点を絞ること。
⑨ サポーティブな関係とつながり直し，強めていくこと。
⑩ 宗教系の信念と慣習を再確認すること。
⑪ 他者に手を指し伸ばすこと。
⑫ 自己・他者・人生について新しい視点を取り入れること。

　また Taylor は，アフリカ系アメリカ人のインタビュー調査から回復の影響因子として，①秘密の共有／静寂を打ち砕くこと，つまり他者と虐待についての情報を共有すること，②自己を取り戻すこと，つまり虐待者と社会から自分自身を分けて定義すること，③精神を回復させること，つまり慈愛とスピリチュアルで内的自己を復活させること，④許しを通して自己を癒すこと，つまり虐待と暴力についてパートナーを許すこと，⑤未来の中に活路を見出すこと，つまり楽観的に未来を考えること，⑥社会活動に従事することによって力のある自己にすること，つまり社会変化を促進するために社会活動に参加すること，の６点を示した（Taylor 2004）。さらに，台湾の研究者である Hou らは，①恥ずかしさを感じること，②自己を高めること，③不完全な自己を認識すること，④他の人たちを援助することによって自己を統合すること，の４つを示し，被害者が自己を再構築している様相を示している（Hou et al. 2013）。
　これらの海外研究からは，宗教を含めたスピリチュアルな側面と，他者を支援するなどの社会活動への参加が回復の要因を導く特徴として示されている。被害者が真実の受け入れや許しを通して，自己解放していくことの重要性を喚起するものだともいえよう。一方，宗教の位置づけや社会活動の参加などの文化的な背景が異なるわが国の被害者がどのように離脱後の回復するかについて，

またその要因を明らかにした研究はみられない。

4）ストレングス・レジリエンス

　強靭的側面-プロセス型研究のもう一つの側面は，2000年前後に行われるようになってきたストレングス・レジリエンスなど困難さを乗り越える強い側面やクライエントの有する強みを説明する概念を踏まえ，DV被害者の状況を検討した研究である。これらの研究のいくつかについて考察する。

　ストレングスは人間に内在する強さや強みを指し，ソーシャルワークにおけるストレングスモデルは，その強さや強みに焦点を絞る支援を志向していく実践である。DVとストレングスの関係については，いくつかの先行研究が存在する（Patzel 2001；Davis 2002；Black 2003；Sabri et al. 2016）。Patzelは，被害者へのインタビュー調査から個人のストレングスや内的資源が外部の資源や公的支援に結び付いた時に，被害者の暴力関係からの離脱の決意が促進されることを示した（Patzel 2001）。Davisは，関係からの離別へと動く時に，希望，スピリチュアル，ユーモアのセンス，サポートシステムなどと被害者の内的な資源のあらゆるものを投入するというストレングスが見られることを明らかにした（Davis 2002）。Blackは，これまでのDV研究が被害者の弱点に焦点を絞ったものがほとんどであることを批判した上で，アドボケイトの支援を受けた被害者への調査から，被害者のストレングスが支援により引き出されていることを示している（Black 2003）。

　レジリエンスは弾力性や復元力と訳されることもあり，逆境において耐え抜く力，困難を跳ね返す力，苦難を超えて自分自身を修復する力のことである。DVとレジリエンスの関連についていくつかの研究がなされている。被害者は関係から逃れる時に，個人の持つ資源だけでなく，インフォーマルなサポートを活用するとともに，自らに必要な社会資源や支援を非常に積極的に探索することが示されている（Werner-Wilson et al. 2000）。Crawfordらは，レジリエンスを減退させる要因として，感情の鈍麻を挙げている。これは暴力下で生きのびることには寄与するものの，被害者のレジリエンスそのものを減退させる。一方で，レジリエンスを高める影響を与えるものとして，子どものために今置かれている困難に何とか対処しようとすることや同様の経験をした女性たちとのつながりがあることを示した（Crawford et al. 2009）。またAndersonらは，暴力

関係から離脱した後の DV 被害者の回復・成長・レジリエンスに着目した。Anderson らによれば，量的調査からは，PTSD 症状はほとんどみられず，比較的高いレジリエンスが被害者にみられることを明らかにし，インタビュー調査の分析からは，フォーマル・インフォーマルな社会的なサポートとスピリチュアルサポート（ハイヤーパワー・教会コミュニティや宗教的リーダーとの関わりなど）が回復に貢献していたことを示している（Anderson et al. 2012）。

5）PTG（心的外傷後成長）

PTG（心的外傷後成長）とは，外傷を経験した人がその後，単に元の状態に戻るということを超えて，「成長」を経験することを示した概念であり，Tedeschi らによって示された（Tedeschi & Calhoun 1996）。Calhoun らによれば，この外傷後の成長は，心的外傷をもたらした出来事から直接生じるものではなく，出来事が起こった後の心理的もがきの結果，起きるとされる（Calhoun et al. 2000）。この PTG を測定する指標には，外傷後成長尺度（以下，PTGI）があり，「他者との関係」「新たな可能性」「人間としての強さ」「精神性的（スピリチュアルな）変容」「人生に対する感謝」の 5 つの因子で構成される（宅 2010：27）。

DV の被害者を対象に初めて PTG を取り上げたのは Cobb らである。PTGI スケールを用いて被害者の PTG を測定した結果，DV 被害者の PTGI は，乳がん患者や犯罪被害者より優位に高いことが示された。一方で，被害者の抑うつ症状と PTG については相関が見られなかった。さらに，PTG は，加害者から離れて生活をしている場合において高くなることを示している（Cobb et al. 2006）。

また Bitton は，シェルター利用後の厳格なユダヤ教正統派コミュニティのイスラエル人女性への量的調査の結果から，PTSD 症状と PTG には相関が見られないことを明らかにするとともに，女性たちは暴力関係から脱却した後に自分自身の人生に明らかな変化が訪れたと語っていることを示した（Bitton 2014）。Valdez らは，DV 被害者の世界に関する仮定（world assumption）の積極的な変化と PTG に相関を見出し，被害に遭うことによって粉々になった自分の世界を再構築する時の手がかりとなるのが PTG であると述べている（Valdez & Lilly 2015）。これらの PTG を主題とした調査結果から，被害者には PTG がみられること，暴力の関係から離れていることが重要であること，PTG はうつや

PTSD 症状などの脆弱な側面と共生していることがわかる。

　以上，海外では DV 被害者が困難を乗り越えていくという肯定的対処や強い側面に焦点を絞った研究がなされている。とりわけ，被害からの離脱つまり，被害者が逃れる要因や離別の決意の要因の実証的研究は，1990年頃から行われ，回復をテーマにした研究へとつながっており，DV 被害者へのインタビュー調査を質的に分析したものがみられる。それらの分析の結果には文化や人種を超えた共通性がみられ，また前述したようにスピリチュアルな要素が多く見られることに特徴がある。さらに，ストレングス，レジリエンス，PTG などのクライエントのもつ強さや強みに着目し，被害者の強靭的側面を明らかにしたものが2000年前後から散見されるようになっている。

　しかし，わが国においては，このように被害者の経験の強い側面や被害者がもつ強みに焦点を絞った研究や，それらを示す概念と被害者の経験を検討した研究はみられない。

（5）強靭的側面──プロセス型研究

　海外では，1990年前後から被害者の離脱や回復には一定のプロセスがあることが指摘されるようになった（Landenburger 1989；Ulrich 1991；Merritt-Gray & Wuest 1995；Moss et al. 1997）。ここでは，離脱や回復などの被害者の強靭的な側面，中でもプロセスを取り扱った研究を概観する。これらの研究は，概ね2つに分類される。すなわち，①被害者の DV 関係から「脱却」するプロセスを4ないし5つの段階に分け明示しそれぞれのプロセスの特徴を示した研究，②健康教育の分野で活用されているトランスセオレティカルモデル（行動変容理論モデル，以下，TTM）を被害者の変容過程や介入に援用した研究である。

1）プロセスの段階を明示

　プロセス全体を明示した研究の源流は，Landenburger による研究であるといわれている（Davis 2002；Giles & Curreen 2007）。Landenburger は被害者へのインタビュー調査の結果，①縛る，②耐える，③解放する，④回復する，という4段階のプロセスを示し，離脱に動く3段階目の解放する段階と関係から離脱後の4段階目の回復する段階の存在に言及した。3段階目の解放する段階は，

名づける，助けを求める，限界，自己の出現，の4つの概念で，4段階目の回復する段階は，生きるためにもがく，なげき悲しむ，意味を探し求める，という3つの概念で説明している（Landenburger 1989）。

　その後，多くの研究者が，被害者が暴力関係から離脱し回復するプロセスを研究している。Merritt-Gray らは，①虐待に抵抗する，②自由へと抜け出る，③戻らない，④動き出す，の4段階を提示し，それぞれの段階を3つの論文に分けて詳細に説明している（Merritt-Gray & Wuest 1995；Wuest & Merritt-Gray 1999；2001）。また Mills は，①暴力関係に入る，②暴力に何とか対処する，③自己喪失経験をする，④暴力関係を再評価する，⑤自己の再構築，の5つの段階を示している（Mills 1985）。Kearney は，DV 被害者の経験をグラウンデッド・セオリー・アプローチで分析した Landenburger 以降の13の北米の研究をシステマティックレビューし，次の4つのプロセスがみられることを明らかにした（Kearney 2001）。

① 「これは私が望んだこと」という，暴力を過小評価するプロセス。
② 「私がすればするほど，悪くなる」という，パートナーの行動をモニターし，自分を変えようとするが，ますます暴力が増大するプロセス。
③ 「もう十分やった」という，受け入れがたい状況であると再定義するプロセス。
④ 「私を探しみつけた」という，関係の外へ出て新生活へ動くプロセス。

　これらの先行研究を Giles らは，実施したニュージーランドの被害者の経験の分析結果（①愛に陥る，②支配を受け入れる，③ベースを確保する，④意味づけする，⑤私自身になる，の5段階）を基に比較分類しており（表序-1），先行研究に多くの共通点がみられることを指摘している（Giles & Curreen 2007）。

　他にも，被害者の経験プロセスを示した研究がみられ（Moss et al. 1997；Enander & Holmberg 2008 ほか），これらの研究結果からは，被害者が経験するプロセスは文化や人種による相違よりむしろ，文化や人種を超えた共通性がみられることが明らかになっている。

序　章　DV 被害者はどのように捉えられてきたのか

表序 - 1　海外研究における DV 被害者の離脱・回復のプロセスの比較

Giles（2004）	Landenburger（1989；1998）	Merritt-Gray & Wuest（1995）Wuest & Merritt-Gray（1999；2001；2002）	Mills（1985）	Kearney（2001）
愛に陥る（Falling for love）	縛る（Binding）		暴力関係に入る（Entering a violent Relationship）	これは私が望んだこと（"This is what I wanted"）
支配を受け入れる（Taking control）	耐える（Enduring）	虐待に抵抗する（Counteracting Abuse）	暴力に何とか対処する（Managing the Violence）	私がすればするほど，悪くなる（"The more I do, the worse I am"）
ベースを確保する（Securing a base）	解放する（Disengaging）	自由へと抜け出る（Breaking free）	自己喪失経験をする（Experiencing the loss of self）	もう十分やった（"I had enough"）
意味づけする（Making sense of it）	回復する（Recovering）	戻らない（Not going back）	暴力関係を再評価する（Reevaluating the violent relationship）	私を探しみつけた（"I was finding me"）
私自身になる（Being myself）		動き出す（Moving on）	自己の再構築（Restructuring the self）	
基本的心理社会プロセス 逆境を乗り越えて成長する（Growing through Adversity）		**基本的心理社会プロセス** 自分自身を取り戻す（Reclaiming oneself）		**基本的心理社会プロセス** 愛に耐える（Enduring love）

出所：Giles & Curreen（2007：377-378）の一部を筆者訳。

2）行動変容理論モデルの援用

　次いで，2000年代に多くみられた既存のモデルである TTM を DV 被害者の変化のプロセスや介入について援用した研究（Brown 1997；Burke et al. 2001；Chang et al. 2006；Zink et al. 2004；Khaw & Hardesty 2007；Burkitt & Larkin 2008；Hegarty et al. 2008；Burkitt & Larkin 2008；Burke et al. 2009；Reisenhofer and Taft 2013 ほか）を概観する。TTM とは，Prochaska らによって提唱された健康行動への変容を促す理論の一つであり，人びとの行動変容を 5 つの行動変容のス

テージ，すなわち無関心期・関心期・準備期・実行期・維持期に分け，行動変容へのプロセスを理解するものである。

　Brown は，加害者であるパートナーとの関係性に大きな影響を受ける DV の特徴を考慮した検討が必要であると述べつつ，TTM の DV への適用可能性を示した初期の研究者である。Brown によれば，無関心期は自身の問題を問題であると認識していない時期である。関心期は問題があることの気づきがあり，状況を変化させたいと思いながら行動に移す決心に至っていない時期であり，この時期が長年続く場合もある。準備期は，1 カ月以内に変化させるための避難の準備や相談を始める時期である。実行期は，まさに行動に移し状況を変化させる時期であり，6 カ月持ちこたえることを目安とする。元に戻ってしまう可能性が最も高い時期でもある。DV 被害者の場合，実行に向けての決意が重要な要素となる。一方で関係を離れることだけでなく関係に留まる中で暴力を減少させる動きをする場合もある。維持期は，6 カ月の実行期の後，再発を防ぎながら生活を維持する時期であり，5 年続けば新しい行動様式が定着したと考えられる（Brown 1997）。

　他には，DV 被害者の経験プロセスを TTM にマッピングしている研究（Chang et al. 2006）や，TTM に照らしてターニングポイントを示した研究（Khaw & Hardesty 2007）などがみられる。

3）国内研究

　わが国においても，DV 被害者の離脱や回復の経験のプロセスに触れた研究がわずかにみられる（須藤 2000；川崎ら 2006；山本 2007；武内ら 2011；藤田 2014）。須藤は，シェルターを利用した 4 名の女性がシェルター利用までに接点を持った社会資源を事例ごとに整理し，シェルターの意義を示している（須藤 2000）。川崎らは，DV から離脱した 2 名の被害者の経験を時系列で紹介し，被害者として自己覚知を促す支援の重要性を述べている（川崎ら 2006）。山本は，被害者が被害者としての自覚を持つプロセスを事例から分析し（山本 2007），武内らは，デート DV の被害者が加害者と離別するまでの心理的プロセスについて報告している（武内・小坂 2011）。藤田は被害者のインタビュー調査から，周産期および育児期を通じた DV 被害の認識の変化について報告している（藤田 2014）。

　これらは被害者の経験にはプロセスがあることを認識はしているものの，事

例紹介か限定したテーマについての分析にとどまっているといえる。また，これらの研究は，DV 被害者であるという認識や自覚が重要であると結論づけているものが多いことが特徴である。

　以上，強靭的側面-プロセス型研究は，海外においては被害者が DV からいかに離脱し，いかに回復するのかという関心から行われてきており，被害者の経験にはプロセスがあることと被害者が経験するプロセスには文化や人種を超えた共通性がみられることを示している。一方，わが国では DV 研究自体の少なさも反映し，被害者の離脱や回復のプロセスの解明はほとんどなされていない。

（6）先行研究の到達点と課題
　ここまで，被害者の経験を取り扱う先行研究を 2 つの軸から 4 つに分類して検討した。ここで改めて確認する。1 つ目の軸は，被害実態や DV がもたらす困難な側面に焦点を絞る（脆弱的側面）か，被害者が困難を乗り越え変化していくという肯定的対処・しなやかさや強い側面に着目している（強靭的側面）かで区別した。2 つ目の軸は，被害者の経験をプロセスとして扱わないもの（非プロセス型）と取り扱うもの（プロセス型）とを区分した。
　主として英語圏の海外研究においては，DV 被害の中で被害者がいかに生き延び，関係からいかに離脱し，いかに回復するかという被害者の肯定的対処や強い側面を明らかにする研究（強靭的側面）が行われている。これらの研究では，インタビューを通して，被害者の主観的な経験を分析し，離脱や回復の要素や，プロセス，さらにソーシャルワークや対人援助をはじめとする領域における肯定的な概念を参照枠とした研究がみられる。これらは筆者の研究の関心に通じるところである。しかし，筆者が渉猟した限りでは離脱し回復に至るプロセスやプロセスを促進させる機序，構造の全体を捉える研究はわずかである。
　わが国の研究動向に関しては，そもそも DV 被害者を対象とした実証研究が少ない上，被害者の離脱や離脱後の生活，人生の経験におけるしなやかさや強さという強靭的側面に着目した研究はみられない。また，分析結果を支援のあり方に接続させようとする試みもほとんどみられず，これからの課題といえる。

図序 - 2 DV 被害者の経験についての本研究の位置

	被害実態・困難への着目 (脆弱的側面)	経験への対処・強さへの着目 (強靭的側面)
プロセスを重視しない (非プロセス型)		
プロセスを重視する (プロセス型)		強靭的側面—プロセス型

文化的な背景も踏まえ，被害者自身の経験の視点を理解すること，その上でわが国における支援のありようを導いていくことが必要である。

2　強みとプロセスへの着目
—— DV 被害からの「脱却」のプロセスモデル構築——

本研究は，国内ではほとんど行われていない被害者の経験への対処・しなやかさや強さに着目し，かつ被害者が被害経験から「脱却」するプロセスを明らかにすることを目指す。つまり強靭的側面-プロセス型研究に位置づくものである（図序-2）。本節では，本研究が着目する視点を確認した上で，本研究の目的と試みについて示す。また，用語の定義と本書の構成を示し，本章を終える。

（1）被害者の主観的経験プロセスへの着目

本研究は，被害者の有効な支援を考えるためには，まずは被害当事者の経験を理解する必要があるという前提に立つ。そのために，すでに暴力関係から「離脱」している被害者のインタビューデータを基に分析を行い，当事者の経験を明らかにする。

前述しているように，わが国では，被害者の経験について当事者の立場から検討した実証的な研究が非常に少ない。被害者が DV 被害の中で生き抜き離別を決意し，「暴力のない生活」をどのように得たのか，さらに離脱後に新しい生活をどのように築き，どのように被害を受けた経験から回復していくのか，自身の経験をどのように意味づけているのかについては，明らかになっていないといえる。DV 被害者への理解を深め，有効な支援について検討する作業は，暴力からサバイブした当事者の言葉やナラティブに基づいて導き出されること

序　章　DV被害者はどのように捉えられてきたのか

が重要である（Patzel 2001）。

　DV被害者の経験には，すべて時間的なプロセスを伴う。暴力が始まり，DVに組み込まれるといった関係の様相の変化があり，被害者自身にも何らかの変化が生じる。DV被害者は離別を決意するまで，家を出ては戻ることを何度も繰り返す時期があること（Sullivan & Davidson 1991；Ulrich 1991；Campbell et al. 1997；Patzel 2001；土岐・藤森 2013；2014）が指摘されている。また，トラウマや心的外傷経験から回復するプロセスがあることは，先行研究が指摘する点でもある（Herman 1992＝1999）。DVは外傷となる暴力被害経験そのものであることから，被害経験のその後を生きるというプロセスがある。

　本研究の関心は暴力からの「離脱」や被害経験からの「回復」ではあるが，被害者にとって関係の基盤となる当初の経験を知ることは被害者の経験を深く理解し，支援を検討するために重要な要素であるため，DV関係に陥るプロセスも取り上げる。つまり，本研究は，DV被害者の経験プロセスの全体を明らかにするものである。

（2）プロセスの促進要因と強みへの着目

　本研究では，被害実態を明らかにすることに関心を持っているのではない。DV被害の実態を明らかにする一連の研究が重要なのは，いうまでもない。しかしながら，これらの研究は被害者像の画一化を生み出し，支援に値する無力な被害者というイメージを形成させてしまった（高井 2000）。暴力にさらされることで被害者は人間としての根源的な力を失っていくが，須藤（2002）が述べるように，研究によってDV問題に取り組むソーシャルワーク理論としてエンパワメントアプローチの戦略や過程を具体的に導くことは，女性の持つ力をどのように認め，そして回復させていくかがDV問題に立ち向かうソーシャルワークの軸となるべきではないだろうか。

　筆者は，DV被害者の支援の経験を有する。その支援現場において加害者との離別を決意し，「暴力のない生活」に向けて大きく動き出す多くの被害者に出会ってきた。その支援の中で，被害者の中に「逃れることの困難さ」に支配される無力な「弱い側面」だけでなく，自ら決意し動き出す「強い側面」を幾度となく実感することがあった。被害者の支援を考える際，「逃れることの困難

さ」や被害によってもたらされる「弱い側面」を理解することは重要であるものの，併せてその「逃れることの困難さ」や「弱い側面」をいかに乗り越え DV 被害から「脱却」するのか，また何により「脱却」が促進されるのかといった被害者の強みや強さの側面を，実証的に分析することは有効な支援を検討するために欠かすことができない前提だと考える。

（3）本研究の目的と試み

　以上から，本研究の目的は，①わが国の DV 被害者の経験を分析することを通して，DV 被害当事者の視点から DV 被害者の経験プロセスの全体像，とりわけ DV 被害から「脱却」していくプロセスを示すこと，②分析から得られた知見を基に，実践に応用可能な支援の視点を提示すること，である。この目的の下，実施する本研究は，以下のような試みである。

　第1に，当事者の語りからわが国における DV 被害者の経験に接近する試みである。前述したように DV 被害者の国内研究は海外に比べ大きく遅れをとっている。そのため DV の理解や支援については，欧米を中心として発展した理論を輸入している状態といえる。しかし，その中には社会文化的な背景が異なるわが国に，適用可能なものとそうでないものがあると考えられる。現に，海外の研究ではキリスト教を中心とした宗教的な背景の影響が示されており，わが国での離婚手続きに類するものの言及はほとんどみられなかった。本研究は，文化社会的背景の異なるわが国にとって，より適用可能な理論を示そうとする試みである。

　第2に，DV 関係の始まり，その暴力関係からの「離脱」そして，被害経験からの「回復」の機序や構造を示す試みである。被害者の経験を個別的断片的に示すのではなく，抽象度を高めてプロセスや相互作用などを丁寧に見ていく中で，被害者の経験プロセスの全体を示す。これについては，次章で説明する研究方法である修正版グラウンデッド・セオリー・アプローチの特性を存分に活かし，分析結果図[4]として視覚的に示すことを行う。

　第3に，これまで DV 問題を十分に扱ってこなかったわが国のソーシャルワーク研究において，暴力や支配により抑圧される困難な状態から DV 被害者が解放されていく姿を描き，支援の役割の検討へと接続させる研究を行うとい

序　章　DV 被害者はどのように捉えられてきたのか

う試みである。前述したように，須藤 (2002) は，わが国の DV 問題とソーシャルワーク研究には大きなギャップがあることを指摘しているが，本研究は，DV という暴力にさらされ抑圧された人々が解放されていくプロセスを，ミクロの視点から丁寧に描こうとする試みともいえる。

　第 4 に，分析の結果から，他者の作用や影響をみていくことにより，実践現場に応用可能なプロセスに応じた支援を提唱するという試みである。被害者の経験の分析から支援を提示することは，支援者が被害者を理解し，支援と被害者の状況やニーズとのミスマッチを防ぎ，効果的な支援を行うための一助となると思われる。実証的研究によって提示される DV 被害者支援の視点は，支援理論を持たず混沌とした状態にあるソーシャルワークや支援の実践現場にとって，新たな地平を拓くものであると考えられる。このような視点の提示は，DV 被害者支援に広く深く関わる領域，福祉・心理・医学・保健看護・法律・教育などの専門家や一般の行政職員など様々な分野の垣根を越えて有用なものであると考えられる。

（4）用語の定義と本書の構成

1）用語の定義

　本項では，本研究で用いる用語の定義を行う。本研究でいう DV 被害者とは，DV 防止法が定義している被害者の範囲に類似しており，婚姻関係のみならず，内縁関係，生活の本拠を共にしている交際相手を含む。同居していないが交際関係のあるカップル間のデート DV も暴力や支配の構造であるという点で大きな違いはないものだが，本研究は，同居している関係を解消していくプロセスについて着目点としており，その点から同居していない恋人間のデート DV については対象外とする。また調査対象者は全員女性であることから，女性の DV 被害者の経験を明らかにしたものといえる。しかし，分析結果の一部は，親密な関係からの暴力という共通性において，デート DV の被害者や男性の DV 被害者にも通じる理解を提供すると考える。

　当事者については，DV 被害者もしくは被害者という表現を用いる。生き抜く力のある人，生き抜いた人，その後を生きる人という意味でサヴァイバーという言葉が使用されることもあるが，DV 防止法において被害者という言葉が

表序 - 2　本書における標記の位置

プロセス名と分析結果を示した章	「離脱」と「回復」の位置	「脱却」の位置	
DV 関係に陥るプロセス（第3章）	—	—	DV 被害者の経験プロセス
離別の決意に至るプロセス（第4章）	暴力関係から（の）「離脱」	DV 被害から（の）「脱却」	
離脱の行動プロセス（第5章）			
生活の再生プロセス（第6章）	被害経験から（の）「回復」		
「私」の新生プロセス（第7章）			

使われていることから，ここでは被害者と統一して表記する。DV 関係から離脱後の元被害者についても，基本的に被害者という言葉を用いることとするが，文脈の中で被害経験者という場合もある。

　また，本書では，「暴力のある生活」「暴力のない生活」という表現を用いている。「暴力のある生活」とは，パートナーから日常的に暴力や支配を受けている生活のことをいい，「暴力のない生活」とは，加害者とは一緒に生活しておらず，家の中で加害者から直接的な暴力を受けることのない生活を指す。

　また本研究では，暴力関係から（の）「離脱」，被害経験から（の）「回復」，DV 被害から（の）「脱却」という言葉を多用している。それぞれの用語の位置づけは表序-2の通りである。暴力関係から（の）「離脱」は，「暴力のある生活」の内実と「暴力のある生活」から「暴力のない生活」へと移行する動きを示し，第4章で示す離別の決意に至るプロセスと第5章で示す離脱の行動プロセスを示す。被害経験から（の）「回復」は，加害者と別居し新たな生活の場を得た以降の経験を示し，第6章の生活の再生プロセスと第7章の「私」の新生プロセスを示す用語である。そして，DV 被害から（の）「脱却」は，暴力関係から（の）「離脱」と被害経験から（の）「回復」を併せた意味で使用している。この DV 被害から（の）「脱却」と DV 関係に陥るプロセスは，まとめて DV 被害者の経験プロセスとしている。

2）本書の構成

　本書の構成は以下の通りである。

　序章である本章においては，DV 被害者の経験を明らかにした国内外の先行研究を吟味し，本研究の目的について説明した。

序　章　DV 被害者はどのように捉えられてきたのか

　第 1 章においては，DV について説明した後，DV が国内外で社会問題とし
て扱われるようになった経過を示す。また，わが国の DV 防止法について説明
するとともに，DV を取り巻く現状と課題を概観する。
　第 2 章では，研究方法を示す。本研究で用いた修正版グラウンデッド・セオ
リー・アプローチとその方法を選択した理由を説明するとともに，分析のプロ
セスを示す。
　第 3 章から第 7 章では，分析結果として生成したグラウンデッド・セオリー
を記述する。第 3 章では，DV 関係に陥るプロセスを示す。どのように 2 人の
関係が始まったのか，なぜ暴力が本格化しても被害者は別れなかったのか，も
しくは別れられなかったのか。ここでは，DV 被害から「脱却」するプロセス
の前段にみられる，関係の始まりから暴力が本格化していく中で関係を継続し
ていく「暴力のある生活」に至るプロセスを示す。第 4 章では，離別の決意に
至るプロセスを示す。DV 関係に陥った被害者はどのように「暴力のある生活」
を経験し，いかにして加害者と別れることの決意に至ったのだろうか。ここで
は，関係の中での被害者の生活を描くとともに，そこからいかにして加害者と
の離別を決意したのかそのプロセスを描写する。つまり，被害者が「暴力のあ
る生活」の中で「暴力のない生活」を希求するようになるプロセスである。第
5 章では，離脱の行動のプロセスを示す。被害者は実際にどのようにして加害
者から離れたのだろうか，そして何が離脱を可能にしたのだろうか。ここでは，
「暴力のある生活」から「暴力のない生活」へと大きく状況を変化させる暴力関
係から「離脱」する被害者の行動のプロセスを示す。第 6 章では，生活の再生
プロセスを示す。被害者は，関係から離脱後どのような経験をし，いかにして
新しい生活を築いていくのだろうか。ここでは，加害者と離れ「暴力のない生
活」を始めた別居後数年間に及ぶ被害者の経験を示す。第 7 章では，「私」の新
生プロセスを示す。被害者は，どのように新たに自らの人生を生き，いかに自
らの経験を意味づけていくのか。ここでは，離脱後の一定生活が落ち着いた後
の被害者が被害経験から「回復」するプロセスの最終段階を描く。
　第 8 章は，第 3 章から第 7 章の分析結果全体を俯瞰して振り返る。
　第 9 章は，支援への応用に向け「DV 被害者支援のためのステージモデル」
を提示し，各ステージにおける支援の視点を示す。

終章においては，今後の支援システムの展望を述べる。

注

(1)　2017年の調査結果においても，これまでに結婚したことのある人で，一度でも暴力を受けたことがあると回答した女性は31.3％，男性19.9％。女性13.8％，男性4.8％は何度も受けている。また，結婚したことのある人で，「命の危険を感じた」という人は女性は4.7％，男性は0.6％であった（内閣府男女共同参画局　2018a）。

(2)　森田（2001）は，大幅修正され2007年に同名の文庫本が出版されている。

(3)　土岐らは，わが国における研究の遅れを指摘しつつ，海外の研究で検討されている6つの代表的モデルとして，学習性無力感，トラウマティック・ボンディング，理由ある行為，心理的罠，インベストメント・モデル，2段階意思決定モデルを紹介している（土岐・藤森　2013）

(4)　分析結果図は，「主要な概念やカテゴリーの関係を線や矢印などで表すので，相互の影響関係や変化のプロセスがわかりやすくなる」（木下　2003：218）。

第1章	DV 被害者支援の現状

　本章では，ドメスティック・バイオレンス（以下，DV）とは何かをおさえた上
で，研究の背景となるわが国の DV 被害者を取り巻く社会の変遷や DV 対応の
固有性につながる法律の独自性について説明し，わが国の DV 問題の現状を概
観する。

1　DV とは何か
——暴力による支配とその影響——

（1）暴力による支配とコントロール

　DV は，一般に夫婦間や恋人など「親密な」間柄の中で起こる暴力のことを
指す。この「親密な」間柄の範囲については，婚姻関係のみならず，内縁関係，
恋人間，同性愛関係など，どこまでを含むかという点については明確な定義は
ない。また DV という呼称は性中立的であり，女性から男性への暴力も含むが，
一般的には，男性から女性に対する暴力という意味で使用される場合が多い（宮
本 2003：172）。

　アメリカでは，「ドメスティック・バイオレンスとは大人または10代の若者が
その配偶者や恋人など親密な関係にある者に対して，身体的，性的，心理的攻
撃を含む暴力を繰り返しふるうこと」と定義されてきた（宮本 2003：173；森田
2007：20）。現在，アメリカでは，親密な関係にあるパートナーからの暴力を意
味する IPV（intimate partner violence）という言葉が使われることが一般的とな
っている（村本 2013：28-29）。

　わが国の DV 被害者を支援する法律として制定された「配偶者からの暴力の
防止及び被害者の保護等に関する法律」においては，DV ではなく「配偶者か
らの暴力」という言葉を使用している。その範囲は，性別は問わず，内縁関係
も含む婚姻中の夫婦と婚姻中から暴力があった離別後の夫婦に加え，生活の本

表 1-1　暴力の種類

暴力の種類	内　容　例
身体的暴力	・殴る　・蹴る　・首を絞める　・突き飛ばす　・つかむ　など
精神的暴力	・どなる・脅す　・ばかにする　・お前がおかしいと言う　・無視する ・物を投げる・刃物を出す　・自殺をほのめかす　など
経済的暴力	・生活費を渡さない　・自由にお金を使わせない　・外で働くことを嫌がる ・家計の責任を一人に負わせる　・借金の強要　など
社会的暴力	・友人や身内との付き合いを制限する・嫌がる　・自由に外出させない ・スマホをチェックする　・行動をチェックする　・激しい嫉妬　など
性的暴力	・望まない SEX や行為を強要する　・避妊をしない ・裸の写真を撮る・SNS で流す（と脅す）　など
子どもを利用した暴力	・子どもの前で暴力を振るう　・子どもに危害を加える ・子どもを取り上げようとする　・子どもの前で非難する ・子どもと仲良くするのを嫌う　など

拠を共にする交際相手としていわゆる同棲関係にあるものが準用されており，一緒に生活をしている（いた）ということが中核といえる。

　DV の暴力の形態は，身体的暴力に限らず，精神的暴力，経済的暴力，社会的暴力，性的暴力，子どもを利用した暴力などがある（表1-1）。それらを複合させ，加害者は被害者を支配しコントロールしていく。特徴として，暴力や支配・被支配の関係は外から見えにくいこと，反復して受けることで被害者は無力化され，その人らしさや健康さが奪われていくことが挙げられる。

　DV は，様々な暴力の形態を使って一方が一方を支配することであり，対等にパワーをやり取りするいわゆる「けんか」とは質の異なるものである。対等ではなく尊重のない上下の関係であり，被害者はその関係において物事の決定権を奪われているような状態となる。

　また，DV にはサイクルがあるといわれている（図1-1）。怒りが爆発し大きな暴力が起こる「爆発期」の後に，加害者が別人のように優しくなったり，謝ったり，暴力は振るわないと約束をするという「ハネムーン期」と呼ばれる時期がある。しかし，「ハネムーン期」は長くは続かず，加害者がいらいらしたり，軽い爆発を起こす，怒りやストレスをためこむという「緊張期」となる。そして，ささいなことをきっかけに再び暴力が起こる「爆発期」になるというのがDV のサイクルである。被害者は「ハネムーン期」にみられる加害者の姿に「本

第1章　DV被害者支援の現状

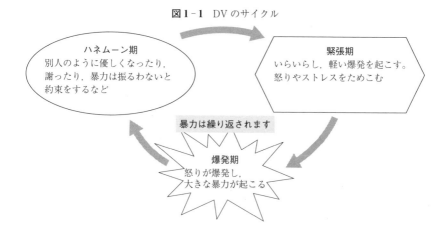

図1-1　DVのサイクル

当は優しい人」「やり直せるのではないか」「暴力を振るうのは本当の姿ではない」「この関係の中で何とかうまくやっていきたい」という思いを強めることになり，離別の決意が難しくなる。

（2）DVが被害者に及ぼす影響

　被害者は，加害者と支配-被支配（服従）の関係におかれる。また，「暴力は"人として大切にされて愛されて生きる権利を奪われる行為"のすべてを指し，人を傷つける行為のすべてになる。心と身体の安全に直結する被害を及ぼ」（宗像 2014：35）すものであることから，DV被害を経験することは，被害者に複層的なダメージを与え，被害者の健康さを奪っていくものであるといえる。

　DV被害を受ける経験について，自身もDV被害者でありDV被害者の回復支援活動に関わっている宗像は「意識して積み上げた体験ではなく，いつの間にか『どっぷりとそこに浸かっていた』と気づく」（宗像 2014：35）ものであると述べて，DV経験について「本人や周りが気づかないほど，ゆっくりと時間をかけて身に染みた」（宗像 2014：35）と表現している。このような中で，被害者が経験する心理状態について森田は，「恐怖または強度な不安」「無力感」「孤立感」「行動の選択肢がなくなったと思う」という4つを示しており，これらの心理状態は関係からの逃れることの困難につながる（森田 2007：33）。

また，自らの DV 被害やその後の経験を著書に綴っている中島は，「25年経ったいまも，悪夢やフラッシュバック（トラウマの再現），うつ，自尊心の低下が原因で，生きていくのが苦しいと感じる日があります」（中島 2013：2）と記しており，DV 被害経験は被害者にとって離別後も長期に困難な影響を残すことになる。

（3）理解されにくさと支援の困難さ

　さらに，DV 被害について前述したように本人や周りが気づかないことは，DV 被害者支援の困難さにもつながる。宮本は，その家庭内のやり方や方針に外部の者が口出しすべきでないとされてきた考えが，家庭内における暴力や虐待を，外部からは見えにくく接近し難いものにしてきたと指摘している（宮本2003：165-166）。原田は，「DV は長い間，家庭という “私的領域” における『個人的な問題』として放置されてきた。女性が暴力の被害を訴えても，『夫婦喧嘩』としてみなされてとりあってもらえなかったり，『愛情表現（愛しているから暴力をふるう）』などと考えられることも少なくなかった」（原田 1999：64）と述べている。

　「被害者は『両性の合意』のうえで『みずから選択して』結婚した妻なのである。そして無力な子どもではなく，成人したおとなの女性」（信田 2002：23）であることによって，暴力の被害者でありながらも「本人（被害者）にも責任があるのではないかという論調が必ず出てくる」（信田 2002：23）。DV が社会問題となり，また DV 防止に関わる法律がある現在においても，このような考えを持っている人はまだ少なくないといえる。また，本人にも責任があるという周りからの視線は，加害者からの暴力の責任転嫁も加わり，被害者自身も内面化している可能性がある。内閣府の調査によると，配偶者から暴力を受けた時に相手と別れたと回答した人は10.8％（内閣府男女共同参画局 2018a）であり，離別することの難しさを示している。

　暴力の被害者でありながらも周りから理解されにくいこと，および支援の困難さについては小西が指摘している。小西は，殺人事件の遺族や性暴力の被害者，児童虐待の被害者などに出会う自身の精神科医としての臨床経験について，「多くの被害者が，偏見やいわれようのない非難にさらされて，さらに傷つくこ

とが多いのだが，なかでもドメスティック・バイオレンスの被害は，わかりにくく，誤解されやすく，また援助がむずかしいと思うことが多い」（小西 2001：9）とその実感を述べている。またDV支援がわかりにくい理由として，「ドメスティック・バイオレンスの被害性，暴力性ははっきりしているようでいて，現実にはとてもみえにくい」「被害がみえても援助がしにくい」という2点を挙げている（小西 2001：20-21）。さらにDV被害者が抱える問題が，経済的，心理的，医学的，社会的，法的というように多面的で複雑すぎて，援助者は1人で何をすればよいのかわかりにくく，自分では扱いきれないという気持ちが起こりやすくなると指摘している（小西 2001：21-22）。

（4）子どもと親子関係の影響

　被害者に子どもがいる場合，DVは被害者のみならずその子どもや親子関係にも影響を与えることが指摘されている（Bancroft 2004＝2006；山本・新納 2009；春原 2011；2016；友田 2016 など）。その影響を4つの側面で説明する。

　1つ目は，DVのある家庭内で被害者のみならず加害者から子ども自身も直接的な虐待を受ける可能性が高い点である。婦人相談所で子どもとともに一時保護された被害者への調査では，実に51.2％の子どもが加害者から身体的虐待を受け，11.4％は性的虐待を受けていた（増井ら 2016）。加害者は家庭内で力を拠り所に君臨し，他の家族員であるパートナーと子どもの双方に直接的に虐待を及ぼしている。

　2つ目は，夫婦間のDVが子どもの面前で行われ子どもが暴力場面を目撃することとその影響である。児童虐待の防止等に関する法律においては，配偶者間の暴力（面前DV）が心理的虐待に含まれることが明確化され，児童相談所への心理的虐待の通告は急増している。子どもは直接暴力を受けなくても，DV目撃による子どもの脳に及ぼす影響，うつ病やトラウマ反応などがみられることが報告されている（友田 2016）。加えて，子どもは暴力と支配による不適切な関係を，家族の中で学習してしまうこともある。直接暴力を受けなくともDV家庭で育つことによる子どもの発達やメンタルヘルスなどへの影響は大きい。

　3つ目は，暴力を受けた結果，被害者である親の子どもを守り健全に養育するという親の機能が奪われることである。加害者である親から被害者である親

に対する支配の下で，被害者である親は適切とはいえない加害者の子育ての方針に従ったり，被害者である親のストレスが，より弱者である子どもへの虐待という形で現れたりする。また被害者である親が支配関係に取り込まれ，加害者である親とともに子どもに暴力を振るったり，加害者の子どもへの暴力を容認したりすることもみられる（春原 2011：7-8）。

　4つ目は，親である被害者と子どもの親子関係がDVによって壊されることである。加害者である親が，子どもの前で被害者である親を罵り，馬鹿にしたり，被害者である親と子どもの自由な交流が制限されたりする場合がある。そうなると，子どもは被害者である親に対し尊敬する気持ちが持てなくなり，言うことを聞かなくなったり，反抗したり，親子の安定した関係が築けなくなる（春原 2016）。

　このようにDVは，被害者である親の親としての機能を脅かし，子どもの安全や健全な発達を阻害し，また子どもと被害者である親との関係を脆弱なものにする。つまりDVは被害者と子ども，その親子関係に影響を及ぼすのである。

2　DV問題の可視化
——わが国の対応の遅れ——

　DVやDVが及ぼす影響について，前節で考察した。DVは，古くからある問題である。しかし，18世紀のイギリスのCommon Lowには，「夫たるもの親指の太さ以下の鞭でなら妻を殴ってもよい」という親指の法則があったように，女性への暴力は長年容認されてきた（高畠 2013a：2）。では，家庭内のこととして長年放置されてきたDVが，いつ頃から社会の問題として取り扱われるようになったのであろうか。

（1）欧米におけるDVの関心

　欧米におけるDV問題への関心については，第2波フェミニズム運動と連動して，1970年代の「暴力をふるわれた女性たちの運動（Battered Women's Movement）」の中でようやく高まり（戒能 2002：7），その後，様々な調査研究がなされ，家族の中で夫婦間の暴力が存在していることが示された（松島 2000）。アメリカでは全米にシェルターが作られ，その数は増えていった。イギリスで

は，1976年の「ドメスティック・バイオレンスおよび婚姻事件法」，アメリカでは「ペンシルバニア州法」改正を皮切りに，法的整備が進められてきた。さらに，アメリカでは1984年に「家庭内暴力防止及びサービス法」，1994年には「女性に対する暴力防止法」が策定され，DV被害者支援や対策がなされるようになった（戒能 2002：175）。また，2000年には「女性に対する暴力防止法」を大幅に強化することにより，DV対策に大幅な連邦予算の支出が組まれていくようになった（戒能 2002：179；村本 2013：21）。

　世界的な動きとして，1993年に国連総会において「女性に対する暴力撤廃宣言」が採択され，女性に対する暴力を「ジェンダーに基づく暴力」と定義して女性の人権問題に位置づけ，私的な関係における暴力の撤廃に対しても国家に責任があることが明示された（戒能 2002：63）。1995年の第4回世界女性会議（北京会議）で，「女性に対する暴力」が最重要課題の一つに位置づけられ，DVは個人的な問題ではなくジェンダーや社会構造も含めた社会的な問題であるという認識が広がり，DV問題への対応が進められた（「夫（恋人）からの暴力」調査研究会 1998：5-6；有馬 2002：105-106；戒能 2002：65；高畠 2013a：3）。

（2）わが国における問題の可視化

　一方，わが国におけるDVの認識や対応は，海外に比して相当に遅れているといわざるを得ない。家庭内の夫の暴力に関する運動は，1990年代まで全く起こらなかった（高畠 2013a：3）。吉浜らは長年深刻な実態があったにもかかわらず，行政・研究者・世間一般のいずれもが，この問題を深刻に捉えることなく過小評価してきたことにより，この問題に取り組む社会政策やプログラムの不足につながり，それがまた夫・パートナーの暴力を助長する原因となってきたことを指摘している（吉浜・釜野編著 2007：14）。

　わが国において，夫と恋人からの暴力についてDVという言葉を用いて初めて調査研究を実施したのは，1992年に発足した「夫（恋人）からの暴力調査研究会」である（戒能 2002：iii-iv；松島 2000；須藤 2002）。また，DVが社会問題としてマスメディアに取り上げられるようになったのは，1990年代後半である（松島 2000）。前述した第4回世界女性会議でDV問題が取り上げられたという国際的な動向も影響し，これまで重く閉じられていたDV問題への関心への蓋が

開くことになった。「家庭内で殴られる妻たち」の存在が議論されはじめ，DV という言葉の流布とともに認知されるようになった。

この流れは，民間シェルター設置の動きやDV被害に関する調査の実施につながった。国や一部の地方公共団体で行われた実態調査により，わが国においてもDVが高い割合で確実に存在することが実証的に示された。戒能は，1999年実施の「男女間における暴力に関する調査」において示された，DVによって生命の危険にさらされている成人女性が20人に1人であるという数字が世の中を動かしたと述べている。「これは，長い間隠され続けていた女性たちの暴力被害が，初めて国のデータとして立ち現われた瞬間」であり，「同時に，立法によるDV対策の緊急性が数字により裏付けられた」（戒能 2013：12）。

このようにわが国では，欧米に比べ約20年遅れでDV被害が存在している実態が明らかになり，2001年に「配偶者からの暴力の防止及び被害者の保護に関する法律」[1]（2014年に法律名改正，以下，DV防止法）が制定された。

3 DV防止法による対応と他の虐待防止法との相違
――本人の意思に基づく支援――

本節では，DV防止法の概略を説明し，他の虐待防止法と比較し，DV支援の独自性を説明する。

（1） DV防止法による対応

2001年に超党派の議員立法として制定されたDV防止法は，配偶者からの暴力に係る通報，相談，保護などの体制を整備し，配偶者からの暴力の防止及び被害者の保護を図ることを目的とする法律である。DV防止法の前文には，家庭内で行われてきた配偶者からの暴力は犯罪であり，人権侵害であること，その被害者の多くは女性であること，配偶者間の暴力に対し施策を講じる必要性があることなどが明記されている[2]。

DV防止法制定により，被害者に対応する機関として配偶者暴力相談支援センターの設置が各都道府県に義務づけられ，その多くはそれまで実質的にDV被害者の公的な一時保護を実施していた婦人相談所に機能を持たせる形で各都道府県に設置された[3]。また，接近禁止命令などを発する保護命令の申立て制度

第1章　DV 被害者支援の現状

が設けられた。DV 防止法は，その後3度改正されており，2004年の改正では被害者の自立支援について，2007年の改正では保護命令の種類の拡大とともに，配偶者暴力相談支援センターの設置が市町村の努力義務となった。2013年の改正では，生活を本拠とする（していた）交際相手，つまり同棲や同居関係にある（あった）恋人にも準用されるなど DV 問題への対応の一定の拡大が図られている。

　DV 防止法改正に伴い2004年，2008年，2014年に「配偶者からの暴力の防止及び被害者の保護のための施策に関する基本的な方針」(以下，基本方針）が，内閣府，国家公安委員会，法務省，厚生労働省の関係4省庁から出され，DV の防止や被害者の保護，自立に関する対応や各省庁の関連施策について，踏み込んだ形で言及されている。また，基本方針は，国や都道府県だけではなく，市町村においても基本計画の策定を推奨しており，DV 被害者支援を担う役割が広範囲になってきているといえる。

（2）DV 対応の現状

　2000年代以降，DV 防止法が成立したことで一定程度の支援枠組みが整備されていった。この法律の成立によって，須藤は「私たちがもっていた『家の恥をさらしたくない』とか『公私の別』という慣習や，『民事不介入』といって済ませていた警察や行政の姿勢が一気に転換される」(須藤 2003：10）ことになったと述べている。実際に，配偶者暴力相談支援センターにより被害者の相談や一時保護が DV 防止法に基づいて行われるようになり，警察においては被害の防止のための介入が積極的に行われるようになり，「法は家庭に入らず」の原則は崩されていった。

　内閣府の報告によると，警察の対応件数は一貫して増え続け，2017年には7万件を超えている。配偶者間（内縁を含む）における犯罪の検挙件数の総数は2016年で6,849件であり，そのうち91.7%（6,280件）の被害者が女性である（内閣府男女共同参画局 2018b)。このことは，警察の介入を受けるような重大な暴力が配偶者間で起こっており，その被害者の割合は女性が圧倒的に多いことを示している。また，配偶者暴力相談支援センターの相談件数は2002年度の DV 防止法制定以降2015年度まで大きく増加し，近年少し減少がみられるもののなお

10万件を超えている⁽⁶⁾（内閣府男女共同参画局 2018b）。

（3）他の虐待防止法との比較による DV 対応の独自性

　ここでは，DV 防止法とわが国の虐待に関する他法との比較から DV 対応の独自性とはどのようなものか検討する。わが国では，家族を取り巻く虐待や暴力に関する法律として，「児童虐待の防止等に関する法律」（以下，児童虐待防止法），「高齢者虐待の防止，高齢者の養護者に対する支援等に関する法律」（以下，高齢者虐待防止法），「障害者虐待の防止，障害者の養護者に対する支援等に関する法律」（以下，障害者虐待防止法）が存在する。各法において，対象および虐待についての対応が掲げられており，それぞれの法の特徴がみられる（表1-2）。

　他法と DV 防止法の異同は，以下の4点にまとめられる。

1）通告・通報にかかる部分

　児童虐待防止法には，児童虐待を受けたと思われる児童を発見した者は，速やかに通告する義務があることが明記されており，高齢者虐待防止法には，生命又は身体に重大な危険が生じている場合の通報義務が記されている。また，障害者虐待防止法にも通報義務が明記されている。DV 防止法にも通報についての規定はあり⁽⁷⁾，通報先は警察と配偶者暴力相談支援センターであるが，努力義務であり，医師その他の医療関係者の通報についても，被害者の意思を尊重するよう努める旨が記されている。

2）立入調査の権限の有無

　児童虐待では都道府県等が，高齢者虐待と障がい者虐待については市町村が行うことが可能である旨がそれぞれの法律に明記されているが，配偶者からの暴力については，立入調査についての規定がなく，ここにも大きな相違がみられる。換言すれば，DV 被害者支援とは被害者の相談の意思や相談行動があって始められるといえる。

3）一時保護の実施に関わる同意

　児童虐待の場合は，親権者の同意がなくても職権で保護ができる。高齢者虐待と障がい者虐待においては，「やむを得ない事由による措置」ができるとされており，被害者や養護者の意思が無くても保護などの措置をとる権限が市町村にはある。配偶者からの暴力については，一時保護は婦人相談所が行い，被害

第 1 章　DV 被害者支援の現状

表 1-2　各種虐待防止法と DV 防止法の比較

	児童虐待	高齢者虐待	障がい者虐待	配偶者からの暴力
対応の根拠	児童虐待の防止等に関する法律	高齢者虐待の防止,高齢者の養護者に対する支援等に関する法律	障害者虐待の防止,障害者の養護者に対する支援等に関する法律	配偶者からの暴力の防止及び被害者の保護等に関する法律
通　告 通　報	通告する義務がある（児童相談所・市町村）	生命又は身体に重大な危険が生じている場合,通報義務がある（市町村）	通報する義務がある（市町村）	通報するよう努めなければならない。ただし医療関係者の通報についても,被害者の意思を尊重（警察官・配偶者暴力相談支援センター）
立入調査の権限	都道府県等	市町村	市町村	制度なし
一時保護実施	各児童相談所	市町村	市町村	婦人相談所（各都道府県に必置）
一時保護対象者	児童（18歳未満）（親権者の同意がない場合も職権で保護できる）	高齢者（やむを得ない事由による措置,本人の同意がなくても可能）	障がい者（やむを得ない事由による措置,本人の同意がなくても可能）	被害者及び同伴する家族（必要な保護を受けることを勧奨＝被害者の意思の尊重）
加害者等への関与	保護者に対する指導	養護者への支援の規定あり	養護者への支援の規定あり	規定なし

出所：石井（2009：118）を基に筆者作成。

者の子どもも一緒に保護することが可能であるが，職権保護ややむを得ない事由の措置のような規定はなく，あくまで本人の求めに応じて実施するものである。

4）加害者への関わり

児童虐待防止法は，保護者に対する指導について明記され，高齢者虐待と障がい者虐待は，法律自体の名称にも「養護者に対する支援」が掲げられており，加害行為をした者への支援が盛り込まれている。一方，DV 防止法は，加害者への指導や支援について定めておらず，家族間の調整をする機能を有しない。

以上，これらの法体系の違いは，被害者の違いに起因するといえる。児童虐待であれば対象が子どもであるため，国家や社会の強い関与の下，子どもの安

全確保が図られることになる。また，高齢者虐待と障がい者虐待に関しては，高齢や障がいを有する要保護状態にある人を対象としているという見地と，介護や監護する家族への支援が必要という見地から，強制的な介入や加害者への関与が謳われている。一方で，DV は被害者が意思決定能力を有する大人であるため，本人の意思を尊重して支援や対応をしていくという前提に立つ。

　このように DV については，立入調査権はなく，保護や通報に関して被害者の意思が尊重されることから，被害者の意思表明や支援ニーズが支援を行うにあたって必要となる。しかしながら，前述したように DV における加害者と被害者の関係は支配‒被支配の関係にあり，被害者は心理的に支配されている。心理的支配があり，別れることが困難であるということ自体が DV の特徴であるといえる。心理的支配が生じている状態におかれているということが特徴である被害者に対し，その本人の意思に基づき支援を行うことは容易ではなく，ここでは適切な当事者理解と相当な支援力が求められるといえる。

　しかし，実際には DV から離脱した被害者は多く存在する。では，わが国において DV 被害者は，暴力に晒され心理的に支配された状態から，どのようにして離別を決意し，「暴力のない生活」を得るのであろうか，また，被害者がいかに相談行動を起こし，支援につながり，他者がどのように役割を果たすのであろうか。これらについては，被害者の経験から理解することが必要であると考える。それらを理解することで，ようやく「暴力のある生活」の中にいる被害者や「暴力のない生活」への移行を支援するための DV の独自性を踏まえた有効な支援のあり方を検討することが可能になるといえる。

4　DV 被害者支援に関する現状の課題
――法律・実践現場・児童虐待・研究――

　ここでは，わが国の DV 被害者支援を取り巻く課題について，被害者支援システムに影響する法律に関する課題，実践現場の課題，DV と児童虐待の対応の課題，研究の課題，の 4 点から説明する。それにより，本研究の背景にあるわが国の被害者支援に関する現状を示す。

（1） DV 防止法と売春防止法──法律に関する課題

　DV 防止法はその前文にもあるように，配偶者間の暴力に対し施策を講じる必要性があることを示した画期的な法律である一方で，DV 防止法の被害者支援システムには，様々な「行き詰まり」があることも指摘されている（戒能 2013: iii-iv）。

　前述したように，DV 防止法では，「DV 被害を受けた人の求めに応じて，『保護』と『自立支援』を行うことを行政の責務とした」（戒能 2013: iii）。しかし，法運用では既存の施設や人材を利用している（宮地 2007: 204）。たとえば，DV 防止法制定に伴い，配偶者暴力相談支援センターの設置が都道府県に義務づけられたが，そのほとんどは売春防止法の婦人保護事業に定められた婦人相談所[8]に機能を付与させる形で配置されてきた。また，一時保護業務は DV 防止法第3条において，婦人相談所が実施することと定められている。

　しかし，その婦人相談所の機能が多岐にわたること，売春防止法に規定される婦人保護事業の根底にあるのは，「性行又は環境に照らして売春を行うおそれのある女子（要保護女子）の保護更生」（堀 2013: 100）となっているため，安全の確保や暴力被害者としての支援やケアが重視される DV 被害者支援の立場を従来の婦人保護事業と，どのように共存させるのかという課題がある。一時保護業務については，売春のおそれのある要保護女子の保護の制度を基に DV 被害者の一時保護[9]が実施されていることへの課題が指摘されている（戒能 2013: 7-8; 堀 2013: 110-115）。さらに，DV 防止法は被害者の性別を問わないことから，DV 被害者については，女性だけでなく男性被害者の相談や一時保護も実施することとなっており，婦人相談所に求められる対応や支援の守備範囲は非常に広いものとなっている。

　また，DV 防止法に明記されている婦人相談員の課題もある。DV 防止法第4条では，「婦人相談員は，被害者の相談に応じ，必要な指導を行うことができる」とされている。そもそも婦人相談員は，売春防止法において，要保護女子につき，その発見に努め，相談に応じ，必要な指導を行うこととしている。しかし，堀は，婦人相談員の専門性と身分保障について，課題があるとする。たとえば，DV 被害者などの支援を行う婦人相談員の配置率[10]には都道府県や市により偏りがみられること，婦人相談員の非常勤率が高く待遇に課題があること，

在職期間の短さ，その専門性や研修体制が確立されていないこと，スーパーバイザーがいないことなど（堀 2013：219-224）である。つまり，DV 被害者支援という高度な支援技術が求められるはずの婦人相談員の社会的位置づけや専門性は脆弱な状態にあるといえる。

　身近な相談窓口の設置が進んでいない現状にある。前述したように，2007年のDV 防止法改正により，市町村でも配偶者暴力相談支援センターの設置が努力義務となったが，市町村によるセンター設置にはバラツキがあり，支援体制や支援の質の確保も十分になされているとは言い難い。内閣府の市町村への調査では，配偶者暴力相談支援センター未設置の理由として最も多いのは「専門の職員の配置が困難」，設置のために必要なものとして最も多いのは「専門性を有する相談員の育成」という結果となっており（内閣府男女共同参画局 2011），支援者の量と質の課題がうかがえる。2019年4月現在，市町村の配偶者暴力相談支援センターは，全国で114カ所[11]であり，身近な相談場所はいまだ十分に整備されているとは言い難い。

（2）二次被害・二次加害──実践現場の課題

　被害者支援システムの課題に関連して，看過できないのは支援者による被害者への二次被害が生じているという指摘である（とちぎ女性センター 2003；友田 2004；矢野 2007；中島 2013；野坂 2015）。中島は，DV は多くの人に理解しづらいテーマであり，「そんなひどいことをされているのに，なぜ逃げないの」「なぜそんな人と結婚したの」などと被害者が二次被害に遭う言葉が，今でも多く発せられていると指摘する（中島 2013：276）。二次被害の実態について，とちぎ女性センターによるアンケート調査では，被害者が経験した二次被害の内容として「DV を理解していない」「軽蔑した態度・不愉快な態度」「夫の側に立つ」「配慮がない」「被害者の落ち度を責める」などの回答がみられ，二次被害が被害者に与えた影響として，「相談するのを諦めた」「自分を責めた」「落ち込んだ」「身内も信じられなくなった」「死のうと思った」「ストレスによって障害が出た」などの回答が多くみられる（とちぎ女性センター 2003：6-10）。

　内閣府が実施した「配偶者等からの暴力に関する事例調査」では，関係機関と職務関係者の対応の不満について聞き取りをしており，関係施設については，

婦人相談所，婦人保護施設・母子生活支援施設・家庭裁判所が挙げられ，職務
関係者については，家庭裁判所調停委員，警察関係者，弁護士，教育関係者，
その他の職務関係者に分けて列挙されており（内閣府男女共同参画局 2001：93-99），
そこからは被害者が様々な機関や職務関係者から二次被害を受けていたことが
うかがえる。

　最近の研究では，野坂が支援者へのインタビュー調査を分析し，支援者の対
応が二次加害，つまり DV 加害者の行動と類似していると批判的に考察してい
る。たとえば，「外界との交流を規制する」「携帯電話などの連絡手段を管理す
る」「常に１対１の関係のみに重点を置く」という支援者の対応は，DV の一つ
である「孤立させる（社会的隔離）」という加害者の行為に類似すると指摘して
いる（野坂 2015）。

　このような二次被害・二次加害が起こる背景や要因について，友田は，職務
関係者が，DV に関する基本的理解を欠いていたり，偏見を持っていたりする
ことを挙げている（友田 2004）。また野坂は，支援者として「自分にはどのよう
な価値観が備わっているのか」「誤った知識や技術を用いて支援をしていない
か」といった問いを常に持つ必要があるとし，また，スーパービジョンの教育
的機能，管理的機能，支持的機能を駆使した助言，指導を受ける有効性を示し
ている（野坂 2015）。

　これらの指摘からは，二次被害・二次加害を無くすための多方面の対応が急
務であるといえる。中でも人材育成やスーパービジョン体制の構築は大きな課
題である。被害者支援を担う人の対象者理解と支援において重要な価値や知識，
技術をどのように育成し，実践力の向上につなげていくのか。それを支え得る
研究がなされ，実証的に支援方策が整理され，支援が理論的に裏づけされてい
くことも必要である。

（3）DV と児童虐待の対応課題

　前述したように子どもがいる場合，DV は児童虐待に直結する。児童福祉機
関においては，近年増加する面前 DV の通告や児童虐待の背景にある事象とし
て，DV 問題に出会うことになる（山本・新納 2009；増井ら 2016）。一方で，DV
被害者の支援機関においては被害者の相談の中で児童虐待を発見したり，一時

保護の際に同伴者として子どもに出会う（増井ら 2016）。それぞれの支援機関において，被害者にも子どもにも適切な支援が提供されることや両者が連携して支援が検討されることが求められる。しかし，前節で示したように DV と児童虐待では，法律の立て付けが大きく異なることや家庭や家族の中にある暴力に介入するというそもそもの難しさも背景に，両者に対応するその支援や連携方策は確立されていない。児童福祉の専門家の DV についての理解不足により DV 被害者である親が適切に支援されなかったり，それにより逆に子どもにとっての福祉が阻害されていたり，DV 被害者支援機関の子どもへの支援ノウハウの不足などにより子どもの重篤な虐待が見逃されていたり，子どもへのケアが適切になされなかったりしているのが実情であろう。DV 被害者支援現場における子どもへの支援と，児童福祉の専門家の DV 被害者に対する支援の対応力をそれぞれ高めることも必要である。同時に，DV 被害者研究の立場から DV 被害者への支援理論の整理の確立が待たれる。そして，そこから児童福祉機関へ支援方策が提示できることも必要であるといえる。

（4）実証的研究の立ち遅れ──研究の課題

　上記のような課題に対応するためには，DV に関する研究が活発に行われることが必要であろう。しかしながら，わが国の DV 研究については，その立ち遅れが従来から指摘されている（宮地 2007：204-205；小西 2010）。たとえば，宮地は非常勤職員が中心のわが国の支援現場の実情の影響を受け，DV 被害者支援分野が専門家を育てられない状況にあるとともに，支援者の得た知識や工夫が集約・統合されるためのシステムがないことを指摘している（宮地 2007：204-205）。また，小西は，精神保健分野の DV 被害者研究は，アメリカで着実に進展しているのに比べて，わが国では実証研究を行うためのシステムが整っておらず，DV 分野の研究者自体が少なく，実証研究の原著論文や報告は数えるほどであると国全体の研究レベルが遅れていることを指摘している（小西 2010）。

　さらにソーシャルワーク分野における DV 研究は，ほとんどなされてこなかった実情にある（須藤 2003；寺田 2007）。須藤は，「社会福祉の分野において，この問題（DV：引用者注）はずっと以前から直面していた日常的な問題であった。しかし，この現実は，社会福祉からの問題提起ではなく，女性運動のなかで名

づけられ社会問題となった」（須藤 2003：10）と述べ，ソーシャルワークの視線
は，「夫からの暴力」に焦点化されておらず（須藤 2002：26），社会福祉分野が
DV 問題を取り上げてこなかったことを指摘している。このような実践現場に
みられる課題について須藤は，「現場の責任であるだけでなく DV 問題に関す
るソーシャルワーク研究の責任でもある」（須藤 2002：38）と述べており，DV 問
題とソーシャルワーク研究の大きなギャップを埋めていく必要性を指摘してい
る。

　実際に，須藤は2002年時点で DV を取り上げた研究が，わが国のソーシャル
ワーク分野でなされていない実態を示し，その理由について「『女性福祉』とい
われる領域の研究が，婦人保護事業や母子家庭問題に限定され研究者の規模も
極めて少ないうえに，ソーシャルワーク実践におけるフェミニズム・アプロー
チもまだ緒についたばかりだから」（須藤 2002：27）と説明している。これらの
指摘は DV 防止法制定後まもなくの指摘であるが，DV 防止法制定後20年が経
過しようとしている現在も，DV に関する研究報告は，ソーシャルワーク分野
ではそれほど多くはなく，事態が進展しているとは言い難い。

　以上，わが国の被害者支援を取り巻く現状をみた。DV 防止法の制定により
わが国の DV 被害者に対する支援メニューは一定程度整備されつつあるもの
の，DV 被害者に対する専門的支援を行う土壌が十分でないという構造的な課
題や，DV と児童虐待の両者への対応の課題，支援者による二次被害といった
実践現場の実情がある。また，より実践の質を高めていくためにも必要な DV
に関する研究が，十分に行われてこなかった。実証的な研究を行い，被害者が
必要とする支援を現実的に考えることが重要である（小西 2010）という小西の
指摘を踏まえると，被害実態を明らかにすることにとどまらず，実証的研究を
進め，わが国において DV 被害者の理解に根ざし，当事者にとって必要とされ
る支援のあり方の検討が急務であろう。

注
⑴　2013年の改正で，「配偶者からの暴力の防止及び被害者の保護等に関する法律」と
　なっている。

(2) DV防止法の前文は，以下のとおりである。「我が国においては，日本国憲法に個人の尊重と法の下の平等がうたわれ，人権の擁護と男女平等の実現に向けた取組が行われている。／ところが，配偶者からの暴力は，犯罪となる行為をも含む重大な人権侵害であるにもかかわらず，被害者の救済が必ずしも十分に行われてこなかった。また，配偶者からの暴力の被害者は，多くの場合女性であり，経済的自立が困難である女性に対して配偶者が暴力を加えることは，個人の尊厳を害し，男女平等の実現の妨げとなっている。／このような状況を改善し，人権の擁護と男女平等の実現を図るためには，配偶者からの暴力を防止し，被害者を保護するための施策を講ずることが必要である。このことは，女性に対する暴力を根絶しようと努めている国際社会における取組にも沿うものである。／ここに，配偶者からの暴力に係る通報，相談，保護，自立支援等の体制を整備することにより，配偶者からの暴力の防止及び被害者の保護を図るため，この法律を制定する」。

(3) 婦人相談所は，売春防止法に基づき，売春経歴を有する者や経歴を有しないが，売春を行うおそれがある者の保護更生業務を行うとされる。現在では，DV防止法に基づく配偶者暴力相談支援センターの業務，改正ストーカー規制法に基づく被害者支援，人身取引被害者の保護など，暴力被害者や女性支援を行っている。

(4) 2014年は，「配偶者からの暴力の防止及び被害者の保護等のための施策に関する基本的な方針」と名称が変更されている。

(5) 内閣府によると，犯罪統計に基づき，犯行の動機・目的にかかわらず，配偶者間で行われた殺人，傷害，暴行を計上したもの。すべてが配偶者からの暴力を直接の原因とするものではなく，たとえば，殺人では嘱託殺人，保険金目的殺人等，多様なものを含む。なお，主たる被疑者の性別により計上されている（内閣府男女共同参画局 2018b）。

(6) 内閣府によると，配偶者暴力相談支援センターの相談件数は，2002年度は3万5,943件であったが，2015年度には11万1,172件で最も多くなっている。2017年度は10万6,110件で2002年の約3.1倍となっている。また，警察における暴力相談等の対応件数は，2002年は1万4,140件であったが，2017年は7万2,455件であり，約5.1倍となっている。全国の婦人相談所におけるDVを主訴とする一時保護件数は，2017年度3,214件となっており，2003年度以降2014年度まで4,000件を超えて推移していたが，近年減少している。保護命令事件の既済件数は，2017年度は2,293件であった（内閣府男女共同参画局 2018b）。

(7) DV防止法第6条に以下のように示されている。「配偶者からの暴力（配偶者又は配偶者であった者からの身体に対する暴力に限る。以下この章において同じ。）を受けている者を発見した者は，その旨を配偶者暴力相談支援センター又は警察官に通報するよう努めなければならない。

第 1 章　DV 被害者支援の現状

　　2　医師その他の医療関係者は，その業務を行うに当たり，配偶者からの暴力に
よって負傷し又は疾病にかかったと認められる者を発見したときは，その旨を配偶
者暴力相談支援センター又は警察官に通報することができる。この場合において，
その者の意思を尊重するよう努めるものとする」。

(8)　現在の婦人保護事業の対象は，①売春経歴を有する者で，現に保護，援助を必要
とする状態にあると認められる者，②売春経歴は有しないが，その者の生活歴，性
行又は生活環境等から判断して現に売春を行うおそれがあると認められる者，③配
偶者からの暴力を受けた者（事実婚を含む），④家庭関係の破綻，生活の困窮等正常
な生活を営む上で困難な問題を有しており，かつ，その問題を解決すべき機関が他
にないために，現に保護，援助を必要とする状態にあると認められる者，⑤人身取
引被害者（婦人相談所における人身取引被害者への対応について〈課長通知〉），⑥ス
トーカー被害者（「ストーカー行為等の規制等に関する法律の一部を改正する法律」
の施行に対応した婦人保護事業の実施について〈課長通知〉），と各種通知等により
拡大されている。

(9)　婦人相談所の一時保護は，様々なニーズを抱えた女性に対応している一方で，売
春防止法に基づく「更生指導」の側面が残っているとして，堀は，①定員数の地域格
差，②一時保護所の構造的問題，③一時保護所の利用制限，④DV 被害者と他の理
由により利用者を同じ一時保護所で支援しているため，それぞれに対応した支援実
施の難しさ，⑤多様な課題を有する利用者への支援方法，⑥人員不足や配置の不備，
⑦入所中のプログラムの未整備，の 7 点を課題として挙げている（堀 2013：110-115）。

(10)　婦人相談員は，売春防止法第35条に基づき，社会的信望があり，熱意と識見を持
っている者のうちから，都道府県知事又は市長から委嘱され，要保護女子の発見，
相談，指導等を行うこととされる。非常勤と明記されていたが，2016年度の法改正
で非常勤の明記部分は削除された。また，DV 防止法第 4 条により，配偶者からの
暴力被害者の相談，必要な指導を行うこととされている。2017年 4 月 1 日現在，都
道府県466名，市配置981名，合計1,447名の婦人相談員が全国に配置されている（厚
生労働省雇用均等・児童家庭局家庭福祉課 2018）。

(11)　配偶者暴力相談支援センターは，2019年 4 月現在で287カ所であり，うち市町村
114カ所に設置されている（内閣府男女共同参画局 2019）。

41

第2章	当事者の経験プロセスを知る ── M-GTA を用いて

　本研究では，当事者の主観的経験からわが国のドメスティック・バイオレンス（以下，DV）被害者の経験プロセスを明らかにしていくため，被害者へのインタビュー調査を通して得られたデータを分析する。これまでみてきた研究目的に適う分析方法として，修正版グラウンデッド・セオリー・アプローチを用いる。本章では，研究方法の特徴と採用理由を説明するとともに，本研究の分析データの概要および筆者が行った分析プロセスの概略について説明する。

1　質的データの特性を活かす
──データに根ざした分析から理論生成へ──

（1）データに密着した理論を生成するための方法
1）グラウンデッド・セオリー・アプローチとは

　本研究では，質的研究法の中でもグラウンデッド・セオリー・アプローチ（以下，GTA）を方法論として採用した。GTA は，アメリカの社会学者グレーザーとストラウスによって1960年代に考案され，1967年に出版した『データ対話型理論の発見』において示されたものである。それまで，どのように理論を検証するかに焦点を絞ってきた社会調査の方法に異議を唱え，社会調査を通じて体系的に獲得されたデータから理論を発見する質的研究法である（Glaser & Strauss 1967＝1996：2-3）。GTA は，データを徹底して重視するという立場をとり，データに密着しつつ丁寧に解釈を積み上げて理論の形にまとめていく研究のあり方を提起した実証的研究法である（木下 1999：42-43）。この「グラウンデッド（grounded）」という言葉には，理論がデータに「基づいて」生成されるという意味だけでなく，理論はデータに「根拠づけられている」という意味も含まれる（三輪 2010：61）。

　木下が，集約し説明している GTA により生成するグラウンデッド・セオリー

43

の基本特性を，以下の3点にまとめて示す（木下 2014：47-51）。

　　1つ目の基本特性は，データに密着した分析から独自の理論であるグラ
ウンデッド・セオリーを生成することである。データは分析の進展に応じ
て体系的に収集された質的データであり，理論を導く主材料となる。質的
データとは，複雑にして多様な人間の日常的経験を，ディテールを豊かに
自然的に表現したものである。データから解釈しうる範囲内において現実
の現象を有効に説明できる理論の生成を目指す。

　　2つ目の基本特性は，生成したグラウンデッド・セオリーは人間の行動
を効果的に説明でき，かつ，予測に有効であることである。そのために生
成するグラウンデッド・セオリーに求められる理論特性は，①現実への適
合性：研究対象とする具体的領域の日常的現実に当てはまること，②理解
しやすさ：研究対象の領域に関心をもったり，その領域に日常的にいる人々
にとって提示された理論が理解しやすいこと，③一般性：研究対象とされ
たところの日常的状況は常に変化しているので，そうした個別で多様な変
化に対応できる柔軟さがあること，④コントロール：理論を応用する人々
が具体的な領域において自ら主体的に変化に対応したり，ときには必要な
変化を引き起こしたりできるよう，状況をコントロールできるものである
ことである。

　　3つ目の基本特性は，理論生成者と応用者の関係である。[1]理論生成者が
生成した理論は応用者が能動的に理論を使っていくことを前提としている。
よって，分析の完成や論文の作成がゴールではなく，その後の応用や修正
が前提とされるプロセスであるといえる。

２）GTA の適合性

　これらの特性に照らして本研究は，以下の3点において GTA が適している
といえる。

　第1は，この研究方法が，データから理論生成を目的にしている点である。
前述したように，わが国において DV 被害者の経験するプロセスについての研
究はほとんどなされていない。既存の尺度や概念を用い被害者の経験を説明す

るのではなく，当事者のインタビュー調査よりデータに根ざした分析の中で被害者の経験を明らかにすることを目指している。

第2に，関係に陥り，暴力関係から「離脱」し，被害経験から「回復」するという，ある個人の経験ではなく，「DV被害者」の動きのある現象，そのプロセスにみられる共通性に着目し，「DV被害者」という人間の行動を説明，予測することを意図している点である。GTAを用いた研究に限定しDV被害者の経験の論文をシステマティックレビューしているKearneyは，GTAは文脈に応じて人間の動きと変化のプロセスを明らかにすることに重点を置いていることから，DV被害者に共通する様々な変化を明らかにすることに適している研究方法であると述べている（Kearney 2001）。

第3は，本研究が支援のあり方の具体的提言を目的としており，得られた知見を実践的に活用することを前提としている点である。これは前述した研究結果の実践現場での応用や修正を前提としているGTAの立場に適合するといえる。

（2）M-GTAを採用した理由

1）修正版グラウンデッド・セオリー・アプローチとは

本研究は，GTAの中でも木下康仁が考案した修正版グラウンデッド・セオリー・アプローチ（以下，M-GTA）を採用している。GTAは，1980年代になり，グレーザーとストラウスの立場の違いや1967年の著書で方法論の記述に曖昧さがあったことから，分化が進み新しいタイプが生み出されていき，現在に至っている。

木下（2014）は，認識論とコーディング方法の組み合わせから，6つのタイプのGTAを説明し，比較検討することにより，「GTAとは何であるか」の問いに応えている。6つのタイプとは，①オリジナル版，②グレーザー版，③ストラウス版，④ストラウス・コービン版／ストラウス（・コービン）・戈木版，⑤チャマーズ版，そして⑥M-GTA，である。これらのタイプの違いは，認識論，コーディング方法，切片化において顕著にみられる。

本研究で用いるM-GTAは，1960年代にグレーザーとストラウスが示したオリジナル版の前述した3つの基本特性を継承しつつ，研究の出発点である研究

目的を新たに基本特性として追加するとともに，分析方法の明示を試みたものである。M-GTA は，データの切片化の立場をとらず，データの解釈から説明力のある概念の生成を行い，そうした概念の関連性を高め，まとまりのある理論を創る方法であり，いくつか考えられる意味可能性の中から取捨選択する「研究する人間」が重視される（木下 2007：35-42）。つまり，M-GTA は，データを解釈する研究者自身を方法論に組み込むことを軸に，オリジナル版を抜本的に再編したものである（木下 2014：27）。

　本研究では，M-GTA を採用するに至ったが，M-GTA が本研究の目的に適った研究方法であることは，M-GTA の立場と研究方法の以下の 2 側面から説明できる。

2）基本的立場の側面——採用した理由①

　木下は，M-GTA の基本的立場として以下の 4 つを示している（木下 2014：130-131）。

① 　研究はひとつの社会的活動であり，社会的活動としての研究を問うこと。
② 　研究者は独立した立場の価値中立的存在でなく常に自身が社会関係にある。
③ 　どのように（how）研究を行うのかを問う前に，誰によって（by whom）その研究が行なわれるのかを問う。研究者の問題意識の明確化を要請するということである。
④ 　ヒューマン・サービス領域での実践を支える知の生成を重視することである。

　本研究は，筆者の実践現場における問題意識による問いに始まっており，実践と研究を行き来しながら研究を進め，支援現場に有効な支援の視点を提示することを目指している。社会的活動として研究を問い，ヒューマン・サービス領域での実践を支える知の生成を重視し，価値中立的な存在としてではなく研究者を方法論に位置づける立場の M-GTA は，本研究に取り組む筆者の研究のありようを支持してくれるものである。

3）研究方法の側面──採用した理由②

M-GTAは，研究方法の側面から以下の3点において，本研究を支え得るものであった。

第1の理由は，データを切片化しない研究方法だからである。M-GTA以外のGTAでは，どれもデータの切片化を基本的な分析技法としており，データを細かく分解して分析していく。筆者は，分析の当初にこの切片化を試みた。しかし，切片化することで意味のある内容を分断してしまうことへの疑問から，データを切片化しないという立場のM-GTAを選択するに至った。M-GTAは，調査協力者から得たデータの文脈を寸断せずに取り扱うので，収集したデータを存分に活かしうる研究方法であるといえる。

第2の理由は，分析方法が明示されている点である。M-GTAは，分析テーマと分析焦点者の2点を通してデータをみていくことや概念生成には分析ワークシートを用いること，分析結果図を作成すること，が示されている。

分析テーマは，実際の分析にあたって立てるものであり，分析から何を知ろうとするのか，何を明らかにしようとするのかを問いとする（木下 2014：140）。M-GTAの目的はプロセスの解明であることから分析テーマに「プロセス」という言葉を入れることが推奨されている。また，抽象度が高くなり過ぎずデータに密着した解釈ができるように分析テーマは研究テーマから絞り込み設定する。よって，1つの研究テーマに対して分析テーマは複数設定されることとなる（木下2007：143-154・2014：140）。

筆者が持つ豊富な内容のデータは，被害者がDV関係に陥る経過や暴力のすさまじさ，そこからの離脱やその後の経験など様々な関心を湧き上がらせるものであったが，その都度分析テーマを意識することにより，明らかにしたい現象やプロセスに向けて解釈を進めデータに基づく分析を行うことが可能となった。

分析焦点者とは，研究上規定され分析のために設定される抽象化された他者であり，実際にインタビューに応じてくれるAさん・Bさんという特定個人を指すのではなく（木下 2007：156），特定の集団そのものである。前述したように，本研究は実践への応用を意図している。実践現場における応用を重視するということは，より広く応用されやすいように，「ある人の経験の理解」ではなく「分

析焦点者の人々の理解」を求める（山野 2009：84）。

　またM-GTA は，分析ワークシートを用いて概念を生成する方法をとる。1つのワークシートにつき1つの概念を作成し，分析ワークシートは，概念名，定義，ヴァリエーション，理論的メモの4つの欄で構成される。まず着目したデータ具体例として一つヴァリエーション欄に抜き出す。次にそれを解釈した意味を短文にして定義欄に記入する。そして，定義を凝縮表現した言葉を概念欄に記入するという流れで行う。その後，すでに生成した概念に他の具体例があればヴァリエーション欄に追加で貼り付け，定義と概念名を見直していく。理論的メモ欄には，概念生成のプロセスの記録として，解釈の検討内容や概念生成時に出てきた疑問，アイデアなどをその都度記入していく（木下 2003：187-199；2007：185-208）。

　さらに，M-GTA では，生成した概念やカテゴリーを用いてそれらの動きや関係性，プロセスを検討しながら分析結果図を作成し分析を進めていく。分析結果図は，分析の最後に結果を図に示すものではなく，多重的同時並行の比較作業の中で，継続的に検討していくものである。DV 被害者が経験するダイナミックなプロセスと構造を明示することを目的とした本分析の結果の示し方として分析結果図は適しており，さらに概念やカテゴリーの関連や相互関係を試行錯誤しながら分析結果図を作り上げていくプロセスは意味の解釈と，分析を理論へと収束化する作業を効果的に促進したといえる。

　第3の理由は，先の基本的立場に関連するが，「研究する人間」を重視し，方法論化している点である。研究者は独立した存在とせず「研究する人間」としてプロセス全体に組み込まれる。研究者は，データ収集段階では調査協力者との関係，データ分析段階では「分析焦点者」との関係，そして，分析結果の応用段階における応用者との関係におかれる（木下 2014：137）。実践経験のある筆者が，インタビューデータの分析・解釈などにおいての客観性という課題に向き合う中で，意味の選択的判断であるデータの解釈を行う主体として「研究する人間」を位置づける立場は，多くの示唆をもたらすものであった。

（3）研究者の位置

　前述したように，M-GTA は「研究する人間」を重視し，どのように研究を行

うかの前に，誰によってその研究が行われるかと問い，「研究する人間」を方法論化する。木下は，質的データは意味の解釈が分析作業そのものであることから，データの分析を行う人間をできるだけ明確に位置づけるということを求めている。ここで，筆者の本研究における位置を示す。

　筆者は，実際に DV 被害者支援現場に長年身を置き，多くの DV 被害者にソーシャルワーカーとして出会ってきている。さらに，都道府県の配偶者暴力相談支援センターの中核機関でスーパーバイザー的立場となるとともに，支援者向けの研修の企画や実施を担ってきた。このような支援の中での行き詰まり，多くの被害者との出会い，被害者への支援や対応に悩む支援者との出会いが，そもそも本研究を進める動機である。

　それらの経験は，木下のいう 3 つのインターラクティブ性に影響を与えている（木下 2007：31-32）。1 つ目は，データ収集におけるインターラクティブ性である。筆者の経験は，インタビューガイドの作成を含むインタビュー設計の緻密さやインタビュー自体での丹念な聴き取りを可能にした。調査協力者が経験した世界や調査協力者が語る具体的な経験に関わる，社会的背景や制度が理解可能であり，深い質問や洞察につながったといえる。2 つ目は，データの解釈におけるインターラクティブ性[(2)]である。分析の中で，ベースとなる支援の現状やシステム，言葉の持つ意味がイメージできるため，分析焦点者の世界に接近し，解釈することがより可能であった。3 つ目は，分析結果の応用についてである。近年は前述したように筆者の立場は研究を実践に応用する立場であった。分析から生まれた理論を被害者への面接で語られるナラティブに言葉や意味づけを付与し説明したり，研修やスーパーバイズの場で多用したりするとともに，そこでの反応や伝わりやすさを反映し，分析の修正を図ることもあった。

　これらの 3 つのインターラクティブ性は筆者の研究と実践に良い形での作用をもたらす一方で，「経験が豊かな人の場合，その経験がデータ分析の障壁として作用することがある」（三毛 2005：51）ことへの留意を必要とした。データ収集においては，先入観が調査協力者を誘導することがないように留意し，分析過程においては「データに基づく」分析であることを常に意識した。また，「余りにも日常的に経験していることがデータであると，その中で意味のある部分を見落としてしまう可能性もある」（三毛 2005：52-53）ことから，ここでもデー

タを丁寧にみていき,「データに基づく」分析を心がけた。

2 M-GTA による当事者の経験への接近
—— DV 被害者26名の語りから ——

（1）インタビューデータの概要
1）インタビュー調査

　調査対象者は，既に関係から離れている DV 被害者である。このような人を対象としたのは，本研究は被害者の DV 被害から「脱却」していくプロセスをみていくことを主眼としていることから，既に DV 被害から脱している人にその経験を聞き，その経験を基にモデルの構築を試みることが適切であると考えたためである。

　調査協力を得たのは合計26名の女性であり，そのうち3名は2回インタビューを実施している。インタビューは，2007年12月から2012年3月にかけて，分析と併行しながら実施した。調査協力は，女性相談や DV 相談を担当している支援者からの紹介と筆者の知人や知人の紹介によって得た。それにより，比較的支援者から厚い支援を得た経験を持つ被害者と公的な支援をほとんど得ずに DV 被害から離脱した被害者の両者から，幅広い協力を得ることができた。インタビューは，インタビューガイドを基に半構造化面接を行った。インタビューガイドには，「暴力を受けていた当時のことを教えてください」という大項目の中に「当時の相手との生活や関係はどのようなものでしたか」「当時のあなたは，どんな感じでしたか」「周囲の人との関係，周囲の人の反応や対応はどのようなものでしたか」という小項目を設ける形で作成し，自由な語りを引き出せるようにオープンな問いを設定するように心掛けた。インタビューガイドは分析を進める中で，何度か修正を行った。

　インタビューの総時間は57時間13分であり，録音したデータは逐語録として文字データ化した。

2）調査対象者

　ここで，調査対象者の属性について示す。

　調査対象者26名の年齢は，30代8名，40代11名，50代4名，60代3名である（調査時点，複数回調査をしたものは1回目の年齢）。子どもの有無については，あり

23名，なし3名であった。子どもがいるもの23名のうち，子どもを伴って離別したものは17名であり，残りの6名は，子どもが既に成人しているものが4名，子どもを置いて出ることになった2名である。元夫との関係は，正式婚姻25名，そのうち調査時点で離婚が成立しているものは22名である。内縁関係であったのが1名である。経験した暴力の種類については，身体的暴力24名，精神的暴力26名，社会的暴力20名，性的暴力16名，経済的暴力19名であり，すべての人が複数の暴力を経験していた。社会資源の利用については，一時保護利用が11名，中長期入所施設利用が8名（婦人保護施設2名・母子生活支援施設5名・救護施設1名）であった。保護命令の申し立てをしたのは12名，加害者逮捕が1名，ストーカー規制法による支援を受けたのは1名であった。DV被害の期間は，1年未満が3名，1～3年未満が2名，3～5年未満が3名，5～10年未満が3名，10～15年未満が7名，15～20年未満が3名，20年以上が5名であった。離脱してから調査協力までの期間は，1年未満が3名，1～3年が13名，3～5年が5名，5～10年が3名，20年以上が2名であった。

3）倫理的配慮

本研究は，日本社会福祉学会研究倫理指針に基づき実施した。調査実施，分析，公表過程における具体的な倫理的配慮については以下の通りである。

調査協力者には，事前に調査について口頭及び文書にて十分に説明を行い，調査協力への同意を文書で得た。調査が被害経験の想起を伴うことから，調査協力者の心身の負担に十分配慮し調査を実施した。すべての協力者から了解を得られたことから，すべてのインタビュー内容はICレコーダーで録音を行い，ICレコーダーから文字データへの変換に際し，個人情報（個人名，場所など）はすべて匿名化した。分析および調査結果の公表過程において，発言内容によって個人が特定されないよう十二分に配慮し，研究協力によって協力者の安全が脅かされないように最大限の注意を払った。なお，調査データ及び記録や同意書などの管理については，鍵付きのロッカーに保管するなど厳重に取り扱っている。論文執筆の際には，人名や地名を伏せて調査協力者や対象者，属性を特定できないようにした。また個人の特定を避けるため，引用するデータの番号は示していない。なお，本研究については，大阪府立大学大学院人間社会学研究科研究倫理委員会において審査され，承認されている。

（2）分析のプロセス

1）分析テーマの設定の流れ

　インタビュー調査によって得たデータは，a）関係の始まりから DV 関係に陥る時期，b）「暴力のある生活」から逃れる時期，c）暴力関係から逃れたのち現在に至るまでの時期，の3つの時期と動きに関する広範囲に及ぶものであった。分析テーマを絞り込み適正規模でデータに根ざした分析を進める必要があるため，最も動きがありデータが豊富な b）「暴力のある」生活から逃れる時期（以下，暴力関係からの「離脱」）にまずは着目することとし，データを概観する中で分析を「離別の決意に至るプロセス」（第4章）と「離脱の行動プロセス」（第5章）の2つの動きに分けて実施することにした。つまり，これは木下がいう，「コンパクトな論文」[(3)]となる分析テーマを設定したことにつながる。

　その後，c）の暴力関係から逃れたのち現在に至るまでの時期（以下，被害経験からの「回復」）の分析に着手した。分析を進めていく中で，離脱後数年に及ぶ「生活の再生プロセス」（第6章）と離脱後の生活が一定落ち着いたところで自分自身の人生を再び生きようとする「『私』の新生プロセス」（第7章）の異なる2つの動きが見られたため，ここでも2つの分析テーマで分析を進めることにした。a）関係の始まりから DV 関係に陥る時期である「DV 関係に陥るプロセス」（第3章）の分析は，被害者の経験プロセス全体を示すため追加で実施した。

　いずれもデータを概観する中で分析テーマの設定を行い，修正を行いながら分析を行った。分析テーマと分析焦点者という視点からデータをみていき，分析ワークシートを用いて概念を作成していく。データから作成した概念間の関係や概念からカテゴリーを作成し，さらにそれらの関係を丁寧にみていくことを，分析結果図を作成しながら行った。多様である調査協力者のデータから共通してみえる動きや要因の共通する部分を捉えながら，分析結果図を何十回も作り直して分析の収束を図った。

2）概念生成の例

　最終的に，『小さな幸せに強化づけられる』という生活の再生プロセスで生成した概念生成のプロセスを紹介する。以下は，最初に着目したデータである。

　「でも，いっても現実的にいろんな周りの人が動いてくれてて，自分もやっ

第2章 当事者の経験プロセスを知る

ぱり，幸せに強化づけられていくんですよね，毎日。たとえば，仕事の帰りに弁護士さんの事務所に行く時に，ちょっとコンビニとか行って，なんかお菓子とか買ったりするのも，自分のお金で買っているというので，私生きていっているって，すごいとか。そんなんとか，なんせ，いろんな所で私生きていけているって，あっ，服買った時とかに，仕事のお金で，たった2,000円の服にしても，今まで買わしてもらえなかったから，服も買えてる，幸せとか。そんなしょうもないことで。」

データを読み込む中で「幸せに強化づけられていく」というワードとともに，コンビニに行く，お菓子を買えることが幸せの実感をもたらしていると語ることから，「暴力のある生活」の厳しさを思うとともに，この感覚が暴力関係から離脱後の困難な生活に耐えられる促進要因となっていると解釈した。その時点での定義を記し，「日常の幸せ感に支えられる」を概念名の候補とした。続いて他のデータにも，同様の内容が語られている部分が無いかどうかを確認した所，多くの調査協力者が同様のエピソードを「幸せ」や類推するワードで語っていた。これらを分析ワークシートに貼り付けていった。

一方で，調査協力者はそれが「しょうもないこと」「他の人にしてみたら，どうもないこと」という語りを交えていた。そこで，この概念の定義を「加害者との生活では得られなかった笑いや幸せ，安堵を感じる瞬間を経験することが，新しい生活を作っていくことの原動力となること」とした上で，in-vivo 概念の要素を含め概念名を『小さな幸せに強化づけられる』とした。[4]

このように作成した概念，定義，具体例を記載した分析ワークシートが表2-1である。さらに，データを貼り付けていく過程や定義，概念名を検討する過程において気になった点や考えた点については，理論的メモに記入した。また，一つの概念を生成していく中で他のデータから類似例を検討するだけでなく，反対の意味をなす対極例がないかデータの中から見ていくことを心がけた。この分析では『侵襲に消耗する』『疲弊混乱状態』『支配の呪縛に苦しむ』が対極例の模索から生成した概念にあたる。

53

表 2-1 分析ワークシート例

概念名	小さな幸せに強化づけられる。
定　義	加害者との生活では得られなかった笑いや幸せ，安堵を感じる瞬間を経験することが，新しい生活を作っていくことの原動力となること
ヴァリエーション	・でも，いっても現実的にいろんな周りの人が動いてくれてて，自分もやっぱり，幸せに強化づけられていくんですよね，毎日。たとえば，仕事の帰りに弁護士さんの事務所に行く時に，ちょっとコンビニとか行って，なんかお菓子とか買ったりするのも，自分のお金で買っているというので，私生きていってるって，すごいとか。そんなんとか，なんせ，いろんなところで私生きていけているって，あっ，服買った時とかに，仕事のお金で，たった2000円の服にしても，今まで，買わしてもらえなかったから，服も買えてる，幸せとか。そんなしょうもないことで。p. 26 ・初めて新しいお布団で子ども3人と私でいられるという幸せ。他の人にしてみたら，どうもないことでも，私と子どもにとっては，すごい幸せだなって。p. 11 ・こたつに座ってテレビを見て笑った瞬間とかに「あ，これは幸せなんやな」と思いますね。そういう一瞬が，できたんやなと思います。p. 19 ・あのとき，家を出て，子どもたちと私とだけの時間，ホッとできた p. 13 ・もう本当ゆっくり夜が寝れるっていうのがすごく（笑）何も怖がることがなくできて，でまあやっぱりね，たとえ，うん，でまあ，本当に笑い声が絶えず家の中であって，なんかこう，恐怖心を持たずに生活できるっていうのはこんなに楽しいんだなっていう感じ p. 11 ・しんどいけども，終わりが見えなくてずっと，いつ終わるんだろう，いつ終わるんだろうっていう気持ではありましたけど。離れた時点でだいぶ気が楽になって，そのときのワーッっていう状態から子どもも安心だしっていうことですごく，そうですね，はい。p. 12 ・確かに裕福な暮らしではないけれど，自分と子どもとの間に笑いがずーっとあったから，そこで生きたかなみたいな。p. 12 ・でもやっぱり，一緒に住んでた頃のことを思うと，全然もう天と地の差がありますよね。…やっぱり一人になって精神的にすごくほっとできたから，そのことについてはすごく良かった。p. 10 （以下，具体例省略　データ番号は匿名にし，○で記す　pはページ数）
理論的メモ	・新しい生活の中で幸せや笑いがあることのありがたさや幸福感を言語化している。 ・子どもとのエピソードも多く語られる。 ・離脱後当初の小さな安堵の経験が，新たな生活に踏み出すエネルギー，またその後の生活構築の大変さを乗り越えるエネルギーでもある。 ・元の生活に戻らなかった，戻らない大きな要因ではないか。このようやく得た「幸せ」をなくしたくない。 ・大きなことではなく「ふつう」の幸せが「日常」にあることを実感している＝加害者との生活ではなかった経験。 ・概念名の検討：『日常の幸せ感に支えられる』⇒『幸せが強化づけられる』in-vivo ⇒幸せ経験により戻らないことや今の踏ん張りが強化づけられる『幸せに強化づけられる』⇒『小さな幸せに強化づけられる』。 ・『小さな幸せに強化づけられる』ことによりあの生活には戻れないと感じている。強い緊張から弛緩を経験したことが大きいのではないか。心的外傷の回避の機能が効果的に働いているともいえる。身を守る健康な反応といえるのではないか。 ・対極例：とても苦しかった，大変だったという語りが多く見られる。 　綱引き状態・拮抗状態にある：『侵襲に消耗する』『疲弊混乱状態』『支配の呪縛に苦しむ』。

第2章　当事者の経験プロセスを知る

（3）質の確保と評価

　生成したグラウンデッド・セオリーの内容の質を担保するために，スーパーバイズを得た。最初の分析の立ち上げに関しては，質的研究に造詣の深い指導者から特に手厚い指導を得た。併行し，随時，社会福祉原理論や福祉哲学を専門にする指導教官からの指導により，深い解釈や理論構築の示唆を得た。また分析結果については，M-GTA による理論構築の経験のある指導者のスーパーバイズを受けるとともに，西日本 M-GTA 研究会において分析結果を報告し，複数回にわたるグループスーパービジョンを受けている。

　また前述したように，筆者は実践現場での支援に携わっていた。分析を進めていく間も分析が一定完成した後も多くの被害者に出会ってきた。そこで出会う被害者が語るエピソードや心情に対して，生成した概念やプロセスで説明できると感じる場面に何度も出会ってきた。被害者が語るそれらに対し，概念名を用いた解釈を提示した所，「その通り」「自分の状況にぴったり」という反応を得ることを幾度も経験した。このことは，支援や支援関係のスムーズな構築にもつながっていった。また，当時の職場内において研究により生成した「決定的底打ち実感」「パワー転回」「大丈夫を増やす」などのカテゴリーや概念からの知見は，アセスメントの場面やケース会議でも使われるようになり，研究結果の確からしさの実感を得ることになった。

（4）分析結果の示し方

　本章では，調査方法の特徴と本研究への適合性を説明するとともに，データや分析プロセスを説明した。第3章から第7章では，被害当事者のインタビューデータを，M-GTA を用いて分析した被害者の経験プロセスの結果を示している。

　その際，コアカテゴリーごとに5つのプロセスに分けて各章で示している。第3章では DV 関係に陥るプロセスである《がんじがらめになっていく》プロセス，第4章では離別の決意に至るプロセスである《決定的底打ち実感に至る》プロセス，第5章では離脱の行動プロセスである《パワー転回行動》に至るプロセス，第6章では生活の再生プロセス《大丈夫を増やしていく・大丈夫が増えていく》プロセス，第7章では「私」の新生プロセス《大丈夫な私になって

55

いく》プロセスを順に説明する。

　また，前述したようにコアカテゴリーは《　　》，カテゴリーは〈　　〉，概念は『　　』で示している。また，本文中に記す概念名の定義にあたる部分は‘　　’で示している。語りの引用データは「　　」で示し，データの中での話し言葉と推測されるものには“　　”を，調査者の言葉や質問は「　？」を付している。また概念生成の際，特に着目した動きの部分に下線を引いている。なお読みやすくするために，文脈を壊さない程度に修正するとともに，（　　）でデータを補足している。

　なお，5つのプロセスの底流には，被害者がそれぞれのプロセスの中で経験する自己の様相とその変化を示すカテゴリーが見出せた。この自己の様相とその変化はそれぞれのプロセスと緊密に関連するだけではなく，それぞれのコアカテゴリーを形成するカテゴリーそのものである。動きを示すプロセスについては第2節で，自己の様相とその変化のカテゴリーは，それぞれ第3節に，分析結果を分けて示す。本書各章の分析焦点者は，「関係から離脱したDV被害者」である。

注

(1)　オリジナル版のGTAにおいては，理論を生成し提示する側の人間が社会学者，それを実践の現実場面で活用する側の人間を実務領域にいる人々，専門職と分けて規定している（木下　2014：50）。

(2)　木下は，「質的データの分析においてそれを行う研究者が人間である以上，客観的分析など不可能であって，その人なりの関心や考え方，つまり，その人をその人足らしめている部分があって当然なのであり，それをあたかも分析にとっての不純物のように考えるのは誤りである」と述べている（木下　2014：114）。

(3)　木下（2003：228-229）は，解釈作業が一定のレベルの緻密さを維持するためには分析テーマを絞る必要があり一つの調査データから分析テーマを複数設定することや説得力や説明力が乏しくならない「コンパクトな論文」を書くことを推奨している。

(4)　in-vivo概念とは，「データ中の言葉や表現そのものを分析概念としたもの」である（木下　2003：178）。

第3章	DV 関係に陥るプロセス
	——なぜ離別できなくなるのか

　本研究の関心の中心は DV 被害者が DV 被害から「脱却」するプロセスであるが，その前段階には加害者と出会い，関係が始まり DV 被害を受けるに至る段階がある。つまり，被害者が DV 関係に陥っていくプロセスが存在する。

　どのように 2 人の関係が始まったのか，なぜ暴力が本格化しても被害者は別れなかったのか，もしくは別れられなかったのだろうか。被害者自身も，関係を続けながらまた離別後に，なぜあの時に気づかなかったのか，なぜもっと早く別れなかったのかと自問自答することがある。本章では，被害者の初期の経験である DV 関係に陥るプロセスを示す。

1　ストーリーラインと分析結果図

　本章で取り上げる分析テーマは，「加害者との関係の始まりから本格的な暴力が始まるなかで関係を続けていくプロセス」である。

　DV 関係に陥るプロセスのコアカテゴリーは，《がんじがらめになっていく》である。このコアカテゴリーを構成するのは，〈好意を伴う親密関係の始まり〉〈暴力性を垣間見る〉〈不安をスルーしての関係継続〉〈暴力が本格化する〉〈抵抗の不成功〉〈心理的絡めとられ〉〈物理的がんじがらめ〉〈関係と生活のなかに暴力が位置づく〉の 8 つのカテゴリーと，そのプロセスに内含する自己の経験である〈自己の譲り渡し〉である。まず，カテゴリーを用いたストーリーラインと DV 関係に陥るプロセスの分析結果図を示す（図 3-1）。

図 3-1　DV 関係に陥るプロセスの分析結果図——《がんじがらめになっていく》

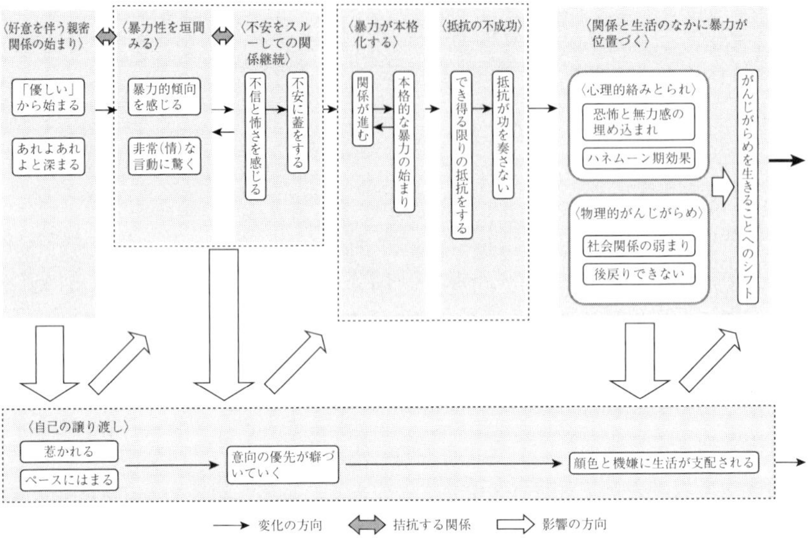

〈好意を伴う親密関係の始まり〉　〈暴力性を垣間みる〉　〈不安をスルーしての関係継続〉　〈暴力が本格化する〉　〈抵抗の不成功〉　〈関係と生活のなかに暴力が位置づく〉

「優しい」から始まる
あれ？あれ？よと深まる

暴力的傾向を感じる
非常（情）な言動に驚く

不信と怖さを感じる
不安に蓋をする

関係が進む
本格的な暴力の始まり

でき得る限りの抵抗をする
抵抗が功を奏さない

〈心理的絡みとられ〉
恐怖と無力感の埋め込まれ
ハネムーン期効果

〈物理的がんじがらめ〉
社会関係の弱まり
後戻りできない

がんじがらめを生きることへのシフト

〈自己の譲り渡し〉
惹かれる
ペースにはまる
意向の優先が癖づいていく
顔色と機嫌に生活が支配される

→ 変化の方向　⇔ 拮抗する関係　⇨ 影響の方向

── ストーリーライン ──

　DV 被害者が DV 関係に陥るプロセスは，《がんじがらめになっていく》プロセスであった。相手と出会い，〈好意を伴う親密関係の始まり〉により，いわゆる恋愛関係が深まっていく。関係の中で相手の〈暴力性を垣間みる〉経験をするも，〈不安をスルーしての関係継続〉がなされていく。関係が進む中で，加害者からの〈暴力が本格化する〉。その際，被害者は抵抗するが，その〈抵抗の不成功〉を経験する。そして，関係当初から密やかに始まっており本格化する暴力により強化された〈心理的絡みとられ〉と〈物理的がんじがらめ〉が相まって離別の選択が選択肢として存在せず，〈関係と生活のなかに暴力が位置づく〉。

　被害者は，関係の始まりから関係の進展の中でどんどんと〈自己の譲り渡し〉を行っていく。

2　《がんじがらめになっていく》プロセス

生成した概念を用いて分析結果を説明する。

58

第3章　DV関係に陥るプロセス

（1）〈好意を伴う親密関係の始まり〉

　DV関係の始まりは〈好意を伴う親密関係の始まり〉である。いわゆる恋愛関係として，好意感情や性的関係を伴うことが特徴である。その関係の多くは『「優しい」から始まる』。また，関係が『あれよあれよと深まる』場合もみられた。

　'交際が始まった当初，後に加害者となる相手から多くの優しさの受け取りを経験して，また相手のことを優しい人と認識している'という『「優しい」から始まる』。

　　「最初の時は一緒になる前はむちゃくちゃ優しかったんです。」
　　「あの，すごい優しい人だってね。恋愛結婚したんですけど。」

　このように調査協力者の多くが当初の相手のことを「優しかった」「優しい人」と表現する。これはその後知ることになる加害者の暴力的な言動や性格とかけ離れた状況であり，対比させて語られているといえる。

　　「付き合っている時は，いい人で優しいと思っていて，わからなかったので。結婚してから，ちょくちょく暴力を振るわれて。外の顔と家の顔が違いすぎて，付き合っている時は外しか見てなくて，何でもやってくれて，毎日，迎えにきてくれるし，こんな良い人いないと思って，外の顔しか見てないから。まさか家で，親に対しても厳しいとか（知らなかった）。結婚して豹変したという感じですね。」

　この語りからは，相手が暴力を振るうことになる人であるとは全くイメージできない「優しい」「良い人」であると認識していたこと，「豹変」することは予想ができなかったことが伺える。DV加害者の特性として，当初に過剰な「優しさ」によりコントロールの基盤を作り上げる側面があると推測されるほど，多くの被害者が加害者の優しかった側面を強調して語る。

　相手からの「優しさ」を受け取りつつ，好意を伴う親密関係が始まっている。その後，加害をもたらす相手がその相手である。このことは，見知らぬ他者や

59

好意を伴わない知人などから被害を受けることになった他の犯罪やハラスメントの被害者，脅威をもたらす相手が自然である自然災害の被災者とは大きく異なる点である。DVには，心地よさも伴う相手との歴史が存在している。その後，暴力が始まった際に，好意を持った相手であることや「優しさ」の鮮明な体験と記憶は，関係から離れがたく感じられることの基盤となる。

　時間とともに関係がゆっくり始まっていく場合もある一方で，当初より‘相手の勢いにより関係が急速に深まっていく’という『あれよあれよと深まる』パターンがみられた。

「出会った翌日に車で待ち伏せされて，食事くらいいいかと思って，"お食事いいですよ"と。それで最初に豪華な食事をしたんですけど。高級なお肉をじゃんじゃん食べさせてくれて"この人，何者なんだ"と思って，今思えば餌づけというか，そんな感じで。でも，おおらかそうな，男らしいイメージに思えたんですね。優しいし，気遣いができるし。そうして2日目もまた"明日も行こうよ"と，朝早く喫茶店に行ってモーニングをして，帰りにまた"食事に行こうよ"と誘われたんです。"この人だったらいいかな"と思って夜も食事に一緒に行ったんですけど，その夜の食事の後で，いきなりホテルに連れ込まれちゃったんです。私もなんか，その時に何もかもかなぐり捨てるようにして逃げればよかったんですけど，それもできなくて"断ったら悪いかな"という思いがあって。御馳走もしてもらっているし，そんなことをするのもなというので，思い通りにはまってしまったという感じですね。それからそういう付き合いが始まって，しばらく夜は食事に行ったり，飲みに行ったり，肉体関係は伴うし，という付き合いが始まりました。」

「(出会った日に) 無理やり車止められて，"どこでも良いから店行こうやっ"と言われて，飲みに連れて行ってもらって……家近いし，まあいいかなみたいな感じで。もう1人になりたくないしと思って，で泊まるようになって半同棲状態……早かったですね1カ月ぐらい……。向こうが籍入れるって言い出して。」

このように関係の始まりにおいて，被害者が主体的に吟味し自己決定したというより，相手の勢いに押された形で，飲食の場を共有し性的関係を持ち，場合によっては入り込まれるような形で同居し，早期に結婚に至るケースがみられた。いわゆる恋愛において通常に起こるデートや性的関係，同棲などの既成事実があれよあれよと積み重ねられる。その際，「毎日，当たり前のように迎えに来る」「俺の女と言い出して」と語られるように，相手からの所有言動が早期にもしくは強く表出されることもみられた。そして，被害者の中に「断ったら悪いかな」「1人になりたくない」と語られるように，相手のペースを受け入れる心理的な土壌ができることが相まって，関係が深まっていく。関係当初の状況を「はまってしまった」と腑に落ちない経験として振り返るように，一部の被害者の状況は加害者より支配するターゲットとされた可能性が否めない。しかし，その場合においても，「優しいし，気遣いができるし」と語られるように，優しさや頼もしさを感じる経験をしている。

（2）〈暴力性を垣間みる〉が〈不安をスルーしての関係継続〉となる

　本格的な暴力が始まる前に，加害者の『暴力的傾向を感じる』『非常（情）な言動に驚く』という〈暴力性を垣間みる〉経験をする。その際『不信と怖さを感じる』が，その『不安に蓋をする』という〈不安をスルーしての関係継続〉が図られる。

　〈好意を伴う親密関係の始まり〉から暴力が本格化するまでの期間は，様々であった。しかし，'初めて暴力を受けたと認識している本格的な暴力が始まる前に，相手が突然キレたり，相手から「小さい」暴力を振るわれたりするという加害者の暴力的な側面に出会う'という『暴力的傾向を感じる』経験をしている。多くの場合は，その暴力性の矛先は被害者自身に向けられていた。

> 「その傾向があったのは，私が何かの拍子で，洗い物か何かのことでガーっ
> て言われてコップを投げられて。その時からなんか，ちょっと，この人暴
> 力的な所があるんかなと感じたんです。（「コップを投げられてその時はどん
> なふうに感じましたか？」という問いに対して）自分の持っていたカバンをこ
> う持って，"もう帰るわ"って私が言った時に，（相手に）カバンを持たれて。

ガッーって，そのカバンを私も取られるのが嫌って思って離さずにいたら，持った状態でぐるぐる振り回されたから。その時点でやっぱりちょっと怖い人かなって思ったんですけど，でも男やから，別にその時は感じなかったです。」

「機嫌がカッと悪くなったらもう，暴言吐いたりっていうのか，ええと，2～3年目の時に，あらこんな面があったのかっていうのは感じたんです。」

　このように本来身体的暴力や精神的暴力といえる加害者の暴力が被害者に向けられる経験をしていたが，「ちょっと怖い人かなって思ったんですけど」「こんな面があったのかっていうのは感じた」と語られるように，被害者はそれを大きな問題としては取り扱っていない，もしくは取り扱わないようにしている。また，これらのエピソードは，インタビューの中で尋ねた初めての暴力として語られないことからも，暴力を受けたと認識していないことがうかがえた。他にも，車の運転が荒かったり，店員にクレームを激しく言ったりする場面から，相手の『暴力的傾向を感じる』被害者もいた。

　また，'加害者の非常識で非情とも思える言動にさらされ，驚くとともにショックを受ける'という『非常（情）な言動に驚く』経験をする。

「（私の）給料をあてにしていて，遊び癖みたいのが向こうに出てきて，ちょこちょことお金貸してくれやらなんやら言って……，借金の名前貸しててって言われ……そんなことを言っているうちに，仕事とかも，俺今日仕事休んだ，という話になって，"えっ"，て思って。」

「最初からウソばかりでしたね。結婚する時，仕事も偽っていて，結婚すると決まってから"実は話がある。土日，君たちと一緒にいたいから仕事を辞めることにした"と転職したみたいな作り話をして……。ウソをついていたのかと，しょっぱなから，"あれっ"という感じでしたね，正直。お腹に子どももいるし，ショックで，ガーンと思って。」

「契約後に住宅の初期費用を払ってくれるかと言われ，完全に貶められるやんという。でも，私も切羽詰まっていたので，（妊娠し）お腹が出てくるし……，選択の余地が無かったので出しました。」

第3章　DV関係に陥るプロセス

　このように非常（情）な言動には，仕事や金銭面などのルーズさ，金銭の無謀な要求などの経済的暴力を彷彿させるエピソードが多くみられた。その際，被害者は加害者の思惑にはまるような形で加害者の要求に応じ，懸案となった事柄をおさめる対処を行っていた。

　『暴力的傾向を感じる』ことや『非常（情）な言動に驚く』と‘関係の中で緊張を感じ，加害者に対する不信と怖さ，安全ではない感覚を抱く’という『不信と怖さを感じる』経験をする。しかし‘相手の人となりに不安を感じても，相手との親密関係が進んでいることやその緊張を打ち消すような相手の言動などにより，よぎった不安に蓋をし，うやむやにしたまま関係を続けていく’という『不安に蓋をする』ことがみられた。

　「付き合っているときは暴力はなかったんです。ただ1回ね。待ち合わせに遅れたことがあって，その時に（相手が）すごく怒ったんです。<u>それまで聞いたことが無いような怒り方だったんですね。私，びっくりして，“怖い，もういいわ”と思ったんですけど。職場にも電話がかかってきて，“悪かったから，怒鳴って悪かった”と言う元の彼に戻っていたので。その時はDVという知識もなかったし，“謝ってくれた，まあいいか”と。付き合うのをやめようかと思っていたけど，また付き合い出したんです</u>。」
　「好きやったからね，なんか怖い面あるなと思っても，男の人やからそんなもんかなと思ったり。」

　前者の語りからは〈暴力性を垣間みる〉中で，『不信と怖さを感じる』もその後「謝ってくれた。まあいいか」と関係を継続している。後者は，「男の人やからそんなもんかな」という暴力性を男らしさと捉える語りがみられた。加えて，「いつもではないし」「優しい時は優しいし」と，その前に経験している「優しい」側面が相手の暴力性や問題性への評価を鈍らせる。そして，〈不安をスルーしての関係継続〉を図っていく。

　一方で，以下のように結婚当初に感じた不安が的中していったと語った被害者もいる。

63

「父親に弁当を投げつけている姿を見たんですよ。その時に"ああ，この人，こんなことをする人や"と思って……，その時に不安に思ったことがずっと続いたんです。」

　この調査協力者は，加害者が親に向けた暴力性に不安を覚え，その後その不安通りになったと認識している。

　以上のように暴力が本格的に始まる前にも，相手の暴力性に触れたり関係に不安を抱いたりする経験を，被害者はしていた。しかし，それにより即時に離別するという決意や動きにはなっていなかった。一部には別れを切り出した被害者もいたが，結果的に復縁をしていた。一方，ここで「怖い」と感じた経験は被害者の意識の中に埋め込まれ，後述する〈自己の譲り渡し〉において相手の『意向の優先が癖づいていく』ことにつながる。そして，その後暴力が本格化した際の許容にも影響を残していく。

（3）〈暴力が本格化する〉中での〈抵抗の不成功〉
　『関係が進む』中で，『本格的な暴力の始まり』がみられ〈暴力が本格化する〉。その際『でき得る限りの抵抗をする』が，『抵抗が功を奏さない』という〈抵抗の不成功〉を経験する。
　『関係が進む』とは，'性的関係や同棲，婚姻，妊娠，出産など2人の関係が進展することであり，容易には加害者と別れることができない状態になっていくこと'である。『本格的な暴力の始まり』とは，'被害者が暴力を受けたと明確に認識する最初の激しい暴力が起こり，DVが本格化すること'である。多くの被害者は，初めての大きな暴力を受けたエピソードと『関係が進む』エピソードを以下のようにセットで語る。

「婚姻届を出した日から暴力が始まったので，突然，始まってしまったので。」
「ほんまにこれは暴力やなと思ったのは，私に子どもができて……その時はすごいなんか，ただ単に叩かれるだけではなかった。」

第3章　DV関係に陥るプロセス

このように婚姻や妊娠を機に，大きな暴力が始まり本格化した事実がある。加害者からみれば被害者の所有化が進んだ状態で，被害者からみれば簡単には別れることができない状況，つまり物理的に支配ができるようになった状態で，加害者は被害者に対し暴力を激しく振るい始めているとみられる。

「やっぱり一番初めがすごい。その時が一番怖かった。その時期が，包丁持ち出した時。」
「何かの拍子で，なんか，テーブルとか，喧嘩になって，ガーって，ひっくり返したりとか，お皿とか割ったりするのがあって，そこから始まったんですよ，暴力が。」
「流産したんです。22歳の後半ぐらいやったかな。流産した時に，すごい言葉の暴力が始まった。」

調査協力者たちは，「一番初め」「そこから始まった」「言葉の暴力が始まった」と語るように『本格的な暴力の始まり』を識別している。そして，多くの場合，『本格的な暴力の始まり』の激しい暴力エピソードを明確に記憶している。
　その際，'被害者は暴力に対して叫んだり，やり返そうとしたり，逃げようとしたり，固まったりという複数のやり方での抵抗を試みる'という『でき得る限りの抵抗をする』が，'抵抗したことで暴力がおさまるのではなく，逆に責められる理由や，さらに暴力を受ける理由となり，まったく抵抗が通用しない'という『抵抗が功を奏さない』経験をする。

「（車の助手席にいたら）いきなりあの左手がポンって，目のちょうど右の目の所に来たんですよ。ほんで，それで，なんかすごく怖くて，怖くて。一瞬火花みたいなのが出たから，"え，何されるの"って思って，その時一瞬。その時に，あの左手の指に（相手が）指輪をしてて，とんがっている指輪。それが目のここに来て，一瞬目の上が切れて，血が流れてきて。その次に手がほっぺたに飛んできて。そこからどつき始めるんですね。ボクサーのなんか，こんな長いサンドバックみたいに。いきなり始まって。そして，もう，こっちは，"なんでどつかれなあかんの"って思って。そして，怖い

65

から，あの，車から急にドアを開けて降りたんですよ。その時に私怖かったから，"誰か助けて"って，大きい声を出したら，またそこで道端で捕まって，"お前，車走ってるのに，なんで急に飛び降りるねん"て言われて。"でも，車は止まっていた"って私は言ったのだけど，"動いてた"って向こうは言うんですよ。そこで（私の）足が絡まってこけた瞬間に，そこでまた頭をぽこぽこにされました。」

「いきなりバーンと引き倒されて，そこから1時間くらいスイッチが切り替わったみたいに，家具がガタガタと倒れて，立ち上がろうとするのをガーンと引き倒されて，無重力空間を漂ったみたいに振り回されて，首を締められて，息が辛うじてできるくらいに。馬乗りになって"お前が悪いんじゃ"と泣きながら，"お前みたいな所に帰ってくる俺の気持ちがわかるか。俺が可哀相や"みたいなことを言ってきて，誰が聞いても"おかしいな"と思いましたけど。子どもが起きて泣いて，子どもも心配になって，私の横で立ってワーワー泣いて。1歳くらいでしたね。"（子どもが）泣いているからやめて"と言いました。でも，キレてしまっているから何を言っても無駄で，頭をガシンと叩かれ火花が散るような感じで，また首，締められて。この（胸の）あたりにのるから息が苦しくてね。1時間ほど離してもらえなくて。"冷静にならないといかん"と（思って，今度は）黙っていたら，"なんや，その眼は"とまた叩かれて。」

　このように調査協力者は，暴力が本格的に始まったと認識する初めての虐待エピソードを明確に記憶している。その際，驚きと衝撃を伴う恐怖を感じていることがうかがえる。しかし，被害者は暴力を甘んじて受け入れているのではない。「車から急にドアを開けて降りた」「怖かったから，"誰か助けて"って，大声を出した」「"（子どもが）泣いているからやめて"と言いました」「"冷静にならないといかん"と黙っていた」と語られるように，被害者はなんとか暴力を鎮めようとし，またその場から逃れようとするなど複数の対処を試み，『でき得る限りの抵抗をする』。しかし，「"お前，車走ってるのに，なんで急に飛び降りるねん"て言われて……，また頭をぽこぽこにされました」「キレてしまっているから何を言っても無駄で，頭をガシンと叩かれ」と語られるようにその抵抗

66

は通じず，暴力はおさまらないどころか，力の差は歴然としており，その抵抗
さえも理由とされ，さらなる暴力を受けていた。つまり，被害者は暴力が本格
化したと同時に，加害者の理不尽な暴力や怒りに対して，対処しようがない，
対処のすべがないという鮮烈な経験をしていたといえる。

〈暴力が本格化する〉当初における〈抵抗の不成功〉により，恋人や夫婦，子
どもの父と母という親密関係にある相手から暴力を受けるという事実とともに，
パートナーとの間に歴然とした力関係ができることとなる。

（4）〈心理的絡みとられ〉と〈物理的がんじがらめ〉により〈関係と生活のなかに暴力が位置づく〉

本格的な暴力が始まった際，被害者がなぜ加害者と別れるという選択をしな
かったのだろうか。〈暴力が本格化する〉前から既に密やかに始まっており，ま
た暴力が本格化すると，同時もしくはその後に強められる〈心理的絡みとられ〉
と〈物理的がんじがらめ〉が生じる。これにより本格的に暴力を受けるように
なっても，離別することが被害者にとって選択肢とならず，やむを得ずそして
非常に容易く被害者の人生が「暴力のある生活」となり，『がんじがらめを生き
ることへのシフト』が生じ，〈関係と生活のなかに暴力が位置づく〉ことになる。

1）〈心理的絡みとられ〉

〈心理的絡みとられ〉は，『恐怖と無力感の埋め込まれ』と『ハネムーン期効
果』が絶妙に絡まりみられる。

'暴力を受けた際に感じた暴力と相手への強い恐怖，またどうしようにも対
処できなかったことにより，状況に対し無力であるという感覚が深く内在化す
る'という『恐怖と無力感の埋め込まれ』が生じる。

「その時に恐ろしい人だって痛感しました。」
「私暴力を受けて，すごく怖くて，自分よりも子どもが大丈夫かと思ったん
ですよね。」

本格的な暴力は，被害者に強い衝撃とともに強い恐怖感を埋め込む。

また，『本格的な暴力の始まり』の直後に避難行動をとった被害者もいたが，
避難行動という正当な『抵抗が功を奏さない』結果となったことで，強い『恐

怖と無力感の埋め込まれ』につながる場合もみられた。

「で，友達の所に逃げ出したりもしたんだけど，何でか知らん間に見つかっ
ては連れ戻されたり，友達に迷惑かかると思うからついね，帰っちゃうと
いうことがあった。その時は，まだ籍も何も入ってない時ですから。うー
ん……，なんかもう，あきらめ。」
「実家が攻撃の的になったんです。家出をしたことで，次，出たらどんな目
に遭うかと，そこで知らしめられて，そこからは耐えることだけです。ど
んなにしんどくても家出をしたら他人に迷惑をかけるということで，耐え
て耐えて。」

　当初の段階で，避難行動を起こしたり，助けを求めたりした被害者にとって，
そこで助けが得られなかった経験や加害者からの激しい追跡行動を受けた経験
は，関係から逃れることができないという無力感の学習につながる。
　一方で，暴力が本格化した直後に加害者により優しさや謝罪がもたらされる。
それが，『ハネムーン期効果』として被害者の心理に作用する。『ハネムーン期
効果』とは，'加害者がとても優しくなったり謝ったりするといういわゆるハネ
ムーン期言動が暴力を受けた後にもたらされ，それが見事に作用し関係の継続
を図っていくこと'である。

「1回目やった時は，もう2度としないと言っているから，これで信じてみ
よう。」
「何でっていうのはすごいあって，何でされるんやと。でもただ，まあ好き
やから一緒におるんかなっていうのはありましたね。その時は嫌でも，そ
の後は楽しいからいいわっていう感じで。」
「やり直そうと，その後家を飾り立てて，ケーキを買ってきて，"ごめんな，
ごめん"と（相手が）泣きながら謝って，すごい優しくしてくれて，しばら
く穏やかだったので，戻ってきてよかったと思いました。」

『「優しい」から始まる』交際により，相手の「優しい」側面をみてきている。

第3章　DV関係に陥るプロセス

そして，暴力を受けた後に，加害者からもたらされるハネムーン期言動により加害者の「優しい」側面を経験する。暴力が本格化する前に経験している優しさと暴力の後の優しさの板挟み経験は，暴力を振るった相手の姿を「本当の姿ではない」という認知と緊張状態からの解放や弛緩を被害者に生じさせる。

　そして，初めて受けた本格的な暴力を偶然に起こったアクシデントのように処理してしまう。ベースには，すでに親密な関係になっていることがあり，また相手の期待や思いに応えることをしてきた関係であることも作用する。その相手が泣きながら謝ってくるというようなハネムーン期言動と相手をケアし相手の思いに答えたいという被害者に内在しているケア意識が影響し合い，暴力を振るった加害者を容認し，許すことにつながる。さらにハネムーン期言動の中でもたらされる暴力を2度としないという加害者の約束は，今後は暴力を振るわれることはないという被害者の楽観を支える。

　2）〈物理的がんじがらめ〉

　暴力が本格化した状況で多くの被害者は，既に〈物理的がんじがらめ〉の状態にいた。被害者を取り巻く『社会関係の弱まり』がみられると同時に，加害者との関係が進んでいることから『後戻りできない』と被害者は認識していた。

　『社会関係の弱まり』とは，'結婚や妊娠というライフイベントによる変化と，加害者より密やかに着実に受けている社会的暴力により，被害者の仕事などの社会的役割や他者とのつながりが弱まっていること'である。結婚や妊娠，出産などにより『関係が進む』こと自体が，退職したりそれまで住んでいた地域から離れ加害者の生活圏内で生活が始まっていたりと，そもそもの『社会関係の弱まり』をもたらしていた。さらに，これまでの加害者の言動により仕事などの社会的役割の場が縮小したり，親族や知人との関係などの人とのつながりが弱まったりしていた。

　　「仕事もしていたんですけど。(相手が)仕事場に来たり職場に電話したりしてきたので……，もう辞めました。」
　　「当時は，時間を相手が管理していて，何時から何時まで何をして，時間に区切られて，その通りに。友達とランチ行くとか絶対ないですし，どこかに出かけることもない。何もかも，寝る時間も何時から何時という全部，

69

管理されているんですね……。最初は誰とどこに何をしに行くと言って，何回かは行きましたが，行くたびに，誰とどこで，何時に帰ってきてと，一々と報告しないといかんのですわ。それはだんだんと私自身も苦痛になってきて，相手（友達）にも，そういうのが苦痛になるので，お付き合いしなくなってきて，全く。（付き合いが）何もなかったです。」

　ここから見えてくるのは，暴力が本格化する前にいわゆる社会的暴力が既に起こっており，被害者の行動範囲が狭められ，被害者の社会関係がいつの間にか弱められている姿である。このことは前述した〈心理的絡みとられ〉と相まって，被害者が加害者と離別するという選択肢を選択肢として浮かび上がらすことを阻む。さらに，暴力を受けたこと自体が新たに『社会関係の弱まり』をもたらすことにもなる。

　　「母に，こういう腫れたこんな顔を見さすのが辛いというかね。私も嫌やったので。心配をかけたくないし。」
　　「暴力のことは言いませんでした。それを言ったら，おしまいかなって。反対されて，反対したのに，それでも行くって，私が無理やり結婚したから。」
　　「これは誰にも知られてはいけない。こんな恥ずかしいこと言えない。」

　暴力を受けたことを知られたくないと感じることが，親族など身近な他者との関係を疎遠にする。また，加害者からは強い秘匿が求められることもみられた。

　　「主人が，一切外には漏らすなと言っていたので，反対に悟られないように必死で。」
　　「あの“今日のことは多分，お前は誰にも言わんと思うけど，もし言ったら，生きていることはない”と言われました。（「それを言われてどう思いました？」という問いに対して）私はその時は，“絶対言わないって，言う人もいない”って，ぽろって言ったんです。」

第3章　DV関係に陥るプロセス

　このように加害者から口止めをされ，時には強い脅しを伴うこともみられた。
　これらのことは，結果的にそれまで重要な社会関係であった他者に対して秘
密を持つこととなる。そして，「痣がある間は会わない」「相手の機嫌を損ねな
いように実家への連絡はしない」とも語られるように暴力を受けていることを
知られないように，また加害者との関係に緊張を走らせないために，被害者自
身が自らの行動の幅を狭め他者との関係を疎遠とする。つまり，暴力を受けた
ことそのものが，他者との関係を遠ざける要因となっていた。
　暴力が本格化しても離別できないと考える背景には‘既に関係が進んでおり
安易に別れることができない状態になっていること，また別れられないと被害
者が認識している’という『後戻りできない』関係になっていることが大きく
影響する。

　　「でもその逃げても，（前の）家も解約していて，もううち（帰る家）自体が
　　無かったから，それで自分で，ちょっととことんどこまでいけるか，ちょ
　　っと自分でもちょっと試したかったって部分が。反対されて結婚したのも
　　あったし。」
　　「お腹に子どもがいてたんで……。やっぱ不安やったかな，１人で子ども
　　を育てられるかなとか，いろんなことが不安で。育てる自信一人では無か
　　ったんで，生活を子どもを抱えたまましていくという……。離婚しないで，
　　ちゃんと（相手が）してくれるんやったらと言うので，初めは許していたん
　　です。」

　前者は，既に家を引き払い戻る家がなく，また周囲に反対され結婚したこと
により『後戻りできない』と被害者が認知している語りである。また後者のよ
うに，妊娠や出産という子どもの存在は，離別できない理由として実際に関係
継続を図ることに影響を与えていた。
　その他，婚約をした，家を購入する，家のローンを背負う，子どもに障がい
があることがわかる，相手の借金を自分の親が肩代わりしているので返すまで
は別れられないと考える，などのエピソードが語られた。言い換えれば，『関係
が進む』中で『本格的な暴力の始まり』がみられ，被害者は本格的な暴力が始

71

まったとしても既に『後戻りできない』状態，もしくは被害者が『後戻りできない』と認知する状態になっている。暴力を本格化させる時期を，意識的か無意識かにかかわらず，加害者は選んでいるともいえる。

3）〈関係と生活のなかに暴力が位置づく〉

以上のように〈心理的絡めとられ〉という心理的要因と〈物理的がんじがらめ〉という物理的要因が相まって，被害者の中には本格的な暴力を受けたとしても，別れるという選択肢が選択肢として存在していなかった。そして，'被害者の持つエネルギーが加害者との関係の中で生き延び，日々を生きるために使うことに移行する'という『がんじがらめを生きることへのシフト』となる。

> 「妊娠したくらいから，だんだん自分の思い通りに動かない私に対して，暴言や暴力になっていって"子どもを堕ろせ"とか言われたので，もうその段階で悩んだんですけど。でも，実際にお腹の中にいる子どもを堕ろすことなど考えられなかったです。子どもを堕ろすこともできない，子どもが生まれてくるので父親がいない状態にすることは考えることができない状態だったので，仕方なく（相手に）従うしかない。その頃は子どもを産む産まないということで，"産むなら，言う通りにしろ"という状態だったんです。」
> 「逃げられなくなったターニングポイントは1回目の暴力があって，3日間，実家に帰って，離婚しようかどうか迷った時に……，"あんたは，ほんまに覚悟はできているんか"と親から言われた時に，これは（離婚は）無理かなって思った。そこからは，なんとか我慢してうまくやっていこうと。」

このように被害者は，どうしたら暴力を受けないで済むか，どうしたら今日を少しでも穏やかにやり過ごせるかと，加害者の理不尽な要求に対処することを優先していく。そして，「自分で決めた結婚やから，頑張れるとこまで頑張って」「子どもがいるのに別れるなんてあり得ない，うまくやるしかない」と語られるように被害者自身の持つ忍耐力や根性，対人関係能力をパートナー関係や家庭の維持に使うようになる。そうなると，安全でない関係から離れることや離別を思考すること，またその行動のためのエネルギーは残らない。被害者の

人生が『がんじがらめを生きることへのシフト』となり，〈関係と生活のなかに暴力が位置づく〉ことになる。

3 〈自己の譲り渡し〉

〈好意を伴う親密関係の始まり〉の中で，被害者は相手に『惹かれる』とともに相手の『ペースにはまる』ようになる。そして，〈不安をスルーしての関係継続〉をする中で相手の『意向の優先が癖づいていく』。さらに，暴力が本格化し〈関係と生活のなかに暴力が位置づく〉と相手の『顔色と機嫌に生活が支配される』ようになる。このように被害者は，関係の始まりから暴力が本格化するプロセスの中で〈自己の譲り渡し〉を行う。

前述したように DV における関係の始まりの特徴は好意である。'相手に好きだという思いを抱き，心を奪われる'という『惹かれる』ことから始まる。

「好きやから一緒にいたいと思っていた。」
「私も当時10代っていうこともあって。本当にその時は，年上の男性で頼れそうだと思って。」

これらは恋愛関係に通常みられる『惹かれる』経験と，なんら変わりはない。しかし，DV の場合，この相手に『惹かれる』という肯定的な感情を抱いた歴史と経験があることが，その後暴力が本格化しても関係を継続したいと思う基盤となっていく。

一方で，相手の勢いで『あれよあれよと深まる』関係である場合などは，'当初の段階から相手に主導権を握られる'という『ペースにはまる』ことになる。

「なんか，うまくのせられたような，いつの間にか相手の言うままに，意見しても聞いてくれなくなって。」
「口はものすごくたち（筆者注：弁が立ち），うまいことうまいこと言いますよ，だから籍を入れる時も押し切られたような。」

当初の交際開始の段階で主導権を譲り渡し，その後も相手のペースとなっていく様子がうかがえた。主体的に意見を言うことが難しい関係が続き，力による支配を容認することにつながっていく。そして，この『惹かれる』『ペースにはまる』ことは，後の〈暴力性を垣間みる〉ことになった際，〈不安をスルーしての関係継続〉に影響していく。

　〈不安をスルーしての関係継続〉をするなかで'いつの間にか相手の顔色を伺うようになり，相手の意に沿うような言動を選択する'という『意向の優先が癖づいていく』。

　　「後から思うと，こういうことを言っていたなとか，窮屈だなと思っていたんですけど，今はそういう人だったんだなというのが分かるんですけど。その頃は言うことを聞かないといけないっていう感じで，思っていたので，それほどひどいものではなかったですけど。」
　　「お付き合いしている時も何度か相手が怒って，私のやり方が気に入らないで相手が怒って，で，向こうから"別れる"って言ってきて，"じゃあ，わかった"，みたいなことを何度か繰り返して。それでもまた（相手から）"反省したか"という形で私に問うてきて，また元に戻るということを何度か，結婚するまでも繰り返しておりました。そのお付き合いの期間から，もうずっと逆らってはいけない，っていう風な気持ちになっていました。」
　　「同じ状況で仕事をしていて自営の仕事を手伝っていたんですが，長女を保育所に預けることも許してくれなかったので，相手の言うままに，長女をベルトで抱っこして仕事もしていました。」

　『意向の優先が癖づいていく』ことは，被害者が意識していない中で起こっている。不安に蓋をしながらも，どこかで感じている相手への「怖い」という感覚や相手の機嫌を損ねず緊張場面を回避したいという感覚が影響する。そして，いつの間にか相手の意向を気にして，優先することが癖づくようになる。被害者に相手の『意向の優先が癖づいていく』ようになると，加害者と被害者の間に力関係ができ，〈暴力が本格化する〉移行への土壌となる。

　そして，暴力が本格化し〈関係と生活のなかに暴力が位置づく〉と，'自身の

第3章　DV関係に陥るプロセス

生活が，相手の機嫌に左右されるようになり，相手の状態を常にモニターして
生きるようになる'という『顔色と機嫌に生活が支配される』状況になる。

「寝ていたら蹴られますよ。それはわかっているから，寝ていられない。
起きていないといけないと思って起きて。」
「主人が自分の虫の居所が悪くなって暴力を振るったので，あっ，その時に
私が何か歯向かったり，主人の機嫌を損なうようなことがあれば，私だけ
じゃなくて，この子も手を上げられてしまうと思って。本当，赤ちゃんな
のでね，どうしようと思って，私もまだ若かったので，もう機嫌を損なわ
ず生活していこうと思ったんですよね。」

　このような関係に陥るプロセスの中で，被害者がどんどんと〈自己の譲り渡
し〉をしていくことになる。後者の語りにあるように，被害者に子どもがいる
場合，子どもを守ることの手段としても〈自己の譲り渡し〉を行っていく。

4　〈心理的絡みとられ〉と〈物理的がんじがらめ〉の巧みな進行

　本章ではここまで，どのように2人の関係が始まったのか，なぜ暴力が本格
化しても被害者は別れなかった，もしくは別れられなかったのかについて分析
した。DV関係に陥るプロセスは，《がんじがらめになっていく》プロセスであ
る。分析から，以下の5点がいえる。
　1点目は，被害者は〈心理的絡みとられ〉と〈物理的がんじがらめ〉という
物理的支配と心理的支配の両者が相まり関係に陥っていた。この両者は，〈暴
力が本格化する〉以前からすでに始まっておりそれが基盤となり，暴力が本格
化した時には被害者にとって既に離別が選択肢となっていなかった。そこに暴
力が本格化することで〈関係と生活のなかに暴力が位置づく〉。宗像は，DV被
害を受ける経験を「意識して積み上げた体験ではなく，いつの間にか『どっぷ
りとそこに浸かっていた』と気づく」（宗像 2014：35）と述べているが，本分析
からは〈物理的がんじがらめ〉と〈心理的絡みとられ〉が巧みに同時進行する
様相を示すことができた。

75

2点目は，関係の始まりから《がんじがらめになっていく》までのプロセス
は，DV のサイクルと酷似していた。関係当初からみられ，また暴力が本格化
した後にももたらされる「優しい」「優しさ」の経験が，〈心理的絡みとられ〉
を巧みに生み出していた。つまり，大きなスパンでのハネムーン期から緊張期，
そして爆発期へと移行する DV のサイクルの構造が関係当初から働いている。
当初の〈好意を伴う親密関係の始まり〉に経験する「優しさ」の受け取りは，
ハネムーン期といえる。そこでの心地よい経験は暴力が本格化した際に，「本
当は優しい人」「暴力を振るうのは本当の相手ではない」という認知を被害者に
もたらす。〈不安をスルーしての関係継続〉の時期は，「緊張期」に類似する。
〈暴力性を垣間見る〉ことにより緊張がもたらされ，次第に『意向の優先が癖づ
いていく』ようになる。そして，〈暴力が本格化する〉ことはその名の通り「爆
発期」である。そして，その大きな暴力の後に明確に加害者がもたらすハネムー
ン期言動が，被害者に『ハネムーン期効果』として作用して，関係が継続され
ることとなる。

　Mills は，関係の始まりの幸福感が残り続けることが，関係を継続することに
影響すると述べている（Mills 1985）。本分析からも，当初の優しさの享受や好意
を伴う関係の始まりが，関係の継続の基盤になっていることが見出された。加
えて，暴力の本格化により DV のサイクルにはまっていくことになるが，実は
関係の始まりから暴力が本格化するまでのプロセスにおいて，既に大きな DV
のサイクルが見えにくい形で始まっており，その板挟みにより被害者は心理的
に絡みとられていたことが明らかになった。「優しい」「優しさ」は下手に出る
加害者からの巧みなコントロールといえる。

　3点目は，本格的に暴力を受けたと被害者が認識している本格的な暴力が始
まる前段階に，「小さな」身体的暴力や精神的暴力，社会的暴力，経済的暴力，
性的暴力を彷彿とさせる事象がすでに起こっていた。しかし，それはとてもわ
かりにくく，被害者自身も困り感や息苦しさを感じたとしても，その問題性を
認識するには至っていなかった。しかし，身体的暴力や精神的暴力を彷彿とさ
せる加害者の暴力性は，被害者に怖いという感情を埋め込み，無意識のうちに
加害者の意向を優先することを癖づかせていた。また，社会的暴力や経済的暴
力を彷彿とさせる事象は，いざ暴力が本格化しても被害者が離別するという選

択を阻む要因となり，身動きが取れなくなる伏線となっていた。加えて，対等ではない状況での性的関係は対等ではない関係を現実的に継続させ，妊娠につながっていることが推察された。

4点目は，《がんじがらめになっていく》背景には，親密な関係にある他者をケアするという長年女性に期待されてきた役割を，自ら引き受けるというケア役割の影響がみられた。本分析からは，関係の継続を主体的に決めているというより，流れの中で抗うことをせず関係の継続が図られていくという状況に沿う側面がみられた。その状況に沿う側面を生み出しているのが，相手の期待に応える，NOを言わない，他者をケアする，家庭を維持するというケア役割を被害者が内在化させているからといえよう。

一方で，関係の継続のため自らの持つ力を注いでいく真面目さがみられ，そこに自身が持つ粘り強さや忍耐力を発揮する姿は，むしろ主体的であるともいえる。いずれにせよ，ケアを続けることや家族を維持することに，自身が持つエネルギーを最大限使っており，関係から離れることへのエネルギーを残さなくなっていた。

5点目は，〈物理的がんじがらめ〉には，妊娠，出産，育児という子どもの存在が大きく影響していた。体や生活の変化が生じ，かつ守るべきものが増える妊娠・出産・育児という女性にとっての大きなライフイベントが，暴力が本格化する契機となっている事実がある。その際，子どもを産みたい，子どもを守りたいという子どもへの想いや倫理，子どもがいるのに離別できないという現実や離別したくないと考えることが，関係の継続と関係と生活の中にある暴力に対処し，生きていくことにつながっていることが示された。

5　他者との経験からみる支援の役割

本章の最後に，プロセスにどのように他者が立ち現われ，どのように影響を与えたのかという他者との経験と支援の役割を考察する。

（1）他者との関係
DV関係に陥るプロセスは，恋人として親密な関係が深まっていくプロセス

でもあること，また被害者自身も気づかぬ間に《がんじがらめになっていく》プロセスであることから，他者の支援的介入はほとんど可視化されなかった。しかし，交際当初や妊娠，結婚など『関係が進む』時には，身内や知人などの他者にその関係を打ち明けたり相談することが通常みられること，また当初の段階では社会との関係が比較的残っていることから，他者が被害者の経験している親密関係の内実の一面を知る機会があると推察される。

（2）支援の役割

　DV関係に陥る可能性を軽減するために，他者や支援が果たし得る役割があると考えられる。

　1点目は，DVについての知識を伝える予防教育が，まずもって必要である。被害者は『暴力性を垣間みる』経験をしても，「問題」だと認識できていなかった。そこには，嫉妬や束縛など恋愛に通常みられがちな行為への寛容さ，また暴力性や強引さを男らしさと認識するジェンダー観が，それまでの生育歴や社会経験により培われていることも影響しているといえる。加えて，関係は続けるものであるという考えや別れには合意が必要であるという認識が，被害者が主体として関係を決定することを妨げる要因であることも推察された。その中で，交際，性的関係，同棲，結婚へとあれよあれよと関係が深められていくことによって，支配するための物理的状況を容易に作り出されたといえる。

　さらに，多くの被害者は，『本格的な暴力の始まり』と認識する以前に，「小さな」身体的暴力，暴言などの精神的暴力，社会関係が弱められる社会的暴力，経済的に無理な要求を受ける経済的暴力，被害者の意思が尊重されないSEXなどの性的暴力といえる事象が起こっていた。しかし，共通して，それらが暴力であるということや尊重のない行為であるという認識に至っていなかった。

　たとえば，身体的暴力のみならず多様な暴力の種類について知識があれば，それらの行為に対して疑問に思い，それを行う相手に関して不信を抱く気づきとなったのではないか。そして，関係が進む前に別れるという選択や，暴力を介在することを許さない主体的な意思の表出につながるのではないだろうか。また，DVのサイクルの知識があれば，少なくとも暴力の後の「優しさ」の意味を思考する機会となるのではないだろうか。

DVの基本知識や交際における尊重，人と人との境界線などについて知ること，考える機会があることが，重要である。それらを伝える多様な方法と機会を生み出すことが求められる。

　2点目は，被害者から交際相手の暴力性や違和感に関する発信を受け止めた他者が，それを適切にキャッチし，暴力の要素が含まれている行為であることや今後安全でない関係になる可能性の心配を伝えることである。被害者は，物理的に『関係が進む』ことにより『後戻りできない』状況になることで，がんじがらめになっていた。これらのことから，関係への心配が認められる中で同棲や結婚，妊娠というように2人の関係を急いで進めないことを助言することも必要と思われる。

　3点目は，周囲の人が被害者との関係を切ってしまわないことが必要である。本分析から，身内から交際や結婚を反対され疎遠になっていたり，知人との付き合いが無くなっていたりという『社会関係の弱まり』が『後戻りできない』という認知を強化し，暴力が本格化する中でも関係を続けていく被害者の姿がみられた。2人の関係に違和感や心配を感じ，別れるよう助言しても，被害者が親密な感情を持ちつつ交際や関係を続けることは，通常に起こり得る。そのことを理解し，被害者が周囲からの忠告に耳を貸さず関係を続けたり，関係を進めたとしても，他者や支援者は被害者との関係を疎遠にしないことが求められる。併せて，交際や結婚において社会関係が弱まることへの懸念や社会との関係を，意識的に保持するように被害者に伝えることが現実的に必要である。

第4章	離別の決意に至るプロセス ——どのような要因が「後押し」になったのか[(1)]

　第3章では，被害者がドメスティック・バイオレンス（以下，DV）関係に陥る
プロセスを示した。そこでは〈心理的絡みとられ〉と〈物理的がんじがらめ〉
によりがんじがらめになっていく様相が見出された。ではDV関係に陥った
被害者は，どのように「暴力のある生活」を生き，いかにして加害者と別れる
ことの決意に至ったのだろうか。

　先行研究においては，DV被害者が離別の決意に至ることの難しさが指摘さ
れている。一方で，保護命令[(2)]の申し立て件数の増加や，先行研究のほとんどが
既に関係から逃れた被害者を対象に調査していることからも，DV加害者との
離別の決意をした被害者が一定数存在していることが推測される。にもかかわ
らず，わが国においてDV被害者が実際にどのようにして離別の決意に至った
のか，何がその決意を促進したのかについて，そのプロセスや構造については
明らかになっていない。

　離別の決意に至るプロセスを明らかにすることにより，暴力の最中にいる被
害者の世界に接近できるとともに，支援者は，どのような視点で，どのように
被害者と関わり，支援することが望ましいのかの理解につながると考えられる。

1　ストーリーラインと分析結果図

　本章での分析テーマは，「DV被害者の暴力下の生活および加害者との離別
を決意するに至ったプロセスとそれを促進した要因」である。

　コアカテゴリーである《決定的底打ち実感に至る》プロセスを構成するのは，
〈限界ラインの押し広げ〉〈限界感の蓄積〉〈背中押しメッセージの受取り〉〈決
定的底打ち実感〉という流れで進む4つのカテゴリーと，そのプロセスに内含
する被害者の自己の経験である〈奪われる自己〉〈生き続けている自己〉の2つ

81

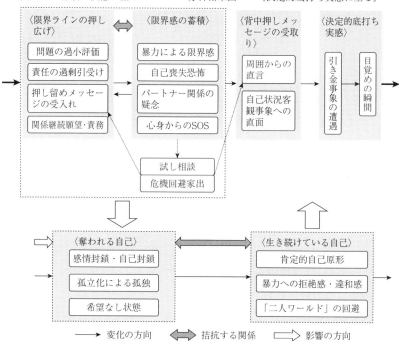

図4-1 離別の決意に至るプロセスの分析結果図——《決定的底打ち実感に至る》

───── ストーリーライン ─────

　被害者が,「暴力のある生活」から離別の決意に至るプロセスは《決定的底打ち実感に至る》プロセスである。関係と生活のなかに暴力が位置づくことになった被害者の生活は,〈限界ラインの押し広げ〉をしながらの生活となる。その一方で〈限界感の蓄積〉がされていき,これが離別の決意の基底となる。〈限界感の蓄積〉を増大させていた被害者は自己の状況の客観視をもたらす〈背中押しメッセージの受取り〉により揺さぶられる。最終的に引き金事象により〈決定的底打ち実感〉がもたらされ,離別の決意に至る。

　被害者は暴力下の生活で苦しい〈奪われる自己〉を経験するが,一方でかろうじて〈生き続けている自己〉を存在させ,暴力下の生活と離別の決意に至るプロセスを下支えしていた。

のカテゴリーである。まず，カテゴリーを用いたストーリーラインと離別の決意に至るプロセスの分析結果図を示す（図4-1）。

2 《決定的底打ち実感に至る》プロセス

以下，生成した概念を説明し分析結果を述べる。

（1）〈限界ラインの押し広げ〉

　被害者の暴力下での生活は，『問題の過小評価』『責任の過剰引受け』『押し留めメッセージの受入れ』『関係継続願望・責務』により，自己の限界を知らず知らずのうちに自ら押し広げていくという〈限界ラインの押し広げ〉生活である。
　被害者は‘暴力関係の中で自分自身の置かれている困難な状況や加害者の持つ問題性を過小に評価する’という『問題の過小評価』を行う。

　「いつもじゃないからって，これは私の考えやけど，機嫌の良い時もあるから，しょうがないかとか，自分が我慢していたら丸く収まるんじゃないかなって。」
　「実際暴力始まったらもう，とにかく痛いし怖いし。でもだんだん麻痺してきたから，なんか，まあしょうがないかなっていう感じで。」

　このように「いつもじゃない」「しょうがない」と，直面している暴力の事実や関係の不健康さを過小に捉え，自分自身に生じている問題に対する感覚を鈍麻させ受け入れていく。
　また，被害者は‘「暴力のある生活」の中で，本来自らが背負うべき責任の範囲をはるかに超えた責任を負おうとする’『責任の過剰引受け』を行う。

　「"すごい素敵なだんなさんね"とかって，いつも言ってくれてはったからね，いろんな人が。やっぱり，私，私がおかしいんやわ，これは。だから，誰にも暴力のことは言われないと思ってましたね。」
　「こんなに疲れて帰ってきているのに，私が悪いって思ってました。」

被害者は，「私がおかしい」「私が悪い」と暴力や状況の責任を自分自身にあると認識し，本来加害者が背負うべき責任を加害者の代わりに引き受けている。他にも，「親から愛されず育って，かわいそうな人やから助けてあげたい」「仕事でストレスあるから，家でイライラを爆発させてしまうみたい」などと語られている。本来，加害者の引き受けるべき過去や現状の課題を被害者が引き受け肩代わりするとともに，それらを理由に加害者が暴力を振るうことの責任を過小に評価し，さらにその加害者の暴力性を被害者自身がかばおうとする心理状態がみられた。

被害者が『問題の過小評価』『責任の過剰引受け』を行い自らの限界ラインを押し広げる背景には，『押し留めメッセージの受入れ』がある。これは，'被害者に我慢を要請する周囲の人や加害者あるいは社会からのメッセージを被害者自身が受け入れていること'である。

> 「私が"離婚して"と言ったとしても，親とか周りとかが抑えるでしょ。それまでも"離婚したい"と思って言っても，"離婚するのは最後の手やから，もうちょっとがんばりなさい，もうちょっとがんばりなさい"って……。"あんたが我慢しなさい"って，みたいなんで。もう絶対離婚はできないなって思っていた。」
> 「母が"そんなの私だってやられていたわ"って。私はまだ（3人目の）出産前だったので，"これから3人のお母さんになるんだから，もっと強くなって言い返さないと"，って言われてしまって，そうかなあと。」

このように被害者の周囲には，離婚を何とか回避させようとしたり，関係の継続を図ることを通常のことと考える身内などからの押し留めメッセージがあふれている。さらに，何より強い押し留めメッセージは，日々，加害者から繰り返しもたらされる。

> 「どつぼに段々はまっていって，なんか"もう俺はお前がおらんと無理"とか，"俺は一人ぼっちになる"とか，そんなんで動けないようになってしまった。」

　　　　　　　　　　　　　　　　　　　　　　　　第4章　離別の決意に至るプロセス

　「"逃げてもどこまでも追いかける"って言われていたから，もう家を出る
　なんて選択肢があるって思ってもいなかったし，冷静に考える余裕もなか
　った。」

　このように，加害者からは泣き落としや脅し，時にそれらが交互にもたらさ
れるという強烈な押し留めメッセージが日々送られており，被害者はそれらに
巻き込まれ，受け入れることで自らの限界ラインを押し広げていた。
　また『押し留めメッセージの受入れ』の影響のみならず，被害者自らも '関
係の継続を願い，また関係を継続させなければという責務を自らに課す' とい
う『関係継続願望・責務』を抱いていた。

　「やはり自分の経済力とか子どものこととか子どもの将来を思うと離婚は
　やっぱり（してはいけない）。"もうちょっとがんばろう，もうちょっとがん
　ばろう"って思っているうちに，ああ向こうも暴力を振るえば，（私が）言
　うことを聞くと思うような部分も出てきたのかもしれない。」
　「やっぱりね，すぐには中々。今まで15年ほど一緒にいてて，いい時もあ
　ったし，こんなんじゃないかな，なんていう。もちろん夫婦でいてたいか
　ら甘い期待とかもあったし，これが本当の姿と思いたくないという部分も
　あったし。」

　暴力を被害者の支配の道具として使う加害者と，夫婦や親子の関係の維持や
継続を望む被害者の思いが相互に作用し，暴力が介在する関係の継続が図られ
ていく。また，前章で示したDV関係に陥る段階でみられたのと同様に「好き
で結婚した」「親（の）無い子どもにしたくない」「反対されて結婚したから別れ
てはいけない」「借金を返すまでは別れられない」という語りが，暴力が日常化
する最中においてもみられた。

　以上，説明した『問題の過小評価』『責任の過剰引受け』『押し留めメッセー
ジの受入れ』『関係継続願望・責務』の複合的な影響下で，「今回は我慢したら，
ちゃんとしてくれるって毎回思って，何回もなってしまって」と語られるよう

　　　　　　　　　　　　　　　　　　　　　　　　　　　　　　　　　　　85

に，被害者は自らの〈限界ラインの押し広げ〉を行っていく。

（2）〈限界感の蓄積〉

〈限界ラインの押し広げ〉の生活をする一方で，被害者は『暴力による限界感』
『自己喪失恐怖』『パートナー関係の疑念』『心身からのSOS』を重層的に経験し，
〈限界感の蓄積〉をさせていく。それらは被害者に自分の生活に，様々なひずみ
が生じていることを突きつけることになる。

『暴力による限界感』とは，'加害者の暴力がエスカレートし日常化する中で，
身の危険を感じたり，暴力への耐え難さを感じたりし，その感覚を強めていく
こと' である。

> 「緊張期の時が一番嫌で，いつ爆発するんやろって。明日かな，明後日かな。
> これ話したらとか。」
> 「顔色をみて顔色が急にパッて変わって暴力がざっと始まるでしょ，それ
> はしんどかった。（「こんな生活はしんどいと思えたのはなんでしょう？」という
> 問いに対して）やっぱその繰り返しやね。顔色と暴力とその2つがずっとと
> いうか，……繰り返しやね，良い日もあるけど，良い日はとても楽しいけ
> ど，悪い日も良い日も徐々に徐々にあるけど，もう良い日がこなくなって，
> 悪い日がずっと，ずっと続くと，もう自分がしんどくなって。」

以上の語りからは，被害者は前述したDVのサイクルの中にいることがうか
がえる。表面的に暴力は無い緊張期の緊張感，悪い日と良い日の繰り返しの中
で悪い日が訪れること，顔色や機嫌を常にモニターしなければならない生活，
これらはDVという「暴力のある生活」の現実である。これらのしんどさと耐
え難さが被害者の限界感となっていく。

> 「うんざりって，殴られる，もう手をあげられるって，その手をあげられた
> 瞬間というのが，もうアーッって，なんか，あと零点何秒後に私痛い思い
> するんやわっていうのがすごい嫌で。」
> 「そのままやったら，私自殺するか殺されるかどっちかなんかなっていう

86

状態。これは，もうあかんって思い出してね。」

　このように暴力に甘んじる生活の中で，暴力に対する「うんざり」「すごい嫌」「もうあかん」という否定的感情を抱く。また，死への接近感を抱くことは，被害者の現状や現在の生活を続けることへの限界認識を高めることになる。
　被害者は，〈限界ラインの押し広げ〉の生活の中で『自己喪失恐怖』を抱く。『自己喪失恐怖』とは，'「暴力のある生活」の中で自分が自分でなくなっていくという自己の存在を根底から揺るがす恐怖を感じること'である。

　　「相手に対してね，事故で亡くなってほしいっていう思いを持つようになった。これがあかんなって自分が思い出してね。相手の死を待つっていうのってよくないでしょ，って自分が思い出してね。」
　　「私このままやったら子ども虐待するなって，あまりにも暴力が毎日蔓延化しているから。ある時気がついたら，子どもを殴りそうになった……。その時すごい恐怖が背中の後ろから，ざぁっと来て。」

　このように，相手の死を願ってしまう自分や子どもを虐待してしまいそうになる自分に気づくことは，自分自身の持つ価値観に照らして自分が許し難い一線を越え，歪みつつあることを突きつけられる事象である。「何かすごいそういうふうな形で変わっていく自分が怖かった」と語られるように，変わっていく自分自身に耐え難い恐怖を抱く。
　『暴力による限界感』では，「身体的な死」を身近に感じているといえるが，『自己喪失恐怖』では自己の「精神的な死」に対する恐怖を感じているといえる。そして，「私にとっては暴力の恐怖というより，精神的に自分がなくなるっていう，自分の生きているっていう意味がなくなるっていうことの方が，しんどかった」と語られるように『自己喪失恐怖』は身体的暴力に勝る恐怖となる。その中で「自分の生活を変えないと，自分自身が壊れてしまう」と表現されるように，その感覚は強い現状への限界感となり，離別の決意を導く促進要因の一つとなる。
　『パートナー関係の疑念』とは，'被害者が加害者との生活やパートナー関係

に疑問を抱き，日常生活の中で次第に違和感や失望感を強めていくこと'である。たとえば，被害者に子どもがいる場合には，共に子どもを育てていくパートナーとしての限界感として立ち現れる。

> 「子どもを突き飛ばすんですよ，バンと。何でこんな小さい子になに考えているのっていう感じになるでしょ……，子どものためにって言われていたのが，本当にそうかなって。」
> 「泣いたら怒られるというのも，1歳半の子どもでも知ってるんですね。顎の下に梅干しみたいなものをつくった状態で，一生懸命，泣かずに堪えているんですね。目からポロッと涙だけ流して，でも泣き声を上げない。こんなことしてたら，あかんわ，と思って。」

　子どもは一定の時期までは加害者との関係を継続させる大きな要因となっている。しかし加害者が子どもを傷つけたり，子どもが我慢を強いられているなど，子どもにマイナスの影響をもたらすことが頻繁に起こるようになると，被害者は子どものためにも現状のままではよくないのではないかと，パートナー関係を続けていくことへの迷いや葛藤を抱く。
　また，経済的な暴力や経済生活の立ち行かなさは，現実生活に苦悩と不安をもたらし被害者の中の限界感を増幅させることになる。

> 「食べるものもなくてね。だから，もう夏場なんかね，すごくのど渇くのに，ジュース買うお金すら持たされずに財布の中ゼロ円1円2円ぐらい。（「お金が自由になるのはなかったんですね？」という問いに対して）自由になるお金も全くない，“のど渇いたんやったら言えよ”って言われて，子どもじゃないのにって思った。」
> 「借金を多くしたり，たびたびそれを返済しては，次々借りたり，その金額が何十万とか何百万とか……。でも，また，短い期間で（お金を）パパパっと使われる，と本当に苦しくてね。あと何年続くんやろ，あと何年で（借金を）返せるんやろって。」

88

第4章　離別の決意に至るプロセス

　多くの調査協力者が，加害者からの経済的な暴力や加害者の経済的な問題による困難を経験していた。パートナーが働かなかったり，借金を繰り返したり，経済的な管理を強めて自由な支出を許さないなどである。被害者は，加害者の求める枠組みや被害者が持つ倫理に従い一生懸命に金策を行ったり，仕事を掛け持ちするなどの努力をするが，経済的な側面でも生活が立ち行かなくなる。

　　「本当に不思議なんですけど，ひどい暴力をしても，向こうは寝れるし，
　　（SEXを）求めるし，……でも叩かれたり蹴られたり痛みがある時って相手
　　を受け入れられない。」
　　「夜のとか，夫婦の営みとかいわれても，もう嫌，もう触らんといてみたい
　　な。……あんたのしていること考えてみようやって心の中では思ったけど，
　　口に出されない部分。」

　このように相手からの性的欲求の受け入れ難さを感じたことが語られた。これらは，相手の状況認識や理性への不信感を伴い，身体感覚や肌感覚を通して本能的な限界感を被害者に突き付けてきているともいえる。
　その他，「（相手が言う言葉は）私を幸せにする言葉じゃない不幸にさせる言葉ばっかりやから，これは違う，これは本物じゃないって思いました」と語られるように，加害者が被害者に放つ日々の言動が愛情関係とは程遠いものであると気づくことも『パートナー関係の疑念』に含まれる。
　以上のように，子育てのパートナーとしての限界感や経済的な成り立たなさ，性的関係の受け入れ難さ，愛情関係への疑問などにより被害者は『パートナー関係の疑念』を増大させていた。
　『心身からのSOS』とは，'「暴力のある生活」の様々なストレスが，心身症状として出現すること'である。被害者は，現状にひずみが生じていることを認めたくないという否認感情のため，あるいは日々の現実生活に追われる中で，自身の心身状態にどちらかといえば無自覚であった。しかし，そのうち看過できないほどの心身症状が噴出してくる。

　　「もう手足がしびれてきたり，夜中にいつ帰ってくるんだろうという恐怖

で手足が震えたり，眠れなかったり，精神的にもまいっていたんだろうな
っていうのはありました。今思えばね。その時は思わなかったけれども。」
「ほんとにもう息がわーっとできなくなって，しゃがみこんでってなって
いたんで……，それで体がすごくしんどくて，精神的にはそのパニックも。
初めは，体の方がSOSを発していた。私はもう絶対に認めたくなかった。
こんなわけないと思って。」

　他にも「心臓バクバクして」「(ストレスで) 耳が突然聞こえなくなって」など
『心身からのSOS』が語られた。多くの場合，その時点において，被害者は「暴
力のある生活」と身体症状との因果関係を明確には自覚していなかったり，「認
めたくなかった」と語られるように否認しようとしていた。しかし，この『心
身からのSOS』は，体と心の痛みと引き換えに被害者に現状と現在の生活を続
けることへの警告を与えることになる。

　　「本当にやっていけない。もう，このままいてたら，精神的にも肉体的にも
　　ぼろぼろになっていく。」

　以上のような，『暴力による限界感』『自己喪失恐怖』『パートナー関係の疑念』
『心身からのSOS』が重なり合うことによって，被害者の〈限界感の蓄積〉が重
層的になされていく。

（3）『試し相談』と『危機回避家出』
　〈限界感の蓄積〉が高じた際，被害者は，『試し相談』や『危機回避家出』を
行う。
　『試し相談』とは，'加害者との関係を継続する中で，時に自分自身の限界感
や違和感を他者に相談したり，小出しに表出して反応を探ること'である。

　　「両親とか姉には話しましたけどね。"今，一時的な感情で思っているだけ
　　じゃない"と言われる。別れる方がいいんじゃないか，というような考え
　　を持っている人はほぼいなくて。皆，子どももいることだし（我慢したら）

という反応が多かったんです。」

「私の中にぐらぐらしたものがあって，離婚すると決めた時に支援があるのかしらと，先のことを用意しておかないと不安なので，そのことを聞きにいったんですけど，意思がはっきりしてないから，“まず意思を固めてから来てください”みたいなことを（相談員の人から）言われて。やっぱり，相談してもダメだと思っていた。」

　被害者は，このように自身の限界感の一部を他者に表出し『試し相談』を行っていた。しかし，被害者の周辺にはそもそも押し留めメッセージがあふれており，さらに『試し相談』の結果の多くも押し留めメッセージであるため，被害者はその『押し留めメッセージの受入れ』をし，限界ラインをさらに押し広げることになる。一方で，『試し相談』により，『周囲からの直言』がもたらされることもみられた。これについては次項で説明する。
　また，多くの被害者は『危機回避家出』を経験している。『危機回避家出』とは，'暴力のエスカレートからやむを得ず避難をしたり，限界感の高まりにより一時的に家を出ること'である。その際，外で一夜を過ごしたり，実家に身を寄せたり，一時保護につながったりという経験をしていたが，被害者は様々な理由から帰宅していた。

「朝まで神社で過ごしました。どこも行く所がなくて，寒くてね。」
「3～4回逃げて，その度にもうやっぱり同じですわ。謝りはる。“もう暴力は2度としないから戻ってほしい”って。それで戻って。……母はいいと思って言ってくれているんやけど，“戻った方がいいんじゃない”って，母からも言われて。」
「自分で一度警察の方に行ってるんですよ。その時に紹介して下さったのが，一時保護で，……次男がもう泣きわめいて“嫌だ”と。で，もう帰ることになったんですけど……。親の勝手でそうやって振り回してる自分も腹立つし。」

『危機回避家出』の際，生活の立ち行かなさを感じたり，元の生活に戻るよう

に周囲から言われたり，加害者への思いを感じたりする。また，多くの場合加害者は暴力について謝罪し，「もう暴力は振るわない」という。被害者はこれら押し留めメッセージを受け入れ，再び〈限界ラインの押し広げ〉の生活に戻ることにつながっていた。さらに，家を出た際の加害者の執拗な嫌がらせや身内に迷惑をかけたという経験が押し留めメッセージとなり，〈限界ラインの押し広げ〉の生活にとどまることになる場合もみられた。

> 「私が家出したことで，母や親戚中もまきこんで，母の友だちまで，うつに追いやるような電話攻撃をしたりとか，私だけではなく，色々な方に迷惑をかけた……。そこからは耐えることだけになって。」

このように家を出たことによって，経験した加害者からの嫌がらせや追跡，周りに迷惑をかけたという現実，それによる自責感や無力感は，被害者に強烈な「押し留めメッセージ」をもたらす。実際に，この調査協力者はその後何年も「暴力のある生活」の中で〈限界ラインの押し広げ〉をせざるを得なくなり，最終的に家を出るという次の行動を行うまで我慢し続ける生活を送っていた。
　一方で，被害者が『危機回避家出』をした際に肯定的な経験をすることもみられた。安堵する時間を持ったり，人の温かさに触れたり，他者から状況の客観を促進する言葉を得たりするエピソードが語られる。

> 「その当時は，話は聞いてくれるけど，別に何をしてくれるわけではないけどね，"ゆっくりしとき"って，言ってくれただけやけど，でもその時の"ゆっくりしとき"は本当にうれしかったですよ。」
> 「それはもうほっとする。ほっとする場所。"それはでもひどいよ"って言ってくれて，そうなんかなって。でも，田舎に帰らないと言われないね。行くからわかる。」

いずれの調査協力者とも『危機回避家出』の後に帰宅していた。しかも，『危機回避家出』の束の間の経験や人との相互作用を，意味のあるものとして語っている。『危機回避家出』の経験が，後述する〈奪われる自己〉に対抗する形で

第4章　離別の決意に至るプロセス

〈生き続けている自己〉を支える時間でもあり，また〈背中押しメッセージの受取り〉をする機会ともなり得ることがうかがえた。

（4）〈限界ラインの押し広げ〉と〈限界感の蓄積〉の関係

〈限界ラインの押し広げ〉と〈限界感の蓄積〉は，この順序で進むものではなく，被害者の中で同時並行でもたらされたり，行きつ戻りつというサイクルが繰り返されたりする。

> 「限界が，なんていうんですか，あの，子どもみたいにすごい本当に，成長期の子どもみたいに，すごい勢いであちこち走りまわるんで，それをいつもいつも追いかけまわしていたんですけど，自分自身も疲れ果てるから。（「限界を？」という問いに対して）もう，だから，自分がどっから来たのかもだんだんわからなくなるし，洗濯機と一緒ですよね，そのぐるぐる回ってて，脱水機にかけられて，自分がどこで今何してるかわからなくなるっていうのと一緒で。その限界君があちこち走りまわるんで。"え，自分が，どこから来たっけ，私の家どこやったっけ，ここどこ"っていう感じになってしまって，結局その時にだんながこっちやでって呼び戻してくれるっていうかね，ハネムーン期に。だんだんどっちでもいいかなってなってきて，あとは，それと並行して（限界君を）捕まえてしまったら，私一人で生きていかないといけない。でもそれって絶対無理っていう思いがありましたね。……恐ろしいのが，限界って思っても，やっぱりなんか，また限界君がどっかに行ってしまうんですよね，そっから先に。」
>
> 「今思えば，もっと早くに限界って気づいたらよかったのに。」

以上の語りから，被害者にとって限界を限界と認識することが難しいこと，しかし一方で限界を認識することを，肯定的な事象と捉えていることが読み取れる。被害者は〈限界ラインの押し広げ〉の生活を続けることになるが，その結果，パートナーからもたらされる不条理な暴力が続く。

> 「けど結局最終的にやっぱり戻ったものの，最初はおとなしくしていたけど，

93

だんだんだんだん暴力的になってきたから，"これもうあかんわ"って，も
う全然……。私の給料あてにしているし，もう全然仕事にも行かんように
なったし，それでもう我慢できなくなって。」

　被害者は関係の継続を自らに課し，関係を継続させていく方向で自らの責務
を果たそうとしていく。しかし，次第に限界ラインの余力は無くなり，〈限界感
の蓄積〉が臨界点に達した状態となることで，離別への次のステップへ導かれ
ることとなる。限界感は被害者が「暴力のない生活」を希求する促進要因であ
り，〈決定的底打ち実感〉を導く基底といえる。

（5）〈背中押しメッセージの受取り〉による揺さぶられ

　〈限界ラインの押し広げ〉と〈限界感の蓄積〉を行き来する状況の中から，被
害者はどのように離別の決意へ至るのだろうか。被害者は，〈決定的底打ち実
感〉に至る前段階に，『周囲からの直言』や『自己状況客観事象への直面』によ
る〈背中押しメッセージの受取り〉を経験していた。
　『周囲からの直言』とは，すでに〈限界感の蓄積〉状態であった'被害者が自
身の心を揺さぶり直撃するような形で，周囲からの言葉を意味あるものとして
受け取ること'である。これは，以下のように多様な経験が語られる。

「"1回そういう無料で相談（窓口）あるから，相談にのってもらえるかもし
れないから行き"って，言ってくれたのが彼の弟だったんですよ。」
「"ほんまはDVなん違う"って言ってくれて，一瞬血の気ひいたけど，そ
の2秒，2秒後ぐらい後は，もう何かほっとして，何か思わず，"ああそう
なんですよね"って，ちょっと話をしてしまって。」
「ちょっと，こんなことあるって相談に行ったら，痣を見た警察の人から"も
う，すぐに家を出るように"って言われて。」

　『周囲からの直言』は，被害者が『試し相談』を行った場合にもたらされる場
合と予測していない場面で思わぬ形でもたらされる場合の両者がみられる。い
ずれも，〈限界ラインの押し広げ〉をしながら関係継続責務を全うしている被害

者に対し，その責任を放棄することを容認する周囲からのメッセージである。あるいは，被害者が抱いていた限界感に，状況が末期状態であることを被害者に自覚させるような他者からの言葉がもたらされる経験であるともいえる。被害者はこれらの言葉を衝撃をもって受け取り，これまで経験したことの無い大きな揺さぶられを経験する。また，一部の被害者は，『周囲からの直言』を受け，この時期に自分自身の状況が「DV」であることを認知していた。

『周囲からの直言』は，子どもがいる場合子どもが絡んでもたらされる場合もあった。

> 「"お母さん死ぬよ，殺されるよ"っていう子どもの言葉もあって。」
> 「家を出るきっかけとなったのは，子どもへの暴力だったんです。整形外科に子どもを連れていって，その時は"病院だけの問題じゃないから"と言われて役所の人が来たんです……。子どもがそうなった時，父親と2人にしておけないということで，(児童相談所による子どもの一時)保護のことを言われたんです。」

子ども自身から被害者の心を揺るがす直言がもたらされたり，子どもへの虐待が公のものとなった際に，児童福祉機関より親としてのあり方や関係への決断を迫るような直言がもたらされたりすることがあった。子どものためにもと関係を続けている被害者にとって現状を良しとしない，時に離別することを厳しく求める直言となっていた。

『自己状況客観事象への直面』とは，'暴力の渦中にある被害者が自分自身の状況を見知らぬ他者の存在の中に見出したり，鏡のように自己をいったん外に映し出したりという自らの状況を俯瞰的にみることをもたらす出来事や状況に直面すること'である。

> 「不思議とね，多かったですよ，(男女間の殺人の新聞)記事が。自分がどうしてもそうやから，そっちに目が行っちゃうねんやろね，多分。そうなってからでは遅い，私が相手を殺してもあかんでしょ，向こうが殺すということになっても。」

「図書館に行って，1冊だけ本を見つけたんです。DVという言葉を，そこで初めて見たんです。チェック項目リストにすべてあてはまったんです。まさか，と思ったんですけど，一つ残らず，すべてがあてはまって，それを読んで衝撃的やったんです。」

　これらの語りは，新聞や図書などの文字情報から自己の状況を客観視する例である。前者は，自己の状況に類似する記事に知らず知らずのうちに関心を抱き，そこから「そうなってからでは遅い」という迫りくる死への危機状況を認識し，後者は図書館で見たDVの本のチェックリストから自分の状況があまりに当てはまることに衝撃を受けている状況が語られる。他にも多くの調査協力者が『自己状況客観事象への直面』をするエピソードを多様に語っている。

「私もう一つ別の違う所で，暴力を目の当たりに見たことがあって，私が仕事からの帰りに，すごいんですよ，道端で，私がやられていたことを，もう女の子が飛び蹴りやられたり。それも我慢して耐えているんですよ，女の子が。（「別の方が？」という問いに対して）すごいやられているんですよ，耐えているんですよ。女の子が。そんなん耐えへんでもいいのにと，最初そう思った。自分がその目に遭ってるからこそやろうけど。」

　この調査協力者は，見知らぬ女性が男性から暴力を受けている姿に直面し，暴力に耐えることの違和感や行われている暴力への理不尽さを感じたものと思われる。明確に意識化はされていないものの，他者が暴力を受けている姿に自分自身の状況を重ね合わせている。

「自分がやばいって客観視できたのは，暴力受けている時に……ヒューと自分の魂が抜けていって……，上の方から何か夫を見下ろしているんですよ，私も見下ろせていて。私がぐったりしていて，何かこう，すごいね，この光景って。これってどう考えても，何かこう気が狂っている世界やなって。これは誰にも見せられないし，見た人は全員悲しいって思うよね，こんなシーンって思ったんですよ。」

第4章　離別の決意に至るプロセス

　この調査協力者は，暴力を受けている際に自分の魂が抜けたようになり，暴力の場面を見下ろした幽体離脱のような経験をしている。それにより「何かこう気が狂っている世界」で悲しいシーンであると客観視している。この経験は，精神医学的にいえば解離ともいえる。精神医学上では病気や症状とされるような経験を，被害者は離別の決意を促進する力としていたことに注目したい。

　このような『自己状況客観事象への直面』は，自らの状況を映し出す鏡が被害者にもたらされたといえる。それにより，被害者は自らの状況を視覚的な認知も手掛かりとして客観的にみることになる。

　以上のような『周囲からの直言』や『自己状況客観事象への直面』という〈背中押しメッセージの受取り〉は，〈決定的底打ち実感〉に至る数カ月前から数日前に起こっている。これらの経験により，「何かこうびりびりびりと，自分に新しい刺激が来る」というように，これまで蓋をしてきた感情が解放され，「絶望が目に見えるようになった」と語られるように状況の意味づけを変容させる。一方で，「それ DV やでって，前々から言ってくれていたんですけど，まったく耳を貸さなかったんですよ。私違うからって」「もう別れたらって言われたけど，そんな考えはまったくなくて」と語られるように，DV であるという名づけや「背中押しメッセージ」が周囲に存在していたとしても，被害者自身が受け取れない時期も存在する。

　被害者自身の〈限界感の蓄積〉が臨界状態に近づいていた中で限界感と呼応し，被害者自らが蓋をしていた認知を揺るがし，状況の客観視をもたらしているといえる。まさしく背中を押すメッセージとして被害者自身が意味づけし，受け取っているのである。この〈背中押しメッセージの受取り〉により，被害者は強く揺さぶられるとともに，自分自身の状況の名づけや捉え直しを行う。

（6）〈決定的底打ち実感〉が導く離別の決意

　被害者は離別の強い決意がもたらされた転機となる出来事を，明確に想起できていた。〈限界感の蓄積〉の拡大に加え，〈背中押しメッセージの受取り〉を経験していた被害者は，最終的に〈決定的底打ち実感〉に至ることで離別の決意を抱く。〈決定的底打ち実感〉とは，「限界の限界を超えた」という被害者の内的な強い感覚のことであり，『引き金事象の遭遇』による『目覚めの瞬間』に

97

より起こる。

『引き金事象の遭遇』とは，'最終的に離別の決意を導く暴力や出来事に遭遇すること'である。引き金事象は身体的暴力に限らず，本人が受け入れ難い感情を抱く精神的暴力などのエピソードも含む。

> 「(夫が) はさみを持ったんが，最終。"もう出よう" と。"もう無理や" と思った，限界やと。」
> 「"助けて" っていう目線で夫の方を見たら，逆に，謝れ，母親（姑）に謝れ，っていう目で見られて，その目がパンと糸を切るきっかけになって，すごい冷たくって。」

前者ははさみを持ち出すという暴力のさらなるエスカレートが，後者は姑から責められた時の夫の冷たい目が，引き金事象となっている。つまり，既に〈限界感の蓄積〉がされていた『暴力による限界感』『パートナー関係の疑念』が，それぞれ『引き金事象の遭遇』により決定づけられたといえる。その他，引き金事象は，被害者がありえないという感情を抱いたエピソードが語られる。

> 「主人が浮気したんでね。その浮気からはもう気持ちが変わったっていいますか。我慢というのを，しないようになりましたね。最後の私が，我慢の砦みたいな感じのを破ってしまったので。」
> 「叩かれた時に，娘に対しても "中学3年なんだから，援助交際でも売春でもして生活費入れろ" っていう言葉の暴力を娘に投げかけて，それが一番ですかね……。この人は，もう親としても人としてでも，一緒におれないっていうのを思った途端に，すっと自分の中で覚めて。」

前者で語られるような加害者の浮気や女性問題を知ったことは，親密関係をベースに関係継続を全うしていた被害者にとっては相手からの裏切りであり，後者で語られるような子どもへのありえない言動は，被害者の倫理を揺るがす。すでに生じていた『パートナー関係の疑念』を確たるものとし，パートナー関係の不信へと転換する。

第4章　離別の決意に至るプロセス

　そして，『引き金事象の遭遇』により，大きくはち切れんばかりに膨らんでい
た限界感の風船が，音を立てて割れるかのような『目覚めの瞬間』を経験する。
『目覚めの瞬間』とは，‘まさしく目が覚めるように劇的に現状を続けることの
限界認識を明確にすること’である。

　　「もう，バーンってもう，もうあかんって。もうほんとに，ああ，もうこの
　　世界では生きていけないって。」
　　「たった2～3時間前までは，もうこの人と一生一緒にやっていこうとか，
　　私はダメだ最悪の人間や，逃げられないとか，殺されるとか，その渦の中
　　に入ってた。その渦がぴたって止まって，脱水機からばっと出て，水も与
　　えられていないのに自分から力が出てきて。」

　このように，『目覚めの瞬間』前後の被害者の内的変化は劇的である。『目覚
めの瞬間』に，加害者との生活の継続に対して，許容の限界点を超えたという
被害者の強い内発的感覚である〈決定的底打ち実感〉がもたらされ，被害者は
加害者との離別を決意する。その決意を決定的にしたのは，「それでも無理っ
て思ったから」という限界をこれ以上押し広げることへの底打ちや，「もう私の
力では及ばないって，私じゃない」という加害者との関係への底打ち，「どこを
とっても限界」という現状の生活への底打ちである。

　　「もう，どこをとってもダメっていう，水の中に顔をつけられているような
　　状態で，最終的に苦しくて苦しくて，顔を上げへんかったら，殺されるか
　　自殺するかみたいな限界になって，もうダメって思って，顔を上げた。」

　被害者は，限界感を蓄積するプロセスの末に突如訪れるネガティブな経験を
引き金とし，被害者自身が〈決定的底打ち実感〉を抱き，離別を決意している。
つまり，離別の決意は，他の誰でもなく被害者自身が導き出した結論であると
いえる。

99

3 〈奪われる自己〉と〈生き続けている自己〉

（1）〈奪われる自己〉

〈決定的底打ち実感〉に至るプロセスの底流には，〈奪われる自己〉と〈生き続けている自己〉という自己の経験が内包している。第3章で説明した DV 関係に陥る中で見られた〈自己の譲り渡し〉に続く経験として，「暴力のある生活」の中で自己を譲り渡すことが日常化した結果として，自己が奪われた状態となる。ここでは，その状態である〈奪われる自己〉を説明する。

被害者は，「暴力のある生活」の中で〈限界ラインの押し広げ〉をしながら，『感情封鎖・自己封鎖』『孤立化による孤独』『希望なし状態』という著しい〈奪われる自己〉の経験をしていた。

『感情封鎖・自己封鎖』とは，'暴力のある生活」の中で，自分であることや自己の感覚を封鎖していくとともに，自分自身には力や価値がないという否定的な認知を強めていくこと'である。

> 「私の場合は，その自分が自分でなくなっていくというのがすごくあったし……，本当に前の旦那さんが，"赤や"って言ったら，赤にしか見えへんし。本当に自分で見ていても黒いペン握っていたとしても，"それ，お前赤や"って言われたら赤にしか見えない。何か間違っているって言われたら，間違っているんやなって思っていた。」
>
> 「自分への評価がどんどん下がってきて，まあ，元々，そんなに高くない方やったと思うんですけど，とにかく，ありとあらゆる面から，もちろん外見から，中身から，生き方から，過去のことからすべてに対して，全部ダメって言われたんで，ほんまに私ってダメなんやなって。」

被害者が「暴力のある生活」では，自分の意見や感情をそのまま表出することは，加害者の機嫌を損ね暴力の引き金になる現実がある。最初の語りにおいて，ペンの色で例えられるように被害者は自己の認知や判断を封鎖し，加害者に合わせ自分自身であることを無くしていく。また後者の語りにみるように，

第4章　離別の決意に至るプロセス

加害者の否定的なメッセージに侵入され，それを取り入れ内面化し，自己評価を下げていく。

『孤立化による孤独』とは，‘加害者から知人や身内との付き合いの制限を受けたり行動や外出の自由を奪われたりすることにより，被害者の行動や人間関係の幅は狭まり，被害者が孤独感を募らせていくこと’である。

「出て行って，ちょっと帰ってくるのが遅かったら，電話かかってきて。それから“お前どこいてんねん”って言って。ストーカーまがいの同じ内容のメールが20件ぐらい送られてきたりとかして……，だんだん友達付き合いも無くなってきて。」
「精神的には，もうほんとに限界というのは，ほんとに孤独感が，ほんとに孤独で孤独で仕方がなくって。ある時，気が付いたんですけど，私，気が付いたら晩御飯をぬいぐるみと食べてたんですよ。大きい熊のぬいぐるみ持ってて，ぬいぐるみを前に置いてご飯食べてて，独り言を話していたんですよ。」

ほとんどの調査協力者が，自由に外出させない，人とのつながりを制限する，仕事などの社会とのつながりを壊す，居場所を監視するなどの社会的暴力を受けていたエピソードを語る。DV 被害の影響は，身体的暴力による身体への影響を超えて，人とのつながりの断絶や健康な関係の喪失など，孤立させられることによる著しい孤独感がもたらされることにもある。それにより，「聞いてもらう所が無いから，カラに閉じこもって，どんどんどんどん沈んでいってしまう」と語られるように，人としての元気の根源が奪われていく。

『希望なし状態』とは，‘暴力下の生活の中で現状を変える選択肢や方法を見出す余力もなくなり，望みや夢がない状態で生きていること’である。

「深い，深い井戸の底に落ちて，高い，高い所に，ちょっと穴があって，そこの世界は普通の人たちが生活している世界で，ずっと見上げている状態。逃げられない。普通に心配せんといけるという気持ちの生き方，毎日，ご飯を食べて，子どもと普通に過ごしてという，普通の人たちの会話と違っ

101

て，住んでいる世界が違うという感じでしたね。井戸の底から，一般の人を見上げている感じ，違う世界，と思っていました。」

「（暴力下の生活は）希望の無い状態じゃないですか。希望が無いけど，仕方が無くて生きていくか，もう死ぬしかないから，死ぬのだけは嫌やしっていうレベルで，ずっと生きているっていうのは，ある意味殺されるまで生きているか，そのまま絶望的に生きるかっていうぐらいの話であって。」

　前者の調査協力者は，暴力下の生活を，深い井戸の底に落ち普通の人たちや一般の人たちを見上げながら，そこから逃げられないと感じている状態であると表現し，後者の調査協力者は，殺されるまで生きているか，絶望的に生きているかという状態であったと表現する。このような状態は，未来の選択肢はおろか，今をどのように生きるか，命が続くかさえも自分自身のコントロール下にはない絶望した状態であるといえる。

（2）〈生き続けている自己〉

　「暴力のある生活」で被害者は〈奪われる自己〉を経験するが，それでも被害者たちは，「暴力のある生活」から「暴力のない生活」に自己の置かれている状況を大きく変化させることにつながる離別の決意を，自分自身で導き出していた。つまり被害者は，その決意を導く力を内在させていたといえる。それを説明するカテゴリーが〈生き続けている自己〉である。〈生き続けている自己〉を説明し相互に影響を与える概念として，『肯定的自己原形』『暴力への拒絶感・違和感』『「二人ワールド」の回避』の３つの概念が見出された。

　『肯定的自己原形』は，'生育歴や生活歴の中で培われ，暴力下においても何とか保持され続けた自尊感情や自己肯定感のこと'である。被害者は，暴力下の生活の中で『自己喪失恐怖』を感じていた。しかし，これは「歪んでいく」あるいは「消えゆく」自己の変化を認識することを可能とするベースラインデータとしての自己像を保持し続けていたことの証しともいえる。

「自分の世界っていうのは，誰にも妨害されへんと思うんですよ，それだけは相手がどれだけ追い込んでも妨害されない自分が残っている，私は誰に

対しても思うんですよ，あると思います。その部分から信号が出て，その日にグーッと，なるんやと思うんですよ……。本当の自分自身っていう（自分の核となる部分には），相手に入られへんやろなって気づいたんですよ。」

　この調査協力者はその自己を，「妨害されない自分」「本当の自分自身」と表現している。「暴力のある生活」において，時に本当の「自己」が意識されることで現状に甘んじることの違和感と限界感をもたらす。また，『肯定的自己原形』が強く活性化されることが，〈決定的底打ち実感〉前後の奮起する原動力となる。
　この『肯定的自己原形』は，生育過程やこれまでの社会的相互作用の中で育まれてきたものであるといえる。生育歴の中で他者との間で得た安全感や安心感の受取り経験，培われた肯定的な自己像は，『肯定的自己原形』を司り，局面で自分自身を守り，安全や安心を希求する原動力となる。

「それこそ，生まれてから結婚するまでは，そういうそんな明るい性格……，そういう意味では，そんなふうに親に育ててもらったというのは大きい。」
「そんな自分じゃないって自分のこと信じて，こんな自分で終わったらあかんやんって。」

　被害者自身は，それまで育んできた経験や保持していた自己像と比較することで，現在の自分自身の状況を客観的に捉え直すとともに，理不尽な現状に甘んじることの違和感を抱く力としていた。
　『暴力への拒絶感・違和感』とは，‘暴力を甘受する一方で，暴力に対する抵抗感や納得しきれないという感覚を抱くこと’である。

「理由聞いても“お前が悪い”って言われるんですけどね。それにしても変やろって思って，“殺したる殺したる”って，本当にくだらないことで。大根の皮の剥き方がどうこうだの，カボチャの煮付けの甘さがどうだの，そんなことで殺されるっていうのは，どう考えても（おかしいと）思いましたね，限界に達した後は。それまでは，こんなに疲れて帰ってきているのに“私が悪い”って思っていました。」

「家を出る前に，何度か主人に聞いたことがあるんです。あなたは私の体にしか危害を加えないけど，顔はなんでしないのというふうに，聞いたんです。"アホやなお前は，顔なんかどついたら，すぐバレるやないか"っていうのを言った言葉が今でも耳に残っているんです。本当に気がおかしくなった暴力ではなくて，ちゃんと計算して暴力を振るっているんだなっというのをすごく感じた覚えがあります。」

「なんでこんな，人にこんなに暴力になるんかなって思う，思うのがあって。なぜ，なぜって。」

　このように，被害者は暴力に対して違和感を抱く瞬間や，加害者が暴力を振るう正当性への疑問が湧き上がる瞬間を確実に経験している。もし，被害者が暴力を全面的に受け入れ続けていれば，離別の決意につながらないだろう。『暴力への拒絶感・違和感』を抱けたこと，その力が残っていたことが，暴力関係からの「離脱」を下支えすることにつながっていた。

　『「二人ワールド」の回避』とは，'被害者が加害者以外の他者とのつながりや社会的な関係をかろうじて維持していること'である。加害者は被害者を巧みに孤立化させ，被害者は孤独感を募らせる。ある被害者はその状況を「二人ワールド」と表した。しかし，被害者は意識的であるかどうかにかかわらず，他者との関係やつながりを求め，それを何とか保つことで完全な「二人ワールド」に陥ることを結果として回避していた。

　　「"全然人格が変わってきてるよ"とか（友達から）言われて……，その子との関係だけは，絶対に，なんか，私は切ったらあかんて，なんか思ったんですよ。」

　　「仕事に行くふりをしてＡさん（相談員）の所にバイクで，必死に相談に通いました。何回も何回も相談に行っていた。（夫の暴力で）手をケガした時も，包帯を巻きながら。」

　このように被害者は，孤立させられている環境の中で，かろうじて友達や支援者など周囲との関係をつなぎ，それを保持しようとしていた。これは，孤立

第4章　離別の決意に至るプロセス

を緩和する意図を持った行動というより，むしろ自己を生き続けさせるために本能的に希求した行為ともいえよう。そして，他者や社会とのつながりがあることは被害者の自己を生き続けさせることを支えていた。

　「(家賃が払えなくなって) 実家の近くに来たことが全然違ったと思う……。何も話すことがなくても，やっぱり住み慣れた環境で……，なぜかすごく懐かしくてね，帰ってきた時に，やっぱり，自分の親の近くに住んでいるっていうことは，これだけ安心することやって，2人で住んでいた頃とは全然違う，ごはんもおいしかったし。何かあっても，相談できる相手が近くにいてる。向こう (前の家) にいてたら，自分だけで抱え込んで話す人がまずいてない。仕事して寝に帰るだけ，我慢するだけ。でも，こっちやったら，ある程度，(DV について) 理解してくれなくても，話すことは自分の親やからできる。それは大きかった。」
　「(生活ができなくなって仕事を探したことで)，外でちょっと話したりとか発散できる場所ができて，ちょっとそこで，冷静になっていろいろ考えたりとか，帰った時に，このままではあかんの違うかなって考えたりとか。なんかこう仕事を持っているということは，その仕事をする間は，一生懸命走り回って，売ったりとかせなあかんから，ものを覚えたりもせなあかんから，とりあえずそこで働いている時間は，考えんでもいい。その時間は，違うことばかり，こう仕事のことばかり考えているから，大丈夫，大丈夫やから，ちょっと離れられる時間があるのが，ちょっと冷静になれる。」

　前者の語りからは，身内が近くにいること，そして話ができることによる救われ感，後者は仕事を持つことでそこでの人とのつながりができたこと，現状の生活について考える時間ができたこと，仕事をすることで生活のことを忘れられる時間が持てたことなどにより，自己が支えられていたことがうかがえる。しかし，前者の語りからは，DV を正当に理解してもらっていたわけではないこと，後者の語りからは，暴力を受けている話や DV の相談はしていないこともうかがえる。このことから，現状の生活や暴力について相談できる相手という位置づけではなくとも，『「二人ワールド」の回避』をもたらす他者の存在や

105

社会との関係がかろうじて存在していることが，自己を生き続けることに重要な意味を持っているといえる。

> 「とりあえず話を聞いてもらって，聞いてあげるってすごい大事って思う，聞いてもらう所が無いから，カラに閉じこもって，どんどんどんどん沈んでいってしまうから，ちょっとでも，こう声に出して言うことで自分も認識する。だから，（暴力を）受けている間は"そうはいっても良いところもあんねん"とか，"こうはいってもいてなかったら不安や"とか，逃げ道を探してしまうけど，声に出して言うことで納得するっていうか，こんなこともされてたんやって。」

　以上の語りは，加害者と同居中に相談をする意味や意義について語られたものである。聞いてもらうこと，声に出して言うことで自問自答できること，『暴力への拒絶感・違和感』を抱く力が残ること，その大事さが読み取れる。暴力の悲惨さや加害者の元を離れたり戻ったりを繰り返す被害者に，周囲の人は距離や溝を深めていきがちであるが，つながりを保持することが重要な視点となる。保護命令を取り下げて加害者の元に帰宅をしたある被害者は，最終的に離別の決意をするまでつながり続けた支援者について以下のように語る。

> 「○さん（支援者）はすごくよくしてくれたから，2年ぐらいお付き合いしてくれてたから，私，最初保護命令を取り下げるっていった時点で，本当やったらもう相談にのってもらえないじゃない。けど最後まで付き合ってくれたから，私もう1回するって（保護命令を）申し立てるって言った時，あの決意する時にはもう（○さんの存在は）大きかった。」

4　限界感の再構成とターニングポイント

　本章では，被害者はどのように「暴力のある生活」を生き，いかにして加害者と別れることの決意に至ったのかについてみてきた。本分析の結果から，個々の多様な経験を超えて被害者に共通する《決定的底打ち実感に至る》プロ

セスがあることが明らかになった。分析結果から以下の6点がいえる。

1点目は，被害者は〈決定的底打ち実感〉により，被害者自身により離別の決意を行っていた。〈決定的底打ち実感〉とは，被害者の中に形成される「限界の限界を超えた」という内的な感覚である。被害者は，徐々にもしくは段階的に離別の決意に至るというより，むしろ張り裂けそうになっていた限界感の風船が突如割れるような形で，ある日ある瞬間に離別を決める。先行研究において，離別を決意するターニングポイントがあること（Patzel 2001），ターニングポイントとなる出来事について明らかにしたもの（Campbell et al. 1998；Khaw & Hardesty 2007；Chang et al. 2010）もみられたが，本研究からは，『引き金事象の遭遇』から『目覚めの瞬間』を経験するという〈決定的底打ち実感〉に至るターニングポイントというべき時があることが明らかになった。

2点目は，被害者は離別の決意に至る前段階では，他者や外からの情報から自身の置かれている状況について意味の再構成を行っており，それは限界認識につながっている。先行研究では，「DV被害者であることの自覚」が離別の不可欠な要因であるといわれている（Campbell et al. 1998；信田 2002；川崎ら 2006；山本 2007 など）が，本研究からは必ずしも被害者はこの時点でDV被害者であるというアイデンティティや自覚を獲得していたわけではなく，また，DVという認識があっても，それが即座に離別の決意につながっているわけではなかった。しかし，被害者は自身の状況について俯瞰や客観する情報を取り入れ，自己の状況の意味の再構成を行っており，意味の再構成は離別の不可欠な要素であるといえる。DVは支配と暴力により被害者の正当な認知が歪められるものであることから，被害者が状況についての意味の再構成を行うためには，自らの状況を俯瞰し正当に捉え直すための情報が被害者にもたらされることが重要である。

3点目は，離別を決意する者／関係に留まる者という二元論と異なる，被害者には離別の決意に至るプロセスがみられる。離別を決意し暴力関係から「離脱」を果たした人にも「離れないでいる」「関係に留まる」時期があること，また一時的に家を出るという『危機回避家出』を経験していた。先行研究では，暴力から離れられる（離別できる）者とそうでない者という二元的な図式に立脚し，暴力のある関係に留まる理由や要因を探ろうとしていた（米田 2014；橋本

2010；宇治 2014；土岐・藤森 2013）が，本研究では，そうした二元論的ではなく，被害者が離別の決意を形成していくプロセスの存在を見出した。いうなれば，これまで支援者や研究者は，被害者に出会った時点の状況によって離別をする者／離別しない者と外側から規定し，DV 被害者は支援しても加害者から離れないと決めつけてきた可能性があるのではないだろうか。一部の海外研究では，家を出ることや戻ることを繰り返すことを，自らの人生のコントロールを増やそうとしている肯定的な事象と捉えている（Sullivan & Davidson 1991；Ulrich 1991）。本分析の結果では，『危機回避家出』自体が被害者に通常みられるプロセスであること，そこでの他者との相互作用や経験に肯定的な意味があることを見出した。離別の決意に至るプロセスを明示したことは，被害者がどの段階にいるのかという点に留意し，支援者がそのプロセスに伴走することを可能にし，またそれが重要であることを示唆している。

　4点目は，DV 被害の渦中にいる被害者の世界は，〈限界ラインの押し広げ〉と〈限界感の蓄積〉を行きつ戻りつしている世界であった。〈限界ラインの押し広げ〉を説明する『問題の過小評価』『責任の過剰引受け』『押し留めメッセージの受入れ』『関係継続願望・責務』に類似する概念については，多くの先行研究が既に言及しているが，それに拮抗する形での『暴力による限界感』『自己喪失恐怖』『パートナー関係の疑念』『心身からの SOS』という〈限界感の蓄積〉を，被害者は経験している。これらは，一見ネガティブな経験であるが，現状にもがき，現状をよしとしない被害者の力といえる。

　5点目は，被害者は暴力下の生活の中で，なお〈生き続けている自己〉を存在させている。〈生き続けている自己〉は現状に甘んじることへの警鐘を鳴らし，またその自己が活性化されることにより離別のプロセスを下支えしていた。つまり，被害者は決して無力な存在ではなく，困難な中で自己を保持し，さらに状況の限界認識を行い，意味や気づきを再形成する力を有していた。また Mills（1985）は，自己喪失の経験が離別の決意の要因としていたが，本分析の結果，自己を喪失することへの恐れである『自己喪失恐怖』が〈限界感の蓄積〉の一つとして，被害者の離別の決意の促進要因となっていたことを示した。

　6点目は，子どもは関係を継続する大きな要因であると同時に，暴力関係から「離脱」の決意を導く要因となる。「子どものために」という思いは『関係継

第4章　離別の決意に至るプロセス

続願望・責務』を強くしているが，子どもの親としての『パートナー関係の疑念』をも明確にする。子どものためにという思いは一緒であるが，その認知の働く方向が反対であり，両者が併存するもしくは移行していくことがうかがえる。さらに，子どもは時に「背中押しメッセージ」をもたらす存在でもあり，「引き金事象」としても，子どものエピソードが語られることがみられた。先行研究において子どもの存在は，離別に影響を与えることが示されていたが（Campbell et al. 1998；Landenburger 1998；Zink et al. 2004），本分析からも子どもは離別の決意の大きな促進要因となり得ることが示された。

5　他者との経験からみる支援の役割

（1）他者との関係

〈決定的底打ち実感〉に至る前の暴力関係の中にいる時期の他者との関係は，社会的暴力の影響も受け希薄であったものの，親族や隣人，仕事や学校などの生活の中で接触する他者が存在した。そして，時に限界感を基にした『試し相談』において出会う他者，『危機回避家出』として自宅から避難した際に出会う他者がいた。これらの他者の多くは，意図するかしないかにかかわらず，被害者を加害者との関係に押しとどめるメッセージを送る存在であった。一方で，支援機関の職員や警察，一部の親族や知人などから家を出たり離れるよう助言を受けることもあったが，ほとんどの場合，それにより被害者が即座に離別の決意に至る訳ではなかった。

分析結果から明らかになったように，離別の決意自体は被害者自身が〈決定的底打ち実感〉により導き出しており，直接的な他者の影響はそれほど大きいものではなかった。しかし，他者は間接的に「暴力のある生活」を生きる被害者を支え，また間接的に被害者の離別の決意に影響を与えていた。その影響の一つは，被害者に現状の客観視をもたらす「背中押しメッセージ」を送る存在としてであり，その他者からの情報により離別の決意に不可欠となる自己のおかれている状況の意味の再結成を行っていた。そして，もう一つの重要な影響は，被害者が加害者との「二人ワールド」を回避する存在として被害者の孤立を軽減し，被害者の自己の生き続けを支えていたことである。

109

（2）支援の役割

以上の分析から考えられる，この時期における支援の役割を3点述べる。

1点目は，〈限界ラインの押し広げ〉ながらの生活を一見受け入れている被害者が，相談や一時保護などの何らかの形で支援者の前に立ち現れた時には，被害者にとっては心の奥底にぬぐいきれない〈限界感の蓄積〉を経験している時だということに着目することである。支援者は被害者の限界感の表出に着目し，その限界感の客観視を促進する背中押しメッセージを伝えることが重要である。DVや支配のメカニズムについての正しい知識や情報は背中押しメッセージとなり得ることから，支援者が正しい情報を伝える技術を持つことが欠かせないといえる。一方で，それらを受け止める主体は被害者自身であることを認識し，結果をあせらず，一期一会の出会いの中で次につながるように，いわば「種まき」を行うという認識の下に，支援を行うべきである。

2点目は，『「二人ワールド」の回避』をもたらす他者となることである。「暴力のある生活」によって孤立させられ，孤独感の中にいることは〈奪われる自己〉の大きな要因である。加害者が被害者を孤立させる術は非常に巧みであり，『「二人ワールド」の回避』は容易ではない。しかし，だからこそ，いかに「二人ワールド」を回避するかという視点を持って支援者が関わることが求められる。つまり支援者が被害者に実際につながり続けること，それが困難な場合でも，つながりのメッセージを送ること，および他者や社会とのつながりを意識的に保持するように被害者に伝えることなどにより，被害者の『孤立化による孤独』を緩和することである。

3点目は，被害者の持つ〈生き続けている自己〉に着目することである。被害者は無力ではなく，自己を保持し，意味や気づきを再形成する強さを持った存在である。そのことを認識し，離別の決意を強いるのではなく，被害者の自己を支える他者となることこそが，最も重要な支援の視点であるといえる。

注

(1) 本章は，増井（2011）に加筆修正したものである。

(2) 保護命令は，被害者が加害者と暮らす家を出た後に申し立てることが通常である。

第5章	離脱の行動プロセス
	──いかにして関係から「離脱」したのか[(1)]

　第4章において，被害者が〈決定的底打ち実感〉により離別の決意に至ることを示した。しかし，暴力関係から「離脱」するためには，離別の決意だけではなく，実際に暴力関係から離れるための行動が必要となる。戒能は，現状では被害者が暴力から解放されるためには，加害者のもとから逃げなければならないことをドメスティック・バイオレンス（以下，DV）の特質の一つとして挙げている（戒能 2006：77）。先行研究においては，被害者が「解放される」「自由へと抜け出す」時期があること（Landenburger 1989；Merritt-Gray & Wuest 1995），離脱に動く事例（須藤 2000；川崎ら 2006）が紹介されていた。

　被害者は，実際にどのようにして加害者から離れ，そして何が離脱を可能にしたのか。ここでは，被害者が，自らの置かれている状況を「暴力のある生活」から「暴力のない生活」に大きく変化させる離脱の行動プロセスを説明する。

1　ストーリーラインと分析結果図

　本章での分析テーマは，「DV 被害者が，加害者から離れ『暴力のある生活』から『暴力のない生活』に自らの状況を大きく変化させるプロセス」である。本研究の分析の結果，暴力関係から離脱の行動プロセスを説明するコアカテゴリーは，《パワー転回行動》である。この《パワー転回行動》を説明するために生成したのが，〈行動する主体としての自分の取戻し〉〈決意行動をつなぐ他者存在の獲得〉〈離脱の不可欠資源の確保〉〈パワー転回へのスパイラル〉の4つの中核となるカテゴリーと，〈超自己の感得〉〈自己のよみがえり〉という自己の経験を示す2つのカテゴリーである。まず，カテゴリーを用いたストーリーラインと離脱のための行動プロセスの分析結果図を示す（図5-1）。

図 5-1 離脱のための行動プロセスの分析結果図——《パワー転回行動》

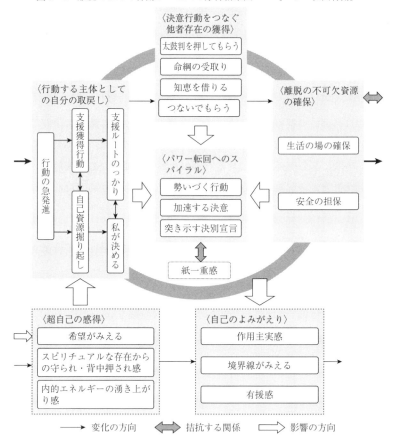

― ストーリーライン ―

　離脱の行動プロセスは,《パワー転回行動》のプロセスである。被害者は, 決定的底打ち実感をエネルギーに勢いよく〈行動する主体としての自分の取戻し〉を行う。その中で,〈決意行動をつなぐ他者存在の獲得〉をし, 最終的に〈離脱の不可欠資源の確保〉に至る。それらは, 一方向のプロセス的側面を持つが, それぞれ促進的に作用し合うことにより〈パワー転回へのスパイラル〉を生み出し, 暴力関係から離れることの実現を可能にしていた。

　被害者は離脱の行動の局面で〈超自己の感得〉の後押しをも受け, さらに行動のプロセスの中で〈自己のよみがえり〉を経験する。

第5章　離脱の行動プロセス

2　《パワー転回行動》のプロセス

（1）決定的底打ち実感をエネルギーにした〈行動する主体としての自分の取戻し〉

　暴力下の被害者は「顔色をうかがい，相手を怒らせないようにする」「自分の意見がまったくないというのが普通になって」と語られるように〈奪われる自己〉を経験し，自分自身の人生の主体をすっかり手放していた状態であった。しかし，被害者は〈行動する主体としての自分の取戻し〉を行い暴力関係から離脱していく。

　被害者は，〈決定的底打ち実感〉をエネルギーに能動的に行動に転じ『行動の急発進』をさせていく。『行動の急発進』とは，'被害者が暴力関係から離れるために急激に行動に転じること'である。被害者は自分自身が行動に転じたその時を明確に振り返る。

> 「もうしんどくなって，<u>何かこう体が自然に，体が，あの逃げた方がいいって，勝手に動いた。</u>」
> 「<u>プチっと切れた瞬間から，あの何か，あの計画書が，ワードが立ち上がったように，ぱあと文字を打ち出しているぐらいの感じだった。</u>」

　この『行動の急発進』には，暴力を受けていた現場から走り逃げ「道歩いている人に，"すいません，警察はどこですか"って聞いて」ととっさの避難行動をとるような場合と，「内緒で住む所を探して」「相談の窓口を調べて」と語られるように加害者との同居の中で離脱に向けた準備を始める場合の両者のパターンがみられたが，いずれもスイッチが入ったように行動モードをONにし，「暴力のない生活」の獲得に向け他の誰でもなく自らが動き出していた。子どもがいる場合は，子どもを伴っての『行動の急発進』となる。

> 「この子を抱っこして，まだ（産後の）出血もあった時期で，上の子に"早く，今行かな"と飛び出してきたのを覚えていますから，鮮明に。オムツとミルク缶を持って。」

そして『行動の急発進』の中で，被害者は，『支援獲得行動』と『自己資源掘り起し』を行う。

　『支援獲得行動』とは，'被害者自身が能動的に相談行動や求援行動を起こし支援につながること'である。ある人は警察や役所に助けを求め，ある人は実家や知人に相談をする。

> 「警察まで行って，"すいません，助けて下さい"って言って。"どうされましたか"って言われて。"旦那さんにみつかったら殺されてしまうんです"って言ってから，警察のドア閉めて，私が閉めたのです。"怖いからドア閉めて下さい"って言ったのです。」
> 「性格的に何かとお願いするのはすごい苦手なんですけど，でも，なんか，お友達が"弁護士を知っている"って言ったら，"紹介してもらいたい"って言ったりとか，役所に行って聞くっていうのは，すごくしんどかったんですけど，ガンガン電話して，役所の窓口に行って相談した。」

　相談し支援を求めるということは通常，勇気と覚悟がいることと思われるが，先の語りにあるように被害者は自らの置かれている状況を他者に伝え，支援を獲得するために行動を行っていた。

　『自己資源掘り起し』とは，'被害者が元来持っていた自己資源に自らアクセスし，暴力関係から「離脱」するための資源として活用すること'である。

> 「普通に"仕事行ってくるわ"って言って出て行って，そこからもう帰らずに，バイク乗って行って，その日給料日だったんですけど，私，私の（搾取されていた）給料を（引き出せないように）止めといたから。」
> 「事前には言ってないです，全然。急に連絡して。今，思うと，よく友達も受け入れてくれたなぁと。そんなに行き来とか無かったんですが，こういう状態でしたから。それを受け入れて家に泊めてもらって。その時も私，普通の精神状態ではなかったので。」

　前者は，これまで加害者に搾取されていた給料の引き出しを止める手続きを

し，離脱するための道筋や糧を用意しようとしている。後者は，昔の知人に連絡し助けを求めた例である。ここからみえてくるものは，暴力下で眠らせていた金銭的資源や人間関係などの自己資源を自ら引き出し活用する被害者の姿である。

　そして被害者は，『支援獲得行動』により'目の前に提示された方法や社会資源を活用することを流れにのっかるように決める'という『支援ルートのっかり』を行っていた。

　　「保護してくれるところがあるって，言うから……。それやったら，今の自
　　分やったら行かなあかんなって思いました。」
　　「そんなシステム（保護命令）あるっていうのは，初めて知ったので，初めて
　　聞いたから，（保護命令の申し立て書面を）書いて（裁判所に）出したんやけど。」

　こうした語りからは，被害者は社会資源や制度を使うことを深く吟味や思慮をしたというより，むしろ切迫し選択肢が限定的である中でとにかく進もうという勢いにより，まさに流れに身を委ねるように目の前に示された一時保護や法的資源の活用へと動いていることがわかる。

　一方で，『支援ルートのっかり』をすることや進むか否かは被害者自身が決定しており，あくまでも『私が決める』主体であった。『私が決める』とは，'離脱に向けどんな動きをとるかどうか，また目の前に現れた選択肢を選ぶかどうかを最終的には自分自身で決めていること'である。

　　「警察の人が"一時保護があるよ"って，何か言ってはったから，"それで
　　行きます"って，私が言うて。もうあの，もう私の居場所はそこ（夫の元）
　　にはないって思って，そして"もう行きます"って決めて。」
　　「何回も出ている，これを最後にしないといけない。これで決着と。○さ
　　ん（相談員）に言った時に，自分が意思決定をしたので，それに向かって準
　　備をすると決めたんですね。家探し，家具から準備していきました。保護
　　命令の申し立てと。」

この語りからは一時保護の利用や離脱に向け動き出すことを，他の誰でもなく最終的に被害者自身が決めていることがわかる。

　以上のように，被害者は〈行動する主体としての自分の取戻し〉を行い，力強く動き出していた。調査協力者はインタビューの中で自らの行動を振り返る時に，暴力下の状況を語る「殴られて」「言われて」という受動的な表現から「私が決めた」「私が言った」と私を主語とする能動的な語りへと変化している。まさしく，自らの人生を生きる方向へ被害者が主体的に動き始めているのである。

（2）〈決意行動をつなぐ他者存在の獲得〉

　被害者は，『支援獲得行動』で〈決意行動をつなぐ他者存在の獲得〉をする。当然ながら，この場合の他者は加害者を含まず，何らかのサポーティブな役割を果たした他者のことである。他者存在により，被害者は『太鼓判を押してもらう』『命綱の受取り』『知恵を借りる』『つないでもらう』という4つの具体的なサポートを得ていた。

　『太鼓判を押してもらう』とは，'他者により受け止められたという感覚や「暴力のない生活」に踏み出すことを支持されたと感じること'である。

　　「"すいません。相談したいことがあるんですけど，暴力のことなんですけど"，って（窓口で言って），○さん（相談員）が出てきて，こういう形でいろいろ1対1で話して，聞いてくれて，あったこと全部話して，ちゃんと聞いてくれて。」
　　「"もうとんでもない状態やね"と言われて，何かほっとして。」

　以上の語りのように，調査協力者たちは，話を聞いてくれたことや共感的な応対に安堵していた。それらは自らの『行動の急発進』が正当なものとして受け入れられたことを意味するとともに，自らの状況に「とんでもない状態」というような名づけを得ることにもつながる。特に専門的な立場の人からの真摯な対応や何気ない言葉かけに，被害者は安堵を得ていた。一方で，身内や知人からの言葉や反応から『太鼓判を押してもらう』ケースもあった。以下は身内からの例である。

第5章　離脱の行動プロセス

「実家に走って帰るというのは，今までも5回以上やっているんですけど，もう殺されるって思って。本当に真夜中の2時とか，パジャマのままで走って（実家に行きました）。その時は，（親には）"すぐ帰りなさい"って（言われました）。（「最後の時は違うかったんですね？」という問いに対して）髪の毛振り乱して，なんかあざもいっぱいやし，血も出てるし，親も"もう帰らなくていい"と言ってくれた。その時に初めて，"私決めてん"，って言って……。その時は違うかった。その時も親に反対されるやろなって思ったんですけど，その時は不思議と，なんか話聞いてくれたし，それも今考えると不思議なことやなって思う。」

　それまで家を出ることに反対していた身内からの「"もう帰らなくていい"と言ってくれた」というような「太鼓判」は，被害者にとって離脱に進む支えとなる。
　『命綱の受取り』は，'切羽詰まった緊急時に支援を受け取り，その支援によりとりあえずの危機を凌ぐこと'である。危機迫る中，〈決定的底打ち実感〉に導かれているものの，決して準備万端とはいえない『行動の急発進』は，とても危うい綱渡りのようである。その要所要所で手を差し伸べる他者が存在し，偶発的に出会うことでかろうじて行動がつながっていく。

「脅迫みたいに，勤務先に電話かかってきて，その時にどうしようということになって，職場に迷惑かけられないということになって，今すぐにでも……，それを最後に"もう危ないから"っていうことで，駅まで送ってもらって，タクシー乗って逃げたんかな，タクシー代も出してくれて。」
「警察の人が連絡とって，あの空いているということがわかったので（一時保護所に）行きました……。暖かい布団で眠れると思いました。」

　駅まで送ってもらう，タクシー代を出してもらう，一時保護につながり今夜眠れる場所ができるというこれらは，まさしく緊急時に紙一重で命をつないだ支援といえる。
　『知恵を借りる』とは，'離脱を可能にする実効性のある方法や社会資源の情

117

報を得ること’である。

　「“あなたが悪いんじゃない”と言っていただいて救われた思いで，そこか
　ら“警察に行きなさい。まず病院に行って診断書をもらいなさい”と。そ
　のアドバイス通りに動きました。次の日に警察署に行って，整形外科で診
　断書をもらって。」
　「専門的な部分で，順序的にはこういうふうにしたらいいと教えてもらって，
　とても助かりました。」

　「離婚しいやって言葉自体は簡単やけど，中々やっぱりそこに至るまでの過
程がわからない」と語られるように，被害者は「逃れる」「離れる」方法や被害
者を取り巻く社会資源の存在を認識していなかった。ゆえに，具体的な方法を
教えてくれた専門家の役割を心強い存在として受け止めていた。
　『つないでもらう』とは，‘適切な社会資源や支援機関へつないでもらったり，
またその活用の具体的なサポートを受けたりすること’を指す。

　「その市役所で相談をして，その人がいろいろ行き先を探してくれはってね。
　でも結局，中々その行き先が見つからずに，夕方までずっと（役所に）いま
　した。で，受け入れてくれることになったのが，○○（施設）。受け入れを
　してくれはったので，そこの役所の担当の男の人が一緒にタクシーに乗っ
　て，連れて行ってくれはりました。」
　「やっぱり精神的にもすごい不安だったんですけど，結構いろいろとアド
　バイスして下さる先生がいたりして。で，保護命令で，裁判所行って手続
　きすればそういうのもあるからとか，いろいろそういうことを教えてもら
　って。で，裁判所の方もそこのセンターの方が連れて行ってくれて，みた
　いな感じで。もう，自分自身も全く右も左もわからない状態で，あれよあ
　れよと，とんとん拍子に進んで行ったみたいな感じですよね。」

　このように情報を伝えるだけでなく，一時保護先を探したり，裁判所に同行
したりと社会資源や他の支援者に実際に『つないでもらう』という支援を得て

いた。被害者は，そのつなぎに一定委ねるという『支援ルートのっかり』をしている。そして，その『つないでもらう』ことによって，後述する離脱の不可欠資源である『生活の場の確保』と『安全の担保』に実質的につながっていくこととなる。他にも，被害者は，「行った窓口で"ここではないから，○○（女性相談窓口）に行って相談してみたら"と言われた」「友達に"ストーカーの届け出みたいなのを出したら"って言われたのがきっかけ」「知り合いに弁護士を紹介してもらって」など，専門家以外の人からのワンポイント的な知恵やつなぎ支援も有効な糧としていた。

（3）〈離脱の不可欠資源の確保〉

被害者は，最終的に〈離脱の不可欠資源の確保〉を行うことにより，「暴力のない生活」を現実のものとして得ることが可能になる。離脱の不可欠資源とは，『生活の場の確保』『安全の担保』の2つである。

被害者が離脱をするためには '何らかの形で加害者と生活を別にして生きていくための居所を得ること' という『生活の場の確保』をする必要がある。

「施設でお世話になったことで，施設があって生活させてもらえる場所があるというのを初めて知ったので，それが助かりました。そこから仕事を見つけて通える。何もなくても，そういう所で全部お世話してもらって，食事も風呂も入れてもらって。あって助かりました。良かったと思います。」

「警察署で，出ると決めてから"家を探してほしい"と。妹も仕事を休んで。家をこっちで見つけて契約してもらって，最低限の電化製品とか掃除とか。全部，妹が動いてくれたので，この日に出るという時に出られたんです。」

このように他者から『つないでもらう』ことにより，『支援ルートのっかり』を決意し施設につながったり，『自己資源掘り起し』も伴う『支援獲得行動』により身内のサポートを得たりする中で，住む家を準備したりと『生活の場の確保』をしている。他にも，不動産屋に行って安いアパートを紹介してもらったり，一時保護所のスタッフの支援を得て家を探したり，親と相談し実家に住む

ことにしたりすることにより，何とか『生活の場の確保』をしていた。

　被害者自身が想定する加害者の動きと，「知人の近くに住む」「子どもの高校は変えられない」など譲れない物を残すという折り合いを付ける中で，生活の場を決めていたが，その際，並行して『安全の担保』をどう行うかが問われる。

　『安全の担保』とは，'加害者の接近を防いだり，居所を秘匿することで安全性を高めること' である。それは，『生活の場の確保』の中で，物理的に加害者との距離を置いた場所や住所を知らせないで居所を設定することや，保護命令などの法的資源の活用や弁護士に代理人を依頼することで実現していた。

> 「もう怖くて怖くて，どこにもいられなくなって……，もう１回改めて自分で（役所に）行って話をして，"なんとかできないですか"っていうのを話をずっと重ねていって，母子寮というのを紹介してもらったんですね。<u>本当に，いつ何時子どもとどうやって生活したらいいの，連れて行かれるかもしれないっていう不安が一番大きくて……，そちらで生活しながら，離婚を目指して生活することになりました。</u>」
> 「保護命令は，助けになりました。相手にも打撃になりました。仕事の立場から世間体を気にするので，裁判所から命令が出たことで，かなりの打撃で。<u>これのおかげで，今も守られている。（家を安全に）出られた，という大きなことでした。実家も守ってもらいましたので。</u>」

　このように前者の調査協力者は，加害者からの追跡がある実家から母子生活支援施設に入所することで『安全の担保』を行い，後者の調査協力者は，保護命令の申し立てを行うことにより『安全の担保』を行っていた。保護命令の申し立てをした調査協力者の多くは，「助けになった」「警察が注意してくれたからよかった」「実際に動きがおさまった」など肯定的に保護命令を申し立てたことを評価している。他にも，ストーカーの警告を警察からしてもらったり，避難する前に弁護士を代理人とし依頼してから家出を決行したりしている例もみられた。また，携帯電話を変えたり，身内との連絡を控えたりすることで『安全の担保』を図ろうとしている例もあった。『生活の場の確保』と『安全の担保』の両者は，どちらも暴力関係からの「離脱」を実現するための不可欠要素であ

る。

（4）〈パワー転回へのスパイラル〉

　先の語りからもわかるように，〈行動する主体としての自分の取戻し〉〈決意
行動をつなぐ他者存在の獲得〉〈離脱の不可欠資源の確保〉は，一方向の時間的
プロセス性を持つ一方で，それらは相互に作用し合い〈パワー転回へのスパイ
ラル〉を生み出していた。

　たとえば〈決意行動をつなぐ他者存在の獲得〉は，被害者に〈離脱の不可欠
資源の確保〉のための具体的方策を示すとともに被害者に後述する『有援感』
をもたらし，被害者がさらに〈行動する主体としての自分の取戻し〉を行うこ
とを間接的に支える。また，〈離脱の不可欠資源の確保〉を行った被害者は加害
者から距離を置いたこと，一定の安全が守られるようになったことで相談しや
すい環境が整い，〈決意行動をつなぐ他者存在の獲得〉がさらに得やすくなる。

　このように一つの歯車が動くことにより，新たに別の歯車が回り，その相互
作用で回転が加速していくというスパイラルを描く。そのスパイラルは『勢い
づく行動』『加速する決意』『突き示す決別宣言』を生み出し，被害者の「パワー」
転回を導く。他方，被害者は暴力関係から逃れることができたことに対する危
うさの感覚である『紙一重感』を抱いていた。

　『勢いづく行動』とは，'とった行動が次の行動の呼び水となったり，一つの
行動をとったことで勢いを得て，新たな次の行動につながること'である。

> 「次に○○（就職先）に面接に行って受かって。その時に，やっぱりすごい
> 怖いなって思ったけど，何となくでもやっていけるかもと思って。並行し
> ながら弁護士さん雇って，家を借りて引っ越しの準備もしてというので
> ……，すごい，もう大変でしたけどね。」
> 「怖いというよりも，とりあえず行動，行動していたら怖いよりも自分の肉
> 体が忙しい。何とか離してもらえへんかったら（と思って），自分が考える
> だけ動いて。」

　このように調査協力者たちは，勢いよく次々と行動を起こしていた。行動の

原動力は「これでまた戻したら2度とこのチャンスは来ない」と語られるように危機感に裏打ちされるものであったり，「保護所に行って，そこで裁判所（保護命令）の申し立てを勧められてすぐに手続きに行って」と『支援ルートのっかり』の流れの中で勢いを得ていたりもする。いずれにせよ，調査協力者たちは自らの主体的な行動により，他者存在からの新たな「知恵」や「つなぎ」に出会い，そこで得た情報を基に新たな資源を確保するために，さらなる行動を起こすというスパイラルを描いている。

　被害者の行動は，〈決定的底打ち実感〉に導かれているものの，一直線で進んでいくものではなく，行動のプロセスの中で気持ちの揺れを経験している被害者もいた。しかし，多くの場合，実際に行動を進める中で『加速する決意』が生み出されていた。『加速する決意』とは，'行動のプロセスの中で離別の決意がさらに固まること'である。

　　「自動的にスイッチが入ってしまっているから，揺れ戻しがあっても，そんじょそこらでは変わらないっていう感じ，こう，川の流れにのっているみたいにね。」
　　「（離別の決意をした後）変な理屈で責め立てられた時に，"あっほんまに馬鹿な人やってんな"って，さらに私にとったら，彼から気持ちが離れるって。」

　前者の語りは，行動のプロセスの中でますます『加速する決意』を生み出している様子が語られ，後者の語りは，すでに加害者との関係を客観視しはじめている被害者が，それまでと同じパターンで繰り広げられる加害者の言動によりさらに気持ちが離れ，離別の決意を加速させる様子の語りである。

　『突き示す決別宣言』とは，'被害者がとった行動やその行動が，結果として加害者や周囲に本人の意思が本物であると明確に示すこと'である。

　　「もう彼の口癖は"もう出ていってやる，離婚する"というのが口癖だったので。私から離婚するというのは思ってもない……。接近禁止を申し立てた時に（別居中の）家に来たんですね……。"保護命令も出したし，もうこの家に入ってくることはできない"と私が言って，（彼が出て）行きました。」

第5章　離脱の行動プロセス

「(弁護士の) 先生からバーンとファックスが来たのを机の上に保護命令の
書類を並べて (家を出て) 来たんです……。乗り込んでいったり, しつこく
電話をしたりということは無かったんですね。これは相当な覚悟だなと,
向こうにもわかったと思うんですね。ゴリ押していけるものではないと感
じたんだと思います。私は絶対, 話をしないし, 会わないし。」

　このように被害者がとった行動に付随して, 加害者には裁判所から保護命令
の呼び出しの書面が届いたり, 被害者が家から実際にいなくなったりすること
で, 被害者の離別の意思や覚悟が間接的に伝わることになる。さらに, その行
動は被害者が『支援獲得行動』をしたことや他者存在や資源につながっている
ことを加害者に示すことにもなる。それらは, それまでの密室の中で行われて
いた暴力関係が社会化され, 加害者にとってはこれまでの支配できていた被害
者ではなくなっていることをも示す。つまり, 暴力という不当なパワーにさら
されていた被害者が, 行動することにより様々な正当なパワーと結びついたこ
とを示すことであり, それは図らずも加害者に向けた明確な決別の宣言となる。
これが実際に被害者への支配を断念させていくことにつながっていた。
　一方, 被害者は『紙一重感』を抱いている。『紙一重感』とは, ‘何かが少し
違えば暴力関係から離れることはできなかったという危うさの認識のこと’で
ある。

「もう一歩間違ったら抜けられていなかったな, みたいな。今も一生懸命
(お金の) 工面して, 嫌な思いして。我慢もして, こう泣かなあかんことに
なっていたんやろなって。」
「そこに行ったら開けていくけど。そこ行くまでに自分で行かない限り,
電話かけない限り, 役所の方ともつながらなかった。けど, でもその (相談
に行った) 時に, もしたとえば, "そんな子ども4人もいてて, 辛抱しなさい
ね"って言われていたら, うちのおばさんみたいに。それはそこで止まっ
てしまうことやからね。私もやっぱりその通りかなって思う所もあったし。
おばさんからはね, "子どもがかわいそうよ, 働きに行くって簡単に言うけ
ど, カギっ子になるの, まだ小さいのに, 辛抱しとき"って言われていた

123

から。そうやなってやっぱり思ったし，うん，おばさんの年代の人ってそうやと思うし。"離婚なんてかっこ悪い。バツイチなんてみっともない"って言われ続けたらできないって，やっぱし思うし。」

　前者は，何か一歩が間違っていたら暴力を受ける生活の中に今もいて，我慢していただろうという『紙一重感』を語っている。後者は〈決意行動をつなぐ他者存在の獲得〉がなされていなかったなら，また，出会った支援者が離別を反対していたおばさんのように動きを止める他者であったなら，運命は大きく違っていただろうという支援についての『紙一重感』を語っているものである。

　　「すごい相談に行って良かったなと思う。そのまま相談せんとずっといたら，本当に今までずっと続いていたやろな，暴力から離れず。（顔にアザができて）顔青くして，眼腫れたりとかして，青になって（アザのできた顔を），見られるの嫌やから眼帯はめたりとかして。」
　　「暴れてこう感情を乱して，謝って泣いたりとか，急に優しくしたりとかそれを繰り返し繰り返して，こんなもんやとだんだんこんなもんやと思ってきて，洗脳されてきて。それだけやったら，多分抜け出されへんかったと思う。（「でも離れたのですね？」という問いに対して）私の場合は，タイミング。でもちょっとの一歩だけで，こうちょっと勇気出して，一歩踏み出したら，後はもう突き進んでがんばってやる。」

　これらは，〈行動する主体としての自分の取戻し〉をした自分自身の危うさの感覚であるとともに，その紙一重をくぐりぬけてきて「暴力のない生活」を獲得したという自尊感をも含む感覚である。「暴力のない生活」への歯車を回転させるか，「暴力のある生活」に留まる方へ歯車を引き戻すかの差は，少しのことであったかもしれないと感じている。その一方で，「相談に行って良かったなと思う」「ちょっと勇気を出して，一歩踏み出した」と語られるように，〈行動する主体としての自分の取戻し〉をした自分自身への肯定と紙一重の中で，自分自身が状況を動かしたという後述する『作用主実感』を得ていることがうかがえる。

3 〈超自己の感得〉と〈自己のよみがえり〉

　前節において，被害者が，暴力のある関係からの離脱のための行動をする《パ
ワー転回行動》のプロセスを構成する4つのカテゴリーを説明した。このプロ
セスにも自己の経験が内包しており，〈超自己の感得〉と〈自己のよみがえり〉
の2つのカテゴリーを見出した。以下に各々の説明をする。

（1）〈超自己の感得〉

　被害者は，離脱への行動の局面で〈超自己の感得〉をしていた。〈超自己の感
得〉とは，自分そのものでもない実存する他者でもない超越した力を感じ力を
得ることであり，『希望がみえる』『スピリチュアルな存在からの守られ・背中
押され感』『内的エネルギーの湧き上がり感』の3つの概念で説明できる。
　『希望がみえる』とは，'未来の可能性を指し示す希望や熱望を見出し感じ取
ること'である。

> 「何か自分の心の奥底の所で今まで無かったドアが急に見えて，時々こう，
> そのドアが開いて，向こうの所に新しい生活が待っているような。」
> 「たまたまコンビニで見た，雑誌の特集の中にカフェ特集かなんかがあって。
> 私って考えたら，カフェも行けてないわって，楽しくカフェでお茶したり
> とかしたのに，そんなことしたら"浮気していたやろ"って言われたりと
> か，お金も無いしって，ああって思って。"あっ，でもこの人から離れられ
> たら私こんなこともできるんやわ"って，思ったのですよ，それから一人
> 暮らし用の雑誌とか，それから公団のちらしとかね。住宅も申し込んだん
> ですけど，それも単身者向けのやつで，間取り見ただけでも，ここに私タ
> ンス置いて，あれ置いてって，わくわくわくわくして。すごくくだらない
> レベルですけど，そういう，なんかすごい将来的な展望がぱぁっと見えた
> 時に，やっていけるわって。」

　暴力下の被害者は『希望なし状態』であった。しかし，被害者は今と違う生

活への未来の『希望がみえる』瞬間を経験する。前者の調査協力者は,「ドアが急に見えて」と語っているが,同様に「遠くに光が見えた」と語る者もいた。また後者の調査協力者は,カフェに行く,新しい部屋にタンスを置くという新しい生活がイメージできたことを語っている。他にも「好きなだけギョーザを食べる」「友達とランチに行く」「前していたような仕事ができるかも」という「暴力のある生活」の中で奪われていた世界を未来の希望として見出した被害者もいた。そして,それらの希望を行動への拠り所としていた。

『スピリチュアルな存在からの守られ・背中押され感』とは,'みえない力や不思議な力に守られ,背中を押されていると感じた実経験のこと'である。

> 「目の前に見えない力の後押しもあったような。うちなんか両親亡くなっているから,両親が力貸してくれたんかなとかそんなふうに。うん,このままやったらあかん。役所に相談に行くって一歩踏み出したっていうのも目に見えない力,後押し力,大きな力だったから一歩押し出してくれる力。」
> 「あきらめそうになったら,どっかから何か大丈夫っていう感じの声が聞こえてくるっていうか,どこかから。」

このように,スピリチュアルな経験は,時に亡くなった親に支えられていたり,神がかり的な声が聞こえたりするといった体験であった。ここでは,ハイヤーパワーともいうべき,超越した何かに守られ,背中を押されるような経験を多くの被害者が語っている。

『内的エネルギーの湧き上がり感』とは,'自分自身の内部から湧き出るようにあふれてくる力があり,それを感じること'である。

> 「強いなって今から思えば,本当に不思議な力ですね。後にも先にもあんなに根性を出せたことはない。うちは何か特別な宗教に入っているというのは無かったんですけどね,でもなんていうんですかね。どっからか力が湧いてくるっていうみたいな感じ。」
> 「(同じことを)やっている限りは彼とは関わってくると思ったので,だからもう,すごい元気が力が湧いてきたのかなって。全く生活も変わるし,カ

ラ元気やったかもしれないけど，でも元気にとにかく毎日元気に，元気出していたように思います。泣いている時間なんてありませんでしたから。」

　このように，調査協力者自身が行動のプロセスの中で発揮した自分の力について，驚きと自尊感をもって振り返る。この内的エネルギーについても，被害者が自発的に主体的にコントロールして生み出したというものではなく，むしろ不思議な体験として捉えていることがうかがえる。

　〈超自己の感得〉は，いずれも不思議な体験や感覚として，被害者が当時を振り返って語る経験であり，行動を導いたポジティブな経験として意味づけているものである。この被害者の外的とも内的ともいえる経験は，〈生き続けた自己〉から活性化され，意識を超えて被害者自身が産み出し，自分自身を超えた第3の力として，被害者の行動を支えていた。

（2）〈自己のよみがえり〉

　被害者は，行動のプロセスの中で〈自己のよみがえり〉の感覚を経験していた。これは『作用主実感』『境界線がみえる』『有援感』の概念で説明される。それは被害者が暴力の中で感じていた〈奪われる自己〉に対極するカテゴリーである。

　『作用主実感』とは，'自己を取り巻く状況に対し，自己が起こした行動により結果として何らかの変化を生み出したという実感であり，自分自身が状況の変化を及ぼすことができるという効力感が高まること'である。

　「その時に初めてワァーと叫んで，近所の人がピンポンピンポンって来て。警察が来て，来たから，だから来てくれるんや警察って。その時も思ったし，初めて声が出せて，それが実感として動くという。今までは脅されていたから，"お前がいくら声を上げてても，誰にも助けに来ないぞ"とか，"警察も俺の言うことしか聞かないぞ"とか言われていたから黙っていたけど，"あっ，それってうそなんや"って。何をしても怖くなくなったし。」
　「一気にもうこれじゃダメだっていうのが，堰切ったみたいにバアと出た時に，何かすごく私ってこんなことができたのみたいな，こんなことした

んやみたいな。自分でも不思議なくらい強いなって……。いろいろなこと
知恵借りて，自分で行動して。」

「作用」とは，他のものにも力を及ぼして影響を与えることである。被害者は
自らの主体的な動きに伴って他者が動き，また，何らかの状況の変化を及ぼす
という経験から，自分自身が状況に「作用」を与える主であるという感覚を取
り戻していた。
　『境界線がみえる』とは，'加害者や加害者との関係に対し，客観視が始まり
加害者から感情的距離を置き始めること'である。行動のプロセスの中で，被
害者は加害者の持つ問題性や暴力に対する責任は自分に無いこと，そして，加
害者とのパートナー関係には楽観視できない大きな問題と課題があることを認
識していく。つまり，加害者との間で一体化していた世界に，「私は私，彼は彼」
と自他の境界線があることを感じていく。

　「本人（相手）が変わらなかったら，変わろうと努力しようとしない限り，
無理やろうって思って。」
　「何とか話し合いをしようとしたら，（相手が）暴れたから，"もういいよ"
って。（「その時は恐怖を感じた？」という問いに対して）暴れた時は，"もう嫌"
って思った。"もう嫌"って。私の問題ではないわ。」

相手の問題や暴力に対しても『責任の過剰引受け』し，相手との境界が無く
なっていた状態から，自らが本来背負うべきものと相手との境界線に気づいて
いくことである。それと同時に，「自分が自分の味方になってあげる」「くだら
ないなと思って，1回きりの人生やのに」と語られるように自分の人生の主体
として歩き出そうとすることでもある。
　『有援感』とは，〈決意行動をつなぐ他者存在の獲得〉をしたことにより'支
援的な存在があることに安堵を感じ，また実際に具体的支援を得て状況が開け
ていくことで心強さを感じること'である。

　「もうとにかく右も左もわからなくって，全くわからない，誰も知っている

第5章　離脱の行動プロセス

人もいない，そういう所（一時保護所）にポツンと入って行って，やっぱり
すごい不安だらけで心細い状態ですよね。そんな時にやっぱり，優しくい
ろいろと相談にのってくれて，いろいろ話を聞いてくれて，っていうのん
でやっぱり，なんかこう，気持ちがちょっと楽になるっていうか。自分が
そういう落ち込んでいるっていうか，そういう時だからこそ余計に，その
人達の話が，ああそうなんだ，そうなんだって思えた所があるんじゃない
かなとも思ったりしますね。」
「(「支援はどんな意味がありましたか？」という問いに対して）自分にもまた自分
で人生を自分にもやっていける，っていうすごい力強い味方，っていうの
かな。」

　この語りからもうかがえるように，暴力下の生活において『孤立化による孤
独』を抱いていた被害者にとって，〈決意行動をつなぐ他者存在の獲得〉は『有
援感』をもたらし，「自分で人生を自分にもやっていける」と語られるように，
さらに〈行動する主体としての自分の取戻し〉を行うことを支えていた。

4　行動の急発進が導く不可欠資源の確保

　本章では，被害者は実際にどのようにして加害者から離れ，そして何が離脱
を可能にしたのかについて分析した。本分析の結果，暴力関係からの離脱の行
動プロセスは，《パワー転回行動》のプロセスであるといえ，個々人の経験を超
えた暴力関係から離脱する行動のプロセスと構造を見出した。ここでいう「パ
ワー」は，加害者の力による支配により，被害者が無力化されるという DV の
支配のメカニズムと大きく連関する。興味深いことに被害者は，短期間のうち
にパワー転回のプロセスを完了させており，非常に力強く自己の置かれている
状況を変化させていた。分析結果から以下の5点がいえる。
　1点目は，離脱への動きは被害者の主体的な動きから始まっていた。被害者
たちは，数日（場合によってはその日のうちに）から長くても数カ月のうちにこの
プロセスを完了させており，その際被害者は非常に力強く自己の置かれている
状況を変化させるために動き出していた。その動き出しに呼応する形で他者が

129

絡み，〈離別の不可欠資源の確保〉につながっていくことになる。

　2点目は，暴力関係から離れるためには「離脱の不可欠資源」は『生活の場の確保』ととりあえずの『安全の担保』が揃うことである。つまり，被害者にいかに強い離別の意志があったとしても，住む所と一定の安全が無いと物理的に「暴力のない生活」を手に入れられない。被害者自身の主体性と他者存在の相互作用において『生活の場の確保』と『安全の担保』の2つをいかに用意できるかがこの時期には必要であり，支援課題といえる。

　3点目は，暴力関係から「離脱」するには「パワー」の拮抗や引き戻しを防ぐことが必要であり，被害者は，実際に勢いよく短期間に「パワー」構造を転回させていた。

　この「パワー」の転回は，以下の3つの変化を起こしていると考える。第1は，被害者の持つ「パワー」の使途を暴力の中で「生きのびる」ことから，「生き直す」ことに転回させるというものである。それまで我慢や耐えること，怒らせないようにするなど，加害者との関係の中で「生きのびる」ことに使っていた自らの「パワー」の使い方を，「暴力のない生活」を切り拓き加害者との関係の外で「生き直す」ことへと転回させていた。第2は，自分自身の生活や人生の主導権や決定権という「パワー」を，加害者から自分自身の元に転じさせることである。暴力下の生活とは，被害者の自らの人生や生活についての主体を加害者に譲渡する生活にほかならない。被害者は，その行動プロセスにおいて自分の人生や生活，他者との関係を加害者ではなく自分自身が決め進んでいくということに転回させ，まさしく人生の主人公として動き出していた。第3は，被害者と加害者の「パワー」関係の変容である。被害者が行動した結果は，被害者が意図するかしないかにかかわらず，加害者に対し「パワー」を突き示すこととなる。暴力という不当な「パワー」で加害者に支配されてきた被害者から，正当な「パワー」を奪還した被害者への変化として，被害者―加害者間のパワー関係を転回させることにつながっていた。

　4点目は，「暴力のある生活」から「暴力のない生活」へ状況を変化させる局面を支えるものとして，〈超自己の感得〉という他者とも自己ともいえる超越した力があることを示した。多くの被害者が不思議な体験として語るそれらの力は，状況を変化させる力となっていた。DV被害からの回復を取り上げた海外

の先行研究では，宗教的サポート，ハイヤーパワー，教会，神などスピリチュアルな存在が被害者の回復に大きく貢献していることが明らかになっている（Senter & Caldwell 2002；Taylor 2004；Anderson et al. 2012）。ここでは，教会や信仰などの宗教的文化を欧米に比して前提としにくいわが国の被害者の経験においても，スピリチュアルな力の存在が特に暴力関係からの離脱のための行動の時期に強く見出された。これは興味深い知見であり，支援の際にスピリチュアルな側面の語りやそれに導かれる動きや決断を，被害者にとって意味深い大切なものとして尊重する必要がある。

　5点目は，被害者に子どもがいる場合，離脱への行動は，子どもも含めた動きとなる。離別の決意に至るプロセスで決定的底打ちの実感に至る前後に子どもに関する要因が影響を与えていることを示したが，実際に家を出ることや離脱の行動の動きはその延長にあり，その際に子どもの意向や子どもとの動きのタイミングを合わせることも必要になってくる。一方で，決定的底打ち実感に導かれる状況を変える行動の主体は被害者自身にあり，そこでは迷いを見せず子どもとともに「暴力のない生活」へ動き出す側面がみられた。

5　他者との経験からみる支援の役割

（1）他者との関係

　分析の結果，被害者の離脱の行動プロセスを支える，つまりパワー転回を支える他者の役割の重要性が示唆された。ここでの他者には，被害者が『支援獲得行動』を行った際にどちらかといえば偶然的につながった他者と，『自己資源掘り起し』を行うことで，これまでも関係のあった者にアクセスしつながり直した他者という2通りがある。これらの他者から『つないでもらう』ことにより，支援をもたらす新たな他者へと芋づる式につながっていった。『支援獲得行動』によってつながった他者の中には，身内や知人とともに，警察官や市町村の職員や相談員，弁護士などの専門家が多くみられた。『自己資源掘り起し』では，疎遠になっていた身内や知人，職場の人などと関係をつなぎ直し，支援を得ている例がみられた。『つないでもらう』ことでつながった新たな他者には，一時保護機能を有する婦人相談所職員や一時保護所・シェルターのスタッフ，

支援者からの紹介を受けた弁護士などがみられ、〈離別の不可欠資源の確保〉に重要な役割を果たす。

（2）支援の役割

　被害者は、これらの他者から『太鼓判を押してもらう』『命綱の受取り』『知恵を借りる』『つないでもらう』という具体的なサポートを得ていた。換言すれば、離脱の行動プロセスを支えるための他者の役割は、①太鼓判を押す（限界感や離別の決意の受け止めと「暴力のない生活」へ動くことの支持）、②命綱の差出し（緊急時の安全確保やそのための対応）、③知恵の提示（社会資源の情報提供、方法や道筋の説明）、④つなぎ支援（具体的に必要とする社会資源や支援につなぎ、その活用をサポートする）、である。

　離脱の行動プロセスは、被害者が「暴力のある生活」から「暴力のない生活」に状況を変化させていくプロセス、すなわち困難な状況にいる状態を変化させていくプロセスである。離脱の行動プロセスにおいて、他者が行うのは「人々が行動を起こすのを認め、それを側面的に支援することを超えて、人々が自身の生活の支配権を獲得するために彼らに永遠にパワーを移送することを目的としている」（久保 2000：109）というエンパワメント実践といえる。つまり、被害者が行動を起こすことを認め（「太鼓判を押す」）、それを側面的に支援（「命綱の差出し」「知恵の提示」「つなぎ支援」）することにより、被害者が生活の支配権を獲得（「生活の場の確保」「安全の担保」）することを助け、パワーを移送（「自己のよみがえり」「パワー転回」）するという役割を担うことが求められる。

　併せて、被害者に対して優先される支援は、離別の決意以前では被害者の〈生き続けている自己〉を間接的に支えることであったが、この行動の段階においては、「暴力のない生活」を得るために不可欠な『生活の場の確保』と『安全の担保』をもたらす実質的な支援である。つまり、この行動の段階においては、社会資源などの具体的な方策と連携をもって介入するソーシャルワークやケースマネジメントの支援技法が不可欠となってくる。

注
(1)　本章は、増井（2012）に加筆修正したものである。

第6章 生活の再生プロセス
——いかにして新しい生活を築いていくのか[(1)]

　前章では『生活の場の確保』『安全の担保』という〈離脱の不可欠資源の確保〉
を行うことで成立する暴力関係から「離脱」するプロセスを示した。しかし，
それは被害者のゴールではない。先行研究では，ドメスティック・バイオレン
ス（以下，DV）被害者がDV関係から離れた後に自立していく際，数多くの困難
に出会うこと（内閣府男女共同参画局 2007；寺田 2007；いくの学園 2009），精神的健
康状態の悪さや回復の困難さ（吉田ら 2005；本田・小西 2010），離婚手続きの大変
さ（有薗 2008；本田・小西 2010）などが指摘されている。

　また加害者から逃れた後，再び加害者の元に戻る被害者がいることも報告さ
れている（寺田 2007；土岐・藤森 2013）。戒能は，「DVの影響を考慮するならば，
加害者のもとから逃れることだけでは問題は解決せず，精神的ケア，病気やケ
ガの治療，住居，就労，子どもの学校，離婚調停など生活全般の再建が必要と
される」と述べている（戒能 2006：77）。Landenburgerは，被害者が虐待関係か
ら回復していく時期の初めは，食べていくこと，生活の場や安全の維持ととも
に，内面化された自らの否定的な信念を立て直す必要があり，生き残ることに
もがく時期であると述べている（Landenburger 1998）。このように，加害者の元
から逃れた後の被害者は，多くの課題に対処しなければならない。

　では被害者は，関係から離脱後どのような経験をし，いかにして新しい生活
を築いていくのだろうか。前述したように「暴力のある生活」を離れた後，新
しい生活を築き加害者の元に戻ることなく「暴力のない生活」を維持している
被害者は多く存在する。しかし，離脱後の被害者が，新しい生活をどのように
築いていくのか，経験する困難をいかに乗り越えていくのか，何が加害者の元
に戻らない生活を維持する要因となるのかなどについては明らかにされていな
い。そこで本章では，暴力関係から「離脱」後当初から数年にかけてみられる
被害者が生活を再生していくプロセスについて分析する。

1 ストーリーラインと分析結果図

本章での分析テーマは，「関係離脱後の DV 被害者が，自らの新しい生活を再生していくプロセス」である。分析の結果，被害者が生活を再生するプロセスは，少しずつ《大丈夫を増やしていく・大丈夫が増えていく》プロセスであることが明らかになった。

この《大丈夫を増やしていく・大丈夫が増えていく》プロセスを説明するのは，以下の13のカテゴリーである。これらは〈喪失し，重荷をおう〉〈生活を作っていく〉〈心の線を引いていく〉〈関係の線を引いていく〉〈境界設定の完了〉のプロセスを示す5つのカテゴリー，〈大丈夫を増やす主体的側面〉〈大丈夫をもたらす支援的側面〉〈大丈夫が増える受動的側面〉の動きの側面を示す3つのカテゴリー，〈外からの脅かしに苦悩する〉〈内なる痛みに苦悶する〉〈つながりに救われる〉〈暴力のない生活は何事にも代えられない〉という拮抗しながらプロセスに影響を与える4つのカテゴリーである。さらに自己の経験を示すカテゴリーである〈喪失自己からの歩み〉を見出した。まずカテゴリーを用いたストーリーラインと生活の再生プロセスの分析結果図を示す（図6-1）。

—— ストーリーライン ——

　関係から離脱後の被害者の生活の再生プロセスは，《大丈夫を増やしていく・大丈夫が増えていく》プロセスである。離脱の不可欠資源の確保により加害者と別居した一方で，被害者は〈喪失し，重荷をおう〉ことになる。被害者はそこから〈生活を作っていく〉〈心の線を引いていく〉〈関係の線を引いていく〉，という3つの課題に取り組む。この3つの課題の解決はいずれも，〈大丈夫を増やす主体的側面〉〈大丈夫をもたらす支援的側面〉，そして時間的な経過や偶発性も伴う〈大丈夫が増える受動的側面〉とそれらの相互作用により達成され，〈境界設定の完了〉に至る。このプロセスにおいて，被害者は〈外からの脅かしに苦悩する〉とともに，〈内なる痛みに苦悶する〉ことになる。しかし，拮抗する形で，〈つながりに救われる〉という他者との関係と〈「暴力のない生活」は何事にも代えられない〉という被害者が抱く実感覚が生活の再生プロセスを下支えしていた。

　離脱後の被害者は〈喪失自己からの歩み〉をしながら，自分の人生を再び生きるための基盤を作っていく。

第6章 生活の再生プロセス

図6-1 生活の再生プロセスの分析結果図——《大丈夫を増やしていく・大丈夫が増えていく》

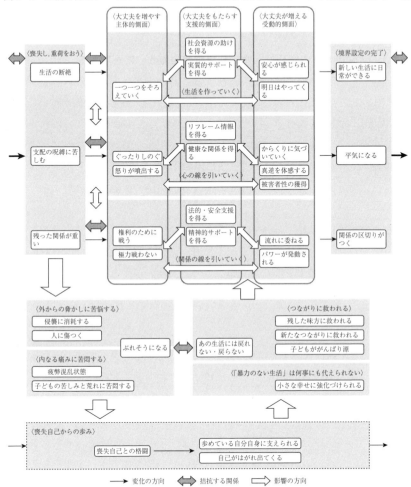

次項より，カテゴリー・概念を用いて分析結果を記述する。なお，〈大丈夫を増やす主体的側面〉〈大丈夫をもたらす支援的側面〉〈大丈夫が増える受動的側面〉の3つのカテゴリーについては，〈生活を作っていく〉〈心の線を引いていく〉〈関係の線を引いていく〉のカテゴリーの説明の中で含めて示す。

2 《大丈夫を増やしていく・大丈夫が増えていく》プロセス

（1）DV 関係からの離脱は〈喪失し，重荷をおう〉ことである

　被害者にとって，DV 関係から離脱することはすぐさま苦難から解放されることではなく，『生活の断絶』『支配の呪縛に苦しむ』『残った関係が重い』という〈喪失し，重荷をおう〉ことである。

　DV 関係からの離脱は，前章で示したように相当な勢いを持った《パワー転回行動》においてもたらされる『生活の場の確保』『安全の担保』によってなされる。しかし，一方で被害者は，これまでの『生活の断絶』を経験することになる。

　『生活の断絶』とは，'それまでの生活や社会的つながり，社会的役割を失うこと'である。それは住み慣れた家や家財，準備の整わない中での避難により身の回りの生活用品や着慣れた衣服などの物質面の多くを喪失することでもあり，また，人とのつながりなどの社会関係や仕事などの社会的役割を喪失することでもある。

> 「子どもと布団も何もない所に来て，今晩どうしようという状況ではあった。知り合いもいないから，ここでの生活も情報源が全くない状況で。遊ばそうとする（子どもの）友だちもいない。相談する友だちもいない。」
> 「慣れない所やし，身寄りもないし，全く知らん所で，何をどうしたら良いか，生活も。障がいの子もいるから，まず子どもらが使えるサービスを探したりとか，子どもらも学校に慣れないといけないとか，まずそこの土地に慣れることから，とりあえず始めないといけなかった。」

　このように多くの被害者は，住み慣れた地域から離れた場所でゼロからの生活を，家財も整っていない，情報も無い，人とのつながりも無い状態から作っていくことが必要となる。

　さらに，被害者は『支配の呪縛に苦しむ』ことになる。『支配の呪縛に苦しむ』とは，'関係から離れた後も恐怖心や無力感など加害者から埋め込まれたネガ

第6章　生活の再生プロセス

ティブな感覚や自己像に襲われ，囚われること' である。

> 「夫からは "1人で生活できない" と言われていましたから，"私はできない" という中にいたんです。"1人では生きていけない" と。」
> 「言われていた言葉が，まぁ，"お前に未来はないし，俺と離れたらもう絶望，誰も何もしてくれないし，誰も愛してないし，お前には能力がないから，仕事もできないし，全部無理" って言われていたから。」

　このように被害者には，加害者から向けられていた著しい自己への否定メッセージが内在化されており，新しい生活を踏み出す被害者を内面からえぐる。その呪縛が魔法のように効いている状態で生活を始めることになる。
　その上，加害者からの脅かしや周囲の人も含めて『残った関係が重い』状態にある。『残った関係が重い』とは，'物理的には加害者から離れた後も多くの処理や清算が必要な手続きや関係が残っており，その対応が必要とされること，またそのことに苦しむこと' である。

> 「一言でいうと怖いという。ボディガードがいたらなという感じでした。子どもと私に。実家の親に関してもそうでした。悲劇ばかり想像していましたね，ニュースで見るような。離れても籍は残っているからしんどかった。」
> 「相手の実家からはまったく理解してもらえなくて，勝手なことしていると責められて。」

　物理的には加害者から生活の場は離れているが，法律上の婚姻関係が継続していることや加害者からの執着，加害者の身内などとの人間関係が残っており，多重な負荷がかかる状態である。
　こうしてみていくと，被害者の離脱後の新しい生活はゼロからのスタートではなく，『生活の断絶』『支配の呪縛に苦しむ』『残った関係が重い』という状態であり，多くの喪失をした上でさらに大きな重荷を抱えているようなマイナスからのスタートであるといえる。この〈喪失し，重荷をおう〉状態は，「未経験

137

のことばかりで手さぐりで……，いつ，どんな目にあってもおかしくない，一寸先は闇という感じでした」と語られるように先が見えない状態である。

（2）《大丈夫を増やしていく・大丈夫が増えていく》ために

〈喪失し，重荷をおう〉状態で新しい生活を始めた被害者は，〈生活を作っていく〉〈心の線を引いていく〉〈関係の線を引いていく〉という3つの課題に取り組む中で，少しずつ《大丈夫を増やしていく・大丈夫が増えていく》。それらはいずれも，被害者が能動的に〈大丈夫を増やす主体的側面〉，外側から助けを得て〈大丈夫をもたらす支援的側面〉，時間的な経過や偶発性も伴い〈大丈夫が増える受動的側面〉の相互作用により促進されている。次項より，〈生活を作っていく〉〈心の線を引いていく〉〈関係の線を引いていく〉をそれぞれ説明していく。

（3）〈生活を作っていく〉

離脱後の初期の最も重要な課題は，日々の〈生活を作っていく〉ことである。

住み慣れた自宅を離れ新しい生活の場で新たな生活を始めた被害者は，〈大丈夫を増やす主体的側面〉を稼働し『一つ一つをそろえていく』。『一つ一つをそろえていく』とは，'生きるために必要な物をそろえ，また必要な手続きを行っていくこと'である。

> 「ちゃんと近くの店まで歩いていって，お布団を運んでもらって，家の電気を買って付けて。」
> 「もう財布ごと取り上げられていましたから。免許証，身分証明書って言われても何も無い，保険証もないですし……。とりあえず銀行に先に行ってから，事情を相談したんだけど，何も無いから，紛失（手続き）から始まる……。順番に，消去法です。とりあえず（身分証明するものとして）先にいるのが免許証やけど，切り替え（の時期が相手と）一緒やから行かれないし，じゃあその間に他の手続きをするみたいな。こっち来ても通帳と印鑑もないですし，銀行口座もないから，結婚相手の名前ですけど，一応作らないとだめですし，兄ちゃんの学校のこともあるしと思って，もう，まず兄ち

ゃんの学校から。あとは順番です。制服も。」

「お金が無いということはジュース買うにも買えない。働かないとお金が
無いので、ほしいものを買えない。買えるように仕事をしないといけない
……。とりあえず働ける場所を探して。」

　このように日々の生活を何とか営むために生活用品を揃え、事情を説明しな
がら生活や子どもに関する手続きを行い、お金を得るために仕事を探すなどの
動きをとっていく。生きていくための生活を成り立たせるために『一つ一つを
そろえていく』のである。
　しかし、日々の〈生活を作っていく〉ことは、被害者一人の力で果たせるも
のではなく、『社会資源の助けを得る』ことと『実質的サポートを得る』ことと
いう〈大丈夫をもたらす支援的側面〉により成り立っていく。
　『社会資源の助けを得る』とは、'DV特有の制度の利用や福祉サービスの利
用、生活を助ける社会的な資源や支援につながることにより、生活が成り立っ
ていくこと'である。

「役所の制度でありがたかったのは、開示できないようにしてくれている、
住民票とか。あれはありがたかったです。教えてくれたのも役所の人だっ
たんです。」

「（母子生活支援施設に入所して）助けてもらいましたというのが事実ですね。
お兄ちゃんのこととか学校のこととかもそうですし、やっぱり小さいうち
から保育園預かってくれましたし、だから仕事にも行けました。すごい助
かりましたね。」

　住民票の住所を秘匿する安全に関わる制度などのワンポイント的な支援、母
子生活支援施設や婦人保護施設などの施設入所における包括的な支援など、被
害者は様々な社会資源に支えられていた。他にも、社会保険の扶養から外れ新
たな健康保険証を持つ、住所の秘匿などのDV特有の制度の活用、生活保護や
児童手当などの経済的支援、保育所入所や障がいのある子のサービス利用など
の子どもに関する支援、ハローワークにおける職業支援など多くの社会資源が

実際的に被害者の日々の生活を作っていくことを支えていた。

『実質的サポートを得る』とは，'身内や知人からのインフォーマルなサポートや制度に則らない支援者からの支援などが生活を作っていくことを支え，助けになること'である。

> 「友達の所と私の部屋が，もうベランダ越しに見えるんですよ。だから，何かあった時に来てもらえるようにと思って近くに行ったんです……。暮らせる状態に，食器棚からお皿まで家の中に配置してくれて。それも全部友達が用意してくれた。」
> 「体の調子もそんな状態だったし，で，働けるような状態じゃなかったし。でも相談員の方が，ハローワークに連れて行ってくれて，その失業保険を３カ月ぐらいもらえるような手続きをしてくれて。」
> 「私の場合は，乳がんの手術したんですけど，その時の診断書というんですかね，カルテですかね，そんなのをみんな新しい病院の方にFAXで送ってもらうようにとか，いろいろな手続きとかしてもらえて。で，その相談員さんが前の病院の方まで出向いて行って，必要な手続きをしてくれたりとか。"もう怖くてよう行きません"っていうような状態だったんで，そういうのもみんな代わりにしてもらって，本当にありがたかったなって思っているんです。」

前者は，友達が生活物品の用意も含め様々にサポートしてくれた中で新しい生活を始めることができた様子を語り，後の２つは支援者によるハローワークの同行や医療受診のためのサポートについて語っている。このようにインフォーマルなつながりがもたらす支援や制度には規定されない柔軟でこまやかな支援により，生活が成り立っていく。

そして，日々を必死に生きる中で『安心が感じられる』ことと，『明日はやってくる』という〈大丈夫が増える受動的側面〉も加わり被害者は〈生活を作っていく〉ことができる。

『安心が感じられる』とは，'他者や新しい生活の中で安心や安全感が感じられること'である。

第6章　生活の再生プロセス

「自分の空間をね，いただけたので，<u>安心できる場所。ホッとできる場所。</u>ああいう施設があることは，<u>ホッとできる場所，何も考えないで，暴力を考えなくていい施設が大きいと思います。そこで生きる力をいただきまし</u>たから。」

「守られているという，私が行くところは。<u>一応守られているという安心感はありましたね……，保護命令も。気持ちの上で支えになった，守られているということで，ありがたかったですね。</u>」

　前者は施設で感じられた「ホッとできる」，後者は保護命令により「守られている」と感じられたことを語る。安心感や安全感が持てることは，日々を必死で生きる被害者の心を救うととともに，生活を作っていくことを支える。

　『明日はやってくる』とは，'時の流れや偶発性にも助けられ，気づけば1日1日が過ぎている状態のこと'である。

「（DVの中にいる時は）未来の無い状態で生活していたから，<u>明日って来るんだな勝手に</u>，という感じ。<u>明日って，ちゃんとやってくるんだなという感じ。</u>」

「<u>1年までは，アッという間でした。</u>家に何もかも購入するでしょう。はじめはお金も，どんどん出ていくし，<u>1年くらい経ったら，流れがようやくわかるという感じだった。</u>」

　この時期の被害者は先の見通しや目標を定めて生きているというより，むしろ目の前にある課題に何とか対処し，日々を何とか生きのびる。その中で，1日が終わり，明日が来るという生活を送っている。その流れていく時間が，〈生活を作っていく〉被害者にとって大きな味方となる。『安心が感じられる』『明日がやってくる』という〈大丈夫が増える受動的側面〉も作用し，生活が少しずつできていくのである。

（4）〈関係の線を引いていく〉

　DV関係から真に脱却するためには，新しい〈生活を作っていく〉だけでは

141

なく，『残った関係が重い』状態から解放されるため〈関係の線を引いていく〉ことが必要となる。これは，離婚手続きを行うなど法的関係を解いたり，加害者の侵襲に対応することを指す。

　　「調停で離婚したんですけど，弁護士をお願いしたんです。<u>普通の話ができる相手じゃないんで，DVの人は。</u>」

　離脱後のこの時期に〈関係の線を引いていく〉作業をする必要があることは，DVの特徴である。暴力のある関係において，相手との間に対等な話し合いは成立せず，多くの場合別れ話は暴力をエスカレートさせる。そのため，被害者はまずは家を出るなど物理的に距離をとり，一定の安全を確保した後のこの時期に，離婚などの法的な関係を解く手続きが必要となる。つまり暴力関係から「離脱」後のこの段階に，再度加害者と何らかの形で向き合う必要が生じるのである。一方，安全の思慮や使うエネルギー量などの現実を勘案し離婚手続きをせず，「そのままにしておく」ことを選択している被害者もいた。
　被害者は，『権利のために戦う』ことや『極力戦わない』ことをその都度選択しながら，〈関係の線を引いていく〉ために動く。
　『権利のために戦う』とは，'受けてきた理不尽な暴力や扱いに対して「NO」を言い，権利を取り戻すために力をそそぐこと'である。

　　「<u>裁判で，とことんあったこと全部言って，解決してから離婚するって決めました</u>……。お金も取られて，車の中の暴力，だって死ぬかと。悔しさみたいなのが，それが自分の中にあって，<u>それで戦わなあかんと思った。</u>」
　　「何回私を殴ったよねとかではなくて，私は暴力を受けて，ほんとに寂しかったし，苦しかったし，最後まで理解できなかった，私が望むことは謝ってほしい，<u>私が殴られるような人間ではないということを，あなたに認めてもらいたいということを，裁判で私は主文にしたんですよ。だから，自分への権利回復ですよ。</u>（「それは家を出る時の行動とはまた意味が違う？」という問いに対して）全然違いますね。家を出る時はもうとにかくなんか，もうとにかく出たかった，もう無理っていう所なんで，その時はもう殺されな

かったらいいやって思ったんですけど。」

　家を出た時やその直後の被害者が，命や心身を守るため物理的に加害者から
離れるという第1の戦いをしていたというなら，関係離脱後のこの時期の被害
者は，〈関係の線を引いていく〉という作業を行う中で，自身の権利を取り戻す
ために第2の戦いを行っていたともいえる。

　　「私の親が干渉して過干渉だったから別れるって言ってきて，違うんです
　　けど。暴力のことは無かったことにして，私の気持ちとか私の存在とか完
　　全に無視した形で。」

　このように『権利のために戦う』も，被害者の思いに沿った結果や加害者か
らの謝罪は得られない現実もみられた。
　『権利のために戦う』一方で，戦いで不毛に消耗することを避け，『極力戦わ
ない』ことを選択し，今を生きることに専念する姿もみられた。『極力戦わない』
とは，'関係を切ることを第1に，最低限の要求に留め，相手と対峙することを
極力避けようとすること'である。

　　「ともかくその当時は，もう私は何もいらん，何もいらないから，ともかく
　　あの子どもだけ頂戴ということで，そやから養育費ももらってない。とも
　　かく籍抜いて，ともかく離れたい，その人と。」
　　「私は慰謝料をとるのが怖かったんですね。(相手の)給料も少ないし，せ
　　めて家だけでも与えておけば勘弁してくれるかなと。」

　被害者は離婚の成立などの〈関係の線を引いていく〉ことだけを目標とし，
本来なら得ることができるはずの養育費や慰謝料の請求を行っていない。それ
ばかりか，加害者の転居費用や債務を負担する調査協力者もみられた。
　『権利のために戦う』ことも『極力戦わない』ことも，いずれも過去や関係を
清算するための必然として加害者や自己の過去，またそれらと「戦う」ことに
向き合うことが求められる経験である。被害者は現実や自己の感情を査定し，

「戦い」のあり方や折り合い所を決定していた。

　いずれにせよ〈関係の線を引いていく〉ことは，被害者にとって大変な課題であり，強い負荷がかかる。『法的・安全支援を得る』ことは被害者に現実にパワーを付与し，加害者との関係を切ることを促進することにつながっていた。『法的・安全支援を得る』とは，'警察から安全を守る支援や弁護士などから法的な支援を得ること'である。

　　　「一度，警察から注意をしてくれたんですよ。婦警さんに（相手が）怒鳴って手がつけられないようになって，そこから（警察の）態度が変わって"あまりひどいならストーカー規制法も考えてやっていくから"と離婚後のサポートを考えてくれて。子どもに会わすことについても"警察の施設を紹介するから"と，それだけでも安心感が増しましたね。"警察は何も手出しできないと，保護命令が切れたら"（とそれまでは言われていた）。それが緊急な時に，どうにもしてもらえないのがね，怖かったんです。保護命令が切れる前に不眠症になってきてね。でも，"今度はストーカー規制法がありますから，何かあったらすぐ電話してきて下さい"と積極的に。こっちから相談して，それに答えることが多かったのが，積極的に親身になってくれている感じがありました。」
　　　「弁護士さんからはすごいなんかあった，特に○先生に会ってからは，特に，全然前の弁護士さんと違って，力があって，すごいなって，信頼できて。」

　前者は，警察が加害者に注意してくれたことや親身に対応してくれるようになったことで救われた様子を語っている。後者は，2人目に出会った弁護士に力を感じたという語りである。このように『法的・安全支援を得る』ことにより，被害者は心強さとともに実際に関係を切ることにつながる力を得ていた。一方で，前者は当初は警察から「何も手出しできない」と言われる経験をしており，後者は1人目の弁護士からは十分な対応が得られなかったことも読み取ることができ，紙一重の中で得た支援であるともいえる。

　また，〈関係の線を引いていく〉ための手続きを進め，加害者と対峙する必要がある被害者にとって，この時期『精神的サポートを得る』ことが支えになる。

第6章　生活の再生プロセス

『精神的サポートを得る』とは，'関係の線を引いていくという多重な負荷のかかる時期に，他者から有形無形に支えられること'である。

　「仕事しながらなので，時間的制約もありますので。その間に（裁判の書類を）仕上げていかないとダメなので。作業しやすいように，時間を親や弟がサポートしてくれたのが大きかったです。」
　「本当にへたり込むって，もう自分の中でイメージ，考えができてたので，"取り下げろや"って言われたら，"はい，取り下げます"って言いそうやったので，会ったらどうしようと思って。駅で，行く途中は駅で待ち合わせして弁護士さんについて調停のお部屋に一緒に行かせていただいたんです。で，帰りは駅までは弁護士さんが連れてきてくださって，で，その駅には調停の日には友人が待ってくれてて，その友人に連れられてその時住んでいた家に帰ったんです。」

　これらの調査協力者は，離婚手続きのプロセスを実質的に精神的にサポートしてくれた他者からの支えについて話す。『精神的サポートを得る』ことは，〈関係の線を引いていく〉ための大きな負担を抱える被害者の救いとなっていた。このように被害者は，〈関係の線を引いていく〉ために〈大丈夫を増やす主体的側面〉を発揮するとともに，〈大丈夫をもたらす支援的側面〉に支えられ，〈関係の線を引いていく〉作業を進めていく。
　一方で，〈関係の線を引いていく〉ことは，相手があることであり自分自身だけで決めていくことはできないという現実認識の下，弁護士や裁判制度，相手方の出方などの『流れに委ねる』必要もある。『流れに委ねる』とは，'関係を切る手続きは自分自身の思いだけではどうにもならない部分があることから，一定程度流れに任せること'である。

　「進むのが1カ月に1回のペースで，弁護士さんに（書類を）出したりと，時間がかかるのは仕方がないのかなと。陳述書を出して，相手も無茶苦茶言ってきていましたし。」
　「弁護士さんも調停の裁判官も"この人は一筋縄ではいかないから，裁判に

145

なったとしても長い時間がかかってしまう。結果が出ても認めないタイプの人だから調停で時間をかけてゆっくりと説得していった方がいいんじゃないですか"と言って，かなり長い間，1年半，離婚の話し合いをして。」

　これらの調査協力者らのように，急いで〈関係の線を引いていく〉ことに躍起になるばかりではなく，今ある生活が脅かされないように，また専門家の助言を受け入れるなど『流れに委ねる』こともしていたといえる。これは，〈大丈夫が増える受動的側面〉といえる。
　一方で，局面で〈関係の線を引いていく〉ため，強い『パワーが発動される』ことがあった。『パワーが発動される』とは，'関係を清算するためのここぞという局面において，集中的に力が湧き上がること，また力を使うこと'である。

　「ちゃんとサインしてくれなかったら，裁判でもなんでも訴えるし，というふうにかなりポンといきましたね。結構あの時は怖かったけどもね，だって支配されていたというのがあるから蛇と蛙状態。向こうは蛇でこっちは蛙。飲めると思っているみたいな。でもそこは負けてはいけないなと，そこで，即離婚することができました。」
　「陳述書を徹夜して（書いて），1週間寝なくて，仕事もいっぱいして……，会社から調査官に電話して，誤字だらけの陳述書を，……気が狂いそうでしたね。精神的にギリギリで，仕事もできなくなる一歩手前で，廃人になるような感じでした，最後の1カ月は。サバイバルというか，生きた心地がしなくて。今の生活なんて，幻という感じでした。それが終わるまでは。いつ逃げて，どんな悲惨な生活になるかと。」

　前者は，家を出てからしばらく後に協議離婚のため加害者と面と向かうこととなった際のパワー発動の様子を語り，後者は離婚裁判の書類作成の際のパワー発動の様子を語っている。状況を受け入れ『流れに委ねる』ことと，要所要所において相当な『パワーが発動される』ことの両者により，〈関係の線を引いていく〉ことがなしえていた。

第6章 生活の再生プロセス

（5）〈心の線を引いていく〉

被害者は，離脱後のすぐの時期だけでなく〈生活を作っていく〉〈関係の線を引いていく〉プロセスにおいて，重い『支配の呪縛に苦しむ』。しかし，〈大丈夫を増やす主体的側面〉として『ぐったりしのぐ』こと，『怒りが噴出する』経験をしながら，〈大丈夫が増える受動的側面〉として『からくりに気づいていく』こと，『真逆を体感する』こと，『被害者性の獲得』をすることにより，〈心の線を引いていく〉。〈心の線を引いていく〉ことを支えたのは，〈大丈夫をもたらす支援的側面〉による『リフレーム情報を得る』ことと，『健康な関係を得る』ことであった。

『ぐったりしのぐ』とは，'倒れこむような動けない時間を過ごし，今そのときを乗りこえること'である。

> 「あまりいろいろな人と話しているとしんどくて，壁を立てるというか，現実はあまり向き合いたくなくて。」
> 「何もしたくなくてできなくて，寝てばかりいました。でもそれは必要な時間であった。」

『ぐったりしのぐ』とは外界からの刺激を最少限にして，やり過ごすことで今を乗り切る対処法であるといえる。宮地（2016）は，「しのぎ」という言葉を，「時間凌ぎ…（中略）…なんとか間をもたせる，生きのびるということ」であると述べている。『ぐったりしのぐ』ことは被害者がエネルギーを回復させるために必要な時間であり，かつ支配の呪縛や困難な状況から受けるダメージを緩和させるための肯定的でかつ主体的な対処行為であるといえる。

一方で『怒りが噴出する』。『怒りが噴出する』とは，'それまで蓋をしていた怒り感情の蓋が開きその感情に翻弄されること，また，怒り感情が高まること'である。これまでの「暴力のある生活」の中での怒り感情の表出は，相手の怒りや暴力を誘うことになる。そのため怒りの感情に重い蓋をしていた被害者が，加害者から離れたこの時期に，蓋が一気に飛んだように自らの怒り感情に翻弄されるような状態になる。

147

「絶対それは絶対，戻らない，戻りたくない。でも顔みて私が殺してしまったらどうしようっていう不安も。許せない気持ちがすごかったんで……，怒りがあったんですね。怒りがもうすごかったんで。」

「もう何か本当にもう火山が爆発したみたいな感じで，今までもくつくつ煮えたぎっていたと思うんですけど，口には出せなかったし，そのとても自分もすごい被害者になっちゃって，とてもじゃないけどひどい家に入れなくなるから，現実を見ないようにしてたんですけど。でも，一旦爆発するともうもう絶え間なくすごい状態になって，自分にもすごい腹立ちましたしね。ありとあらゆることに怒りがもう，噴出してきて。」

　これらの語りのように，この時期，感情が怒りとして表面化することが多くみられた。その怒りは本来，自分自身に理不尽な暴力を振るってきた加害者への怒りであったり，暴力を受け入れてきた過去の自分自身への怒りであったり，多くの喪失への怒りであったりすると推測できる。感情の蓋が開くこと自体はネガティブなことではなく，自分自身の感情が解放されていく重要なプロセスである。その怒りの感情を持て余した矛先が身近な人に向くこともみられた。

「なんかなんにでも腹が立って，今の言い方，何なのってキレそうになる。」

「もう私がイライラ溜まってて，もうすごいストレスですかね，すごい子どもに怒って自分がね，叩いたりした時があったんですよ。それをしてしまったら，私，DVの被害者やのに，こんなこと，虐待みたいなことをしてるやん，みたいな，思って。そういえば1回ね，○さん（相談員）に泣きついたことがありました。泣きついて，もう自分でもどうにもできないって相談したことがあって。」

　前者の調査協力者は周りの人に腹立たしさを感じその感情を持て余したことを語り，後者の調査協力者は子どもに怒りの矛先を向けてしまったことを語るとともに，支援者に泣きついたエピソードを語っていた。この時期の被害者が強い感情の噴出や高ぶり，とりわけ怒りの感情を経験し，その感情が身近な人に向かうことがあることへの理解が必要といえよう。

『ぐったりしのぐ』ことは快活に動かない自分に，『怒りが噴出する』ことは感情を爆発させる自分に，被害者はそれぞれ罪責感や自己嫌悪感を抱き，自己評価を下げてしまいがちな経験である。しかし『ぐったりしのぐ』ことで，心や体の体力を充電するとともに激しい心の動きや衝動性を伴ってしまいそうな行動を制御し，逆に『怒りが噴出する』ことで，閉じ込めていた心を解放しているともいえる。この双方の作用は，〈大丈夫を増やす主体的側面〉として被害者の心を再生していくことに大きく寄与する。

　他方，プロセスの中で〈大丈夫が増える受動的側面〉が発揮され，心の線が引かれていくことがみられた。〈心の線を引いていく〉ためには，自分自身に何が起こっていたのか，自分自身に何が起こっているのかが客観視できていくことが必要である。他者や外界から『リフレーム情報を得る』ことにより，雷に打たれたように状況の客観視がもたらされ『からくりに気づいていく』場合があった。『リフレーム情報を得る』とは，'自身の状況を俯瞰的に捉えなおす情報を得ること'である。『からくりに気づいていく』とは，'これまで支配されていたことや支配されていたことによってもたらされていた不利益，痛み，理不尽が何であるかということに気がついていくこと'である。

「パンフレットで説明してもらって，全部あてはまるよなっていうのがあって，当たっていたのでびっくりしました。まさしくこのことだって自分だって思いました。」
「自分はすごく自分一人で寂しい思いをしている，こんな思いをお父さんにさせてよいのかと子どもに訴えたり，裁判所でずっと泣いていたりとか。健康診断で引っかかって死にそうだとか，食事が食べられないと訴えてきたかと思ったら，次は逆ギレ状態で怒っていて，学校を辞めさせると脅したりとか。自分が暴力振るって，もう千度謝ったやないかと言ってくるんですが，軽い扱いしているなぁと感じられる所があったりと。担当の人にも言われたんですけど，DV特有な所が出てきているって。なので，やっぱり一緒に生活していくっていうのは厳しいなとすごく感じて。」
「私の場合は裁判していたので，日に日にその夫が"あっ，こんなにくだらない人だったんだな"とか，"あっ，こんなふうに暴力でコントロールされ

ていただけだったなんだな"って，そのからくりがわかった感じ。」

　支援者からの説明やパンフレットの情報，裁判での加害者の態度などはリフ
レーム情報となり，支配のメカニズムがみえてくるようになる。被害者は魔法
が解けるように『からくりに気づいていく』ことにより，それまで大きな脅威
であり絶対的な存在であった加害者の存在が小さいものに感じられていくととも
もに，関係に戻れないこと戻らないことが，より鮮明になる。
　さらに，他者や外界との脅かしの無い『健康な関係を得る』ことで，不健康
な加害者との関係との『真逆を体感する』。それにより刷り込まれてきた呪縛
が嘘であることに気づいていく。『健康な関係を得る』とは，'これまでの加害
者との不健康な関係とは異なる安全や尊重のある関係を得ること'であり，『真
逆を体感する』とは，'今まで加害者との関係で苦しめられてきたことや体感し
てきたこととの真逆の経験をすること'である。

　「（職場で出会った）ここのご夫婦っていうのはなんか，いつでも帰っておい
　でっていうぐらいの感覚で接してくれるって，人ってあたたかいもんだな
　って……。すごく親切に接してもらうっていう，なんか，そういうので閉
　じ込められていたというか，その生活の中では感じられなかった人とのつ
　ながりっていうのを，何か常に感じられた。」
　「ほんとに毎日の生活の中で，たとえば電車に乗っている時にも，結婚して
　いる時は全員の男の人がたぶん私のことを殴りたいと思っているとか，
　スーパーに行っても買い物するだけでも私はたぶん，バカって思われてい
　るとか，たとえば，かごの中を見て，特売品ばかり入れていたらこんな女
　はバカって，こんな安い物ばっかり買って，なんかスーパーに迷惑ばかり
　かけてとか，いつもごめんなさいって気持ちばっかりだったから。でも，
　そんなことないんだなって，別に自分がしたいことしても，そんなに他人
　に迷惑ってかかってないし，みんながみんな悪い人じゃないし，暴力なん
　て，まして振るうわけないんだなぁっていうことに，毎日気づいて，です
　ね。」

第6章　生活の再生プロセス

　新しい生活の中で，暴力や脅かしを受けない当たり前ともいえる経験の積み重ねが，加害者からの「バカ」であったり，暴力を受けても当然であるという刷り込みが嘘であるという『からくりに気づいていく』様子がうかがえる。

　また，この時期にDVの被害者であるということを認識する『被害者性の獲得』をしていく姿がみられた。『被害者性の獲得』とは，'自身がDVの被害者であることや理不尽な状況にいたことを認識すること'である。

　　「初めて自分の中で被害者であることを認識して受け止めて，これを持って，戦おうっていう感じですよね。（「なるほどなるほど，離婚を戦う時にDVなんだっていう所で戦うという所なんですね？」という問いに対して）そうですね。やっぱり自分に名前がないと。それまで名前さえ与えられない状態で生きていたから，お前はバカとかカスとか，だったじゃないですか。そうじゃなくて，私はDV被害者っていう所で。だから私っていう，アイデンティティは今の所こうでこうでとか，私は今エネルギーが無くてとか，自分自分に教えてあげる作業はすごく大事でしたね。」

　この語りのように離別を決意した時期でも，離脱のための行動をとった時期でもなく，離脱後のこの時期に自分自身が被害者であることを認識しているケースが見受けられた。そして『被害者性の獲得』は，〈関係の線を引いていく〉プロセスと相互作用し，『権利のために戦う』エネルギーにもなっていた。

　ここまでみてきたように〈心の線を引いていく〉プロセスは，〈生活を作っていく〉こと，〈関係の線を引いていく〉ことと緊密に関連する。〈生活を作っていく〉中で健康なつながりを得たり，安心を感じることで，「暴力のある生活」との『真逆を体感する』経験をする。〈関係の線を引いていく〉という離婚などの書類の作成や加害者と直面する場面で理不尽に曝されたりする中で，加害者の言い分が理にかなっていないという『からくりに気づいていく』。このように被害者はこれまで内在化してきたネガティブな信念が，加害者や暴力によりもたらされていた偽りであることに気づいていき，少しずつ支配の呪縛が解け〈心の線を引いていく〉。

151

（6）内外からの痛みと脅かしの中での困難

被害者は〈喪失し，重荷をおう〉状態から〈生活を作っていく〉〈心の線を引いていく〉〈関係の線を引いていく〉中で，《大丈夫を増やしていく・大丈夫が増えていく》。しかし，そのプロセスは容易ではなく，〈外からの脅かしに苦悩する〉〈内なる痛みに苦悶する〉という困難な経験が伴う。ある調査協力者は，離脱後数年の自身の状態を以下のように語る。

> 「とにかく最初の1年はもう地獄でした。追いかけてくるんかなとか，私がやったことっていうのは間違ったのでないかとか，後は，もうどうしてこんなに苦しまないといけないという，自分に対してももうバカだったと思うし，相手に対しても許せないっていう気持ちで，とにかくしんどかったし，裁判っていうのは特に1年しんどかった……。私は何をしたんだろうとか，すごく経済的に苦しかったし，離れなかったら今頃こんなことなかったのになという後悔とか，もしかしたら戻った方がよかったんかなとか，でも絶対戻りたくないとか。」

このように生活を再生していくこの時期，被害者は多くの苦悩や苦悶にもがく経験をする。以下に，〈外からの脅かしに苦悩する〉〈内なる痛みに苦悶する〉の2つのカテゴリーをみていく。

1）〈外からの脅かしに苦悩する〉

被害者は，加害者からの『侵襲に消耗する』経験や世間や他者からの『人に傷つく』経験という〈外からの脅かしに苦悩する〉。

『侵襲に消耗する』とは，'加害者からの嫌がらせや追跡が続くことに恐怖を感じたり，心をすり減らしたりすること'である。

> 「離婚の話し合いをしている時に，あまりにも実家にも来るし，自分の好き勝手なことを言って，家の前で見張っていたり，ということが多々あったので，実家の両親の家の近くにワンルームマンションを借りたんです。私がここにいなかったら来ないだろうと。ところが，居所をつきとめて"家

の前におるから降りてこい"とか。」

「向こうの言い分っていうのが（裁判の書類で）送られてくるんですけど，もうそれが見るのが嫌で，情けなくて。」

　前者の調査協力者は，実際に加害者のなおも続く追跡や脅かしに苦悩し，後者は，裁判の中で送られてくる加害者からのメッセージに消耗していた。このように一部の被害者は，実際に加害者から続く『侵襲に消耗する』。

「たまたま実家の近所に，そっくりな人が歩いてたんです。実家からマンションに帰る時，私は"そうかも"と。早足で歩いていて"今の後ろの人，お父さんに似てたな"と言って，（子どもと）２人とも怯えてね。」

　先の調査協力者とは異なり，実際には加害者の脅かしが無かったものもいたが，その場合でも加害者の影に怯えるという恐怖心を抱えての生活であった。
　また，'身内に理解されなかったり，生活や離婚の手続きの中で出会う人の言葉や態度に心が折れたりする' という『人に傷つく』経験をする。

「親とも決別しましたし，やっぱり離婚ということに対して理解されなかったから，友達も何人かはいなくなりました。」

「変な眼で，すごい興味ありげに，にやにやという感じで，なんかこう，"別れたのなんで" と言われて……，厳しいねんなというのを，もうすごい身にしみて感じて。」

　このように〈喪失し，重荷をおう〉状態から始まった生活の中で，さらに外側からのしかかってくる脅かしや無理解に，被害者はさらに傷を深めていた。

２）〈内なる痛みに苦悶する〉

　被害者は，〈外からの脅かしに苦悩する〉ことに加え，〈内なる痛みに苦悶する〉。新しい生活の中の被害者は『疲弊混乱状態』にある。『疲弊混乱状態』とは，'疲れ果てるとともに混乱した状態になること' である。

「何回も何回もこう気分が悪くなったり，吐きそうになったり，もう何が何だか訳がわからない状態やったんで，毎日。」

「未経験の事ばかりで手探りですね。気持ちも含めて，ものすごく大変でした。入院も（しました）。一気に押し寄せてきて，忙しさと心の辛さが。不安もありますし。今でこそ安全に暮らしているとわかるけど，その時はいつ，どんな目にあってもおかしくない……，悲劇ばかり想像していました。」

　多くの被害者が体調を壊したり，精神的に混乱をきたし不安定になったりと，とにかく大変であり，とにかくしんどかったとこの時期の自分自身を振り返る。
　また，被害者に子どもがいる場合，被害者が苦悶する１つに子どものことがある。子どもは被害者にとって後述するように生きる源であり，がんばりの源であることは変わりない。しかし，被害者が多くの〈喪失し，重荷をおう〉状態で生活を始めていると同様に，子どもも多くの〈喪失し，重荷をおう〉経験をした状態で新しい生活を始めている。その中で子どもは様々な症状を発し，被害者は‘子どもが苦しむ様子に心を痛めたり，子どもが表出した行動面の荒れに苦悩したりする’という『子どもの苦しみと荒れに苦悶する』経験をする。

「子どもたちの精神的なケアをするのに，私もボロボロ状態。子どもの不安も，すごい。転校しないといけない子どもの不安が，どれほどのものだったのかと思う。私も精神的に参って，ぎっくり腰になって，仕事を探さないとダメやのに，役所に行くのにお古の自転車をもらって，漕いで，漕いでいるうちに腰が悪くなって，ぎっくり腰になって。子どもに食べるもん買ってきてもらって，子どもの不安は，どれだけのもんやったんやろかと思って。長男は唾を飲み込めなくなったんです。ゴックンができなくなって。精神的なものや，と思うんですけど。長女も，学校に行きたくないと言って，そんな感じで，皆……。最初はしんどかったです。新しい生活に慣れることが。」

「長女は家を出てすぐ，私に荒れて，情緒不安定で泣いて，暴力しか見て育ってきてないので。私たちの夫婦の喧嘩で，家の中は修羅場状態で，暴力

で訴える手段しか，わからないんです。私に叩いて，つねって，噛んできたり……，ここへ来てからも，青痣で隠していかないといけないのかな，と思ったんです。」

このように母子ともに，新しい生活は大変なことである。子どもはそれまで抱えていた様々なしんどさから生じる課題や，逆に加害親との生活では表出していなかった，また蓋をしていた苦しみや荒れを様々な形で表出する。被害者は子どもの苦しみや荒れに心を痛めるとともに，その対応に苦悩する。

以上でみてきたように，新しい生活への踏み出しの中で，《大丈夫を増やしていく・大丈夫が増えていく》が，それに付きまとう形で，〈外からの脅かしに苦悩する〉ことや〈内なる痛みに苦悶する〉ことが生じる。被害者は多くの場合，その痛みや脅かしを減らすため対処することや，その痛みや脅かしがあることさえもエネルギーとして，〈生活を作っていく〉〈心の線を引いていく〉〈関係の線を引いていく〉ことの3つの課題に取り組んでいた。

しかし，外からの脅かしや内なる痛みが大きすぎ，被害者の苦悩や苦悶が深まれば，被害者は〈決定的底打ち実感〉に導かれた自身の離別への選択にさえ『ぶれそうになる』。『ぶれそうになる』とは，'意思をもって選んだはずの離別の決意が揺らぐこと'である。

「経済的にやっていけないって不安で，さみしいって，夜に衝動的に電話してしまったことがある。自分でも何でやろうって今でも思うけど。」
「離れたせいで，こんなにしんどいんかと思ってね。それなら，殴られるけど，この先みえないこのしんどさよりは戻った方がましなのかとか。」

経済的な立ち行かなさ，孤独感，『疲労混乱状態』などが高じた際に，被害者は『ぶれそうになる』。前者は実際に加害者に電話してしまった経験を語り，後者は踏み出した後のしんどさと元の生活のしんどさの間を揺れ動いた様子を語る。また，ある調査協力者は，『ぶれそうになる』自身のこの時期の内的な葛藤の様子を，以下のように語る。

「気持ちもね。今日の気持ちと昨日の気持ちは全然違ったり，ね。やっぱりその保護命令もらっても，こういうことして，果たしてこういうことして自分は良かったのかなって，迷いながら迷いながら，悩みながらしんどい思いして，自分のしている行動はこれでよいのか不安になったり，間違ったことしたんじゃないかとか，こう思い悩みながら。やっぱり（相手の）ご両親がどう思うんやろか，そういうことも思うと，すごく抱え込むのが大きすぎるんじゃないかなとか，頑張ろうという気持ちがすごく罪悪感に思えたりとか，私のしたことが果たして良かったのかなとか，すごく自分の中も悶々と，信じているにもかかわらず不安になったりとか苦しんだりとか。」

（7）新しい生活を築いていくことを支える原動力

〈外からの脅かしに苦悩する〉ことや，〈内なる痛みに苦悶する〉ことに拮抗する形で，加害者の元には戻らないでこの時期を生きることを支え，生活を築く原動力となるのは，〈つながりに救われる〉という他者との関係と〈「暴力のない生活」は何事にも代えられない〉という被害者の中に生じる実感覚である。

1）〈つながりに救われる〉

『生活の断絶』の中で他者との関係をも喪失し，さらに〈外からの脅かしに苦悩する〉被害者であるが，結果的に多くの他者からのサポートや関係につながることで生活を構築していた。〈生活を作っていく〉〈心の線を引いていく〉〈関係の線を引いていく〉という3つの課題に取り組むプロセスの中で，〈大丈夫をもたらす支援的側面〉をもたらすつながりが大きな役割を果たす。

「誰かやっぱり相談相手になってくれたりとか，誰かがいてるというのは本当に大きいし，あの，独り立ちするっていうためにも。」

このように語られるように，応援し気にかけてくれる他者がいること，助けを得ることは，被害者が生きる基盤を構築していくことを直接的かつ間接的に支え，被害者は〈つながりに救われる〉。ここでの他者とのつながりの様相は，3つの概念で説明できる。

第6章　生活の再生プロセス

　1つ目は，『残した味方に救われる』である。『残した味方に救われる』とは，
'多くの他者との関係を喪失する中で，味方と感じられる人がいること'である。
調査協力者たちは，多くの他者関係を切ることにより新しい生活を始めていた
が，かろうじてそれまでに関係があった少数の他者とのつながりを保持してい
た。

　　「2人だけね，絶対この子は大丈夫やっていう子だけは，何回か会いました。
　　施設にいる時に。お互い1回ずつですかね。それはもう私が遠くへ出向い
　　て行って，会いましたね。」
　　「仕事の人が理解してくれて，いつも通りにしてくれて，でもなんかあった
　　ら聞くよとか。」

　そのつながりを残す他者を誰にするのかは，「この子なら大丈夫という子と
だけ」と語られるように，被害者自身が安全の査定を行いながら決定していた。
そして，実際にこのつながりは被害者の味方となる拠り所となっていた。
　2つ目は，『新たなつながりに救われる』である。『新たなつながりに救われ
る』とは，'新たな生活の中で出会った他者に支えられること'である。

　　「(新しい役所に)〇〇さん(相談員)がいてはったっていうのが，だいぶ私に
　　は大きかったですね。全く知らない土地で誰を頼りにしていったら良いの
　　かもわからない，っていう状態だったんで。」
　　「〇市に来た時も，市役所に最初に行って，こういう状態ですと，ここに来
　　させてもらいました，と言った時に相談員の方が，"前の所ではどんな方に
　　対応してもらいましたか"(って聞かれて，担当者の)名前も言って，すぐに
　　電話連絡をしてくれて，"了解しました。ここで生活していきたいという
　　意思があるということでしたら"と，そこで手続きをトントントンとして
　　下さって。〇市に助けてもらって，いろいろなことを教えて下さったんで
　　す。」

　このように語られるように新しく暮らす地で支援が得られること，そこで

157

コーディネートを果たしてくれるコアとなる支援者を得ることは，被害者の大きな支えになっていた。他にも，近くの交番の警察官，新しい職場で出会った親切な上司，同じ施設に入所している同じくDV被害経験のある入所者の存在などが語られた。

3つ目は，『子どもががんばり源』である。『子どもががんばり源』とは，'子どもの存在が今を踏ん張って生きるエネルギーそのものであり，特別な存在であること'を指す。

> 「子どもがいるから，ここで負けてられない。生活を立て直さなきゃという感じで。」
> 「もしも子どもがいなかったら，ものすごい辛い時に，私は頑張れたんだろうかと。あの時に頑張れなかったかもしれないと思う時もありますし"子どもたちがいるから，子どもが大きくなるまで，ちゃんと守っていかないといけない"と思っていますし。子どもの存在は，かけがえのないものだなと思って。」

被害者は『子どもの荒れと苦しみに苦悶する』一方で，子どもを有する被害者は子どもの存在の大きさを語る。被害者にとって自分が何とか守っていかなければならないという責任を抱く存在であるとともに，被害者が踏ん張って生きていく大きな力の源であった。

2）〈「暴力のない」生活は何事にも代えられない〉

離脱後の生活の中で感じていく〈「暴力のない」生活は何事にも代えられない〉という実感覚は，被害者の新しい生活の踏み出しとともに，その後数年に及ぶ困難な中で新しい生活を築いていく被害者を大きく下支えすることとなる。

> 「やっぱり暴力から解放され，安心して夜もぐっすり眠れる生活というのは，何事にも代えられない。」

被害者は生活の中で感じる日々の『小さな幸せに強化づけられる』。『小さな幸せに強化づけられる』とは，'加害者との生活では得られなかった笑いや幸せ，

第6章　生活の再生プロセス

安堵を感じる瞬間を経験することが，新しい生活を作っていくことの原動力と
なること’である。

　「大変なんですけど，でも（子どもと）3人で，こたつに座ってテレビを見て
　笑った瞬間とかに“あ，これは幸せなんやな”と。」
　「本当ゆっくり夜が寝れるっていうのが，すごく何も怖がることがなくでき
　きて……，恐怖心を持たずに生活できるっていうのはこんなに楽しいんだ
　なっていう感じですね。」
　「でも，いっても現実的にいろいろな周りの人が動いてくれてて，自分もや
　っぱり，幸せに強化づけられていくんですよね，毎日。たとえば，仕事の
　帰りに弁護士さんの事務所に行く時に，ちょっとコンビニとか行って，な
　んかお菓子とか買ったりするのも，自分のお金で買っているというので，
　私生きていっているって，すごいとか。そんなんとか，なんせ，いろいろ
　な所で私生きていけているって，あっ，服買った時とかに，仕事のお金で，
　たった，2,000円の服にしても今まで，買わしてもらえなかったから，服も
　買えてる，幸せとか。そんなしょうもないことで。」

　「テレビを見て笑った瞬間」「ゆっくり夜が寝れる」「コンビニとか行って，な
んかお菓子とか買ったり」という当たり前ともいえる小さな自由やほっとでき
る感覚，楽しいと思える瞬間があること，積み重ねられる幸せ感は被害者の今
を生きることや今を大事にすることを強化づけていく。
　そして，〈つながりに救われる〉ことと〈暴力のない生活は何事にも代えられ
ない〉という実感覚により，『あの生活には戻れない・戻らない』という思いを
強固にしていく。『あの生活には戻れない・戻らない』とは，’加害者からの暴
力に怯えなくてよい生活を経験することで元の生活には戻りたくない戻れない
という感覚が強まっていくこと’である。

　「夜寝ていても，いつバッと入ってきて布団はがされて段られるかわから
　ない状態，って，またあの生活に戻るのはもう嫌やなって思った。」
　「やっぱり子どものこともみないといけないし，仕事もしないといけないし，

159

家の中のこともごはんも作らないといけないし，っていうのは本当に大変やけど，でも暴力がある家庭よりはいい。」

　新しい生活を構築していくことは大変だが，少なくとも家の中で加害者から暴力を受けたり脅かされたりすることがない。この対比を経験し，積み重ねていくことにより，『あの生活には戻れない・戻らない』という思いを強固にしていく。

　　「(戻らずに新しい生活を送っていけたのは) 応援をしてくれる人がいること，
　　その人たちをがっかりさせないというのもありますね。子どもたちを守る。
　　あんな環境の中で毎日怒鳴られて，殴られているのを目の前で見て，そう
　　いう所に (子どもを) 置くのはよくないので。(そのような生活に) 長いこと
　　いたんですけど。そこから解放される。それと自分自身の将来ですね。」

　人とのつながり，子どもの存在，「暴力のある生活」からの解放，自分自身の将来など，これらが複合され新しい生活を築いていくエネルギーとなっている。

(8)〈境界設定の完了〉

　先にみてきたように，被害者は〈生活を作っていく〉〈心の線を引いていく〉〈関係の線を引いていく〉中で，少しずつ《大丈夫を増やしていく・大丈夫が増えていく》ことにより，時間を経て〈境界設定の完了〉に至る。つまり真の意味での離脱は，この時期にようやく確定するのである。〈境界設定の完了〉のためには，『新しい生活に日常ができる』こと，『関係の区切りがつく』こと，『平気になる』ことが，その人なりの形でできることが必要である。
　『新しい生活に日常ができる』とは，'踏み出した新しい生活の中に"日常"ができてきて，加害者との以前の生活が過去のものとなること'である。

　　「その当時の生活レベルからしたら，ちゃんとお肉も食べられて。日用品
　　も普通のお店で買えるようになったし，子どもたちと遊びに行くのも近く
　　の公園くらいだったのが，遊園地にも連れていったり。」

第6章 生活の再生プロセス

「無事に生活して，今後の生活，子どもの学校とかばかりを考えていますわ，普通の人の生活ですね。」

　当初新しい生活に踏み出した時点では，不安がつきまとい，日々の生活を営むことがやっとという「一寸先は闇」のような暮らしであった。しかし，ここで語られるように新しい生活の中に「普通の人の生活」ができていき，大丈夫が増えていく中で，元の加害者との暮らしが過去のものとなり，関係から離脱したのちに作ってきた『新しい生活に日常ができる』。
　また，『関係の区切りがつく』とは，'加害者からの脅かしがなくなるとともに，離婚等により法的な関係が解消され，関係が過去のものとなること'を指す。離脱後当初に抱えていた重荷を置くことができたという意味を持つ。

「離婚ができた時。もう一気に肩の荷が下りたというか，もう"やったー"って万々歳でしたね……。（「それまで，ご自身で子どもさんを連れて逃げてこられてとか話しておられたけど，ターニングポイントっていったらその時点じゃなくって，この離婚？」という問いに対して）離婚ですね。離れて暮らしててもね，やっぱりなんか，○○さんって名前を呼ばれるのも嫌でしたし，まだ一緒だっていう……。」
「去年の夏ぐらいにやっともう連絡も来なくなって。そう。なんかやっと離れられたんかなって，いうのはあります。」

　前者の語りと同様に自身のターニングポイントを離婚が成立したことと語る調査協力者は多く，「すっきりした」「ほっとした」と区切りになっていることがうかがえた。一方で，後者の語りのように加害者からの脅かしが無くなることを関係の区切りと話す被害者もみられた。
　さらに，'生活に支障が出るほどに被害者を脅かしていた呪縛や侵入症状から開放され，影響を受けず暮らしていけるようになること'である『平気になる』ことは〈境界設定の完了〉の重要な要件となる。

「今は平気で。それが大事かなと。やっとこさ，笑えるようになったし，笑

161

顔も少しずつ。今まで笑顔なんて，ないし。笑うということがなかったというか。今は笑える，笑顔でおれるというのが何よりもすばらしいなと思います。」

「ほんとに最初の頃，1年，2年くらいは帽子を目深にかぶってサングラスをしてマスクをして（近くを）通る。車の中にいても。信号が赤になっても（気持ちが）ブルーで（本当は赤の）信号を（そのまま）スルーするという感じのトラウマが3年くらいありましたね。この頃になってやっと平気になったかなという感じですね。」

　これらの語りからは，『平気になる』には「少しずつ」と語られるように時間的なプロセスが伴っていること，「やっと」と語られるように一定の時間を経てからのことであるということがうかがえる。以下の語りから，ある調査協力者が離脱から母子生活支援施設にいた3年間で，『平気になる』様子を示す。

「新学期の始まりと同時に（施設に）入居できたので……，最初はすごく不安だったんですけど，ここまで来ないかなっていう感じで，どこかへ出かけて買い物しても夫に呼びとめられて何してるんだって言われそうで。でもだんだん慣れて，子どもたちもいっぱい友達もできて，安定して，私もすぐ仕事を見つけて，保育園もあるから，下の子が4カ月くらいから預かってもらって仕事も行けるし，すごく安心して，3年間本当に平和に暮らせました。」

　この語りから「仕事を見つけて」という〈大丈夫を増やす主体的側面〉，「（施設に）入居」「保育園」という〈大丈夫をもたらす支援的側面〉，「だんだん慣れて」「安定して」という時間的な要素を含む〈大丈夫が増える受動的側面〉が相互に作用して少しずつ『平気になる』ことがうかがえる。
　〈生活を作っていく〉プロセスを経て『新しい生活に日常ができる』こと，〈関係の線を引いていく〉プロセスを経て『関係の区切りがつく』こと，〈心の線を引いていく〉プロセスを経て『平気になる』ことによって，〈境界設定の完了〉に至る。それにより，被害者は当初抱えていた〈喪失し，重荷をおう〉マイナ

スの状態からようやく解放され，自分の人生を歩んでいくスタート地点に立つことになる。

3　〈喪失自己からの歩み〉

　被害者は関係から「離脱」後の生活を築いていくプロセスにおいて，『喪失自己との格闘』をする。しかし，『歩めている自分自身に支えられる』こと，本来の『自己がはがれ出てくる』ことにより〈喪失自己からの歩み〉を進めていく。

　『喪失自己との格闘』とは，'被害者はDV被害を経験したことにより喪失した自己に直面し，その喪失に困り，もがき苦しむこと'である。加害者との同居中の生活は，被害者にとって自分の思いや考えを表出することにより安全が奪われる生活であった。よって，第4章で示したように被害者は自己を加害者に譲り渡し自己を封鎖してきたが，暴力関係から「離脱」後にこの影響を思い知らされることになる。

　　「見た目もやつれているし，うまくしゃべれないし。平気な振りをするんで人前でね。ちょっとでもまともな人に見られたいという気持ちから……。笑っている場合じゃないのに。」
　　「なんせ自分というアイデンティティが，全部彼が自分の中にもっていってしまっているから，私っていうのを見つける作業をしないと，私を見つけようと思ったら，全部彼が言った言葉になってしまうんですよ，あんなふうに夫が言っていたから，私ってこんな人間，あれ自分で自分のことが全部わからないという感じなんで。」

　Hermanは，「複雑性PTSDの患者はしばしば，すでに自分を失ってしまったという感じを持っている」（Herman 1992＝1999：246）と述べているが，被害者はこの経験をしているといえる。被害者は新しい生活の中で，外側にある社会にうまく自分を表出できなかったり，うまく適応できない感覚を味わったりする。また，自分を押し殺していた「暴力のある生活」の中で自分という主体が「からっぽになって」いるような感覚に苛まれ，自分自身の心がどのようなもの

であるのか，自分自身の本来の姿はどのようなものであったのかがわからなくなっていることに困惑し，もがくことになる。しかし，その中でも〈生活を作っていく〉〈心の線を引いていく〉〈関係の線を引いていく〉ことを行い〈喪失自己からの歩み〉を進めていく。

被害者は新しい生活を『歩めている自分自身に支えられる』。『歩めている自分自身に支えられる』とは，'日々を何とか暮していけているという，自分自身に支えられること'である。

「ここへ来て，仕事も行きだして，自分で見つけて行きだしてからは "自分でもできるやん，生活力は無いけど，努力すれば，仕事も自分で見つけて生活もできるやん" というのが，少しずつ芽生えていきました。"やれば自分でもできるやん"，と。"お前はできへん" と言われてきたのが "ちゃんと仕事も行ってできているやん" と，自分の中で。」
「自分が頑張ろうと思ったらやれるもんやな，っていうか。まあ，子どももちょっと元気になってきたんで，ちょうどそういう時期にはなってきていたのかもしれないですけど。うーん。そうですね。最初はどうやって生活していったらいいんやろう，どうやって子どもと，とか，っていう感じで，知らない土地でとか，やっぱり自分が3人の子育てをしていく上で，ちょっと前進したんかな，みたいな感じに思います。」

加害者の影響を大きく受けた「自分はできない」という自己認識から歩みを進めていく中で，「自分にもできる」「自分が頑張ろうと思ったらやれる」という自分自身を発見し，自分自身の自己認識や自己イメージを肯定的に変化させている様子がうかがえる。

また，被害者は「暴力のない生活」の中で，『自己がはがれ出てくる』経験を重ねていく。『自己がはがれ出てくる』とは，'「暴力のない生活」を送る中で，皮がめくれていくように自分自身がよみがえってくること'である。

「今の自分は発言とかも攻撃的な所がある。あの時は，人を攻撃するのではなく，何もかも諦めていた感じで……，自分で自由に動けるというのか。

自己主張が，ちょっとはできるようになってきたかな。」

「どんどん自分の中で何人もの自分がいて，回復とともにというか，離婚を決めて，実際彼から精神的から肉体的にも距離を置くとともに，どんどん新しい自分がこれもあれもっていう要求言いたかった思いが，毎日吐き出される感じ。」

前者の調査協力者は，「攻撃的な所」「自己主張」ができるようになってきたことを，肯定的に捉えていることがうかがえる。後者の調査協力者は，加害者から離れることで，抑圧していた自分が解放されていっている様子を語る。「暴力のある生活」とは違い，自分の心で自分を生きることや，自己を表現する自由と安全が保障されたことで『自己がはがれ出てくる』ことができるようになったといえよう。このように，時間とともに「暴力のある生活」において身に付けざるを得なかった鎧が少しずつはがれていく。

4　内外の痛みと脅かしの中で境界設定を完了させていく

本章では，被害者は，関係から離脱後どのような経験をし，いかにして新しい生活を築いていくのかについて示した。暴力関係からの「離脱」直後からの生活の再生プロセスは，《大丈夫を増やしていく・大丈夫が増えていく》プロセスであった。先行研究においては，離脱後の被害者が多様な困難を経験することはすでに指摘されているが，ここでは離脱後の被害者の経験プロセスや困難の内実とそれをいかに乗り越えていくかを明らかにした。そこには，被害者の主体的側面，支援的側面，受動的側面が相互に作用することにより，被害者の内的・心理的な経験だけでなく，生活そのものの構築と加害者との関係が整理されていくプロセスがみられた。分析結果から，以下の7点がいえる。

1点目は，関係から離脱後の被害者は，大きな喪失の上に重荷を背負う経験をしている。DVからの離脱は，『生活の断絶』『支配の呪縛に苦しむ』『残った関係が重い』状態での生活をスタートさせることであり，それは被害者が新たな困難を抱えることの始まりといえる。つまり，前段階の離脱の行動プロセスの末に得た〈離脱の不可欠資源の確保〉をした時点は，被害者にとってゴール

ではなく，様々な困難な現実に対処していくことが求められる新たな試練への
スタートといえる。

　2点目は，『新しい生活に日常ができる』『関係の区切りがつく』『平気になる』
というその人なりの形で〈境界設定の完了〉に至ることが生活を再生するプロ
セスのゴールであり，このプロセスを経てようやくDV被害からの真の離脱が
図られる。被害者が加害者の元になぜ戻るかが支援現場や研究における関心事
であると前述したが，本分析の結果から，真の「離脱」は被害者が離別の決意
をした時でもなく，加害者の元を離れて新たな生活を始めた時でもなく，「暴力
のない生活」を始め，多くの困難を乗り越えて本章の生活の再生プロセスを終
えた時であるといえる。

　3点目は，離脱後の被害者が取り組む課題は，〈生活を作っていく〉〈心の線
を引いていく〉〈関係の線を引いていく〉ことの3つである。離脱後の被害者の
課題として，トラウマや心理的回復が主題として取り上げられることが多いが，
離脱後の被害者にとっては，実際には〈生活を作っていく〉ことが最も重視さ
れ，また対応が急がれる課題である。加えて，〈関係の線を引いていく〉ことを
いかになしていくかが，真の関係からの離脱のために必要となる。〈心の線を
引いていく〉ことは，〈生活を作っていく〉〈関係の線を引いていく〉というプ
ロセスにおける日常の「小さな幸せ」の積み重ねや他者との肯定的交流，そこ
で得た他者からの情報などにより促進されていた。

　4点目は，被害者自身の〈大丈夫を増やす主体的側面〉，他者からの〈大丈夫
をもたらす支援的側面〉，時の流れも味方するという〈大丈夫が増える受動的側
面〉が作用し生活の再生がなされる。つまり，この時期は，被害者自身が自ら
の生活を作っていくための主体たりうるかということ，それを支える支援が十
分あるということ，偶発性や時間も味方になってくれるというおおいなるもの
へ委ねも必要といえる。コアカテゴリーを《大丈夫を増やしていく・大丈夫が
増えていく》プロセスとしたように，大丈夫を増やしていくという能動性と大
丈夫が増えていくという受動性により，被害者の離脱後の生活そのものが再生
されていくのである。

　5点目は，被害者が離脱の行動プロセスで加害者から離れるための第1の戦
いに挑んでいるとするならば，離脱後の関係の線を引いていくこの時期に第2

の戦いに挑んでいるといえる。先行研究において DV 被害者の離婚手続きの苦労（有薗 2008；本田・小西 2010）が指摘されていた。本分析では，離婚手続きの際に加害者と再び対峙する必要がある〈関係の線を引いていく〉というプロセスの内実を示した。関係の線を引いていくことは，自分自身だけでは完結せず，加害者や法的システムという相手がある動きである。よって，状況や制度に一定委ねる・委ねざるを得ないという側面と，関係を切ることのみならず権利を取り戻すための戦いに挑むという側面の対極する動きがみられた。また，実際に〈関係の線を引いていく〉ために動くことの負担は多大であるが，加害者と対峙する「戦い」の中で被害者は状況を客観視し，自らが置かれていた支配のからくりに気づいていくとともに，多くの場合実際に関係に区切りを付けることに成功していた。

　6点目は，被害者は，脆弱さと強さの拮抗を力に変えて離脱後の生活の再生を行っていた。〈喪失し，重荷をおう〉状態から，被害者は離脱後の新たな生活を始めるが，その状態に何とか対処しようとして被害者たちは主体性を発揮する。そのプロセスにおいて〈外からの脅かしに苦悩する〉〈内なる痛みに苦悶する〉経験をするが，それに拮抗する形で〈つながりに救われる〉経験と，〈「暴力のない生活」は何事にも代えられない〉という実感覚に支えられ生きるための基盤を整えていたことが明らかになった。このように様々に出会う困難に現実的に対処しながら被害者は新しい生活を築いていた。

　7点目は，被害者に子どもがいる場合，子どもの存在がより，この時期フォーカスされる。被害者と同様に子どもも DV からの避難や転居により多くの喪失を経験しており，DV 環境にいた影響を表面化させていく。加害者と別居したこの時期の被害者の語りからは多くの子どもとのエピソードが語られ，被害者はこの時期に表面化する『子どもの痛みと荒れに苦悶する』一方で，『子どもががんばり源』となりこの時期を踏ん張っていく姿がみられた。加害者がいない中での新たな子どもとの生活を軌道に乗せるとともに，新たな親子関係の形を模索する時期でもあることがうかがえた。

5　他者との経験からみる支援の役割

（1）他者との関係

「暴力のある生活」において，加害者という侵襲的な他者との関係に脅かされ，他者とのつながりの喪失を経験してきた被害者は，結果的に他者とのつながりによって「大丈夫」を増やしていく。生活の再生のこの時期の〈生活を作っていく〉〈心の線を引いていく〉〈関係の線を引いていく〉という3つの課題への取り組みは，被害者1人で果たせるものでなく，〈大丈夫をもたらす支援的側面〉が大きな役割を果たしていた。

　生活を再生するプロセスで立ち現れる他者は，新たな生活の中で偶然的に出会った他者と，離脱前からの関係をかろうじて残した味方と感じられる他者の両者がみられた。このことから次の2点がいえる。一つは，被害者がDVから離脱し新しい生活を始める場合，新しい地域でどのような他者に出会い，どのような支援が得られるのかが生命線であるということである。もう一つは，『残した味方に救われる』ことから被害者の避難を支援する際には，被害者の喪失を減らし安心感を残す，つまり，安全を考慮しつつこれまでのつながりを保持する視点が大切である。

（2）支援の役割

　分析の結果から，生活を再生するこの時期に必要な支援は，①社会資源の助けを得る（生活を築いていく，また生活を成り立たせるための社会資源につなげ，活用を支援する），②実質的サポートを得る（困りごとに対するこまやかなサポートを行う），③リフレーム情報を得る（状況の客観視を促進し，意味づけを再構成する情報を提供する），④健康な関係を得る（加害者が行ってきた事とは対極の，支配や侵入のない健康な関係でつながる），⑤法的・安全支援を得る（離婚等の手続きの負担を軽減したり，安全を保つための支援につなげる），⑥精神的サポートを得る（加害者と対峙することになる関係を切っていく負担をサポートする），の6点である。

　離脱の行動プロセスでの支援の役割は，パワーの転回を図るための比較的短期間の支援であったが，生活の再生プロセスにおいては，被害者の「大丈夫」

第6章　生活の再生プロセス

を増やしていくための多様な支援や，多様な他者，支援やつながりが一定期間
継続することが不可欠となる。

　この時期の支援の留意事項を考察すると6点となる。

　第1に，離脱後のこの時期に直面する被害者の喪失と重荷を理解することが
必要である。支援者は，被害者が暴力関係から離れたことで問題が解決したの
ではなく，「暴力のない生活」を得ることと引き換えに，被害者は様々な喪失に
加えて，さらに重荷を背負っている過酷な状態にあることを，まずは理解する
ことが重要である。

　第2に，被害者は多くのつながりや関係を切ることで暴力関係から「離脱」
をしていたが，その中にもかろうじて関係を維持する他者が存在し，『残した味
方に救われる』ことに着目すべきである。誰との関係を残すかの選択は被害者
自身が行っており，実際につながり続ける他者が拠り所になっていた。この残
すつながりについての判断は，安全や関係性を見極めながら被害者自身が行い，
多くの場合，その選択は間違いのないものとして機能していた。ここからいえ
ることは，支援現場には関係を断ち切って避難することを求めている実情があ
るが，つながりや味方がいることが被害者を支えることを認識し，安全だけで
なく，被害者の心の安心や拠り所を大事にする支援への転換が必要である。

　第3に，この時期の他者の大きな役割は，喪失を埋めていき重荷を減らして
いく実質的な課題に対応する支援を行うことである。この時期，何をおいても
生活ができていくことが重要であり，関係を整理していくことも必要となって
いく。支援者は被害者が新たな生活を日常のものとして営めるように支援する
ことと加害者と対峙することとなる関係を切っていくプロセスへの支援が求め
られる。その支援のために，ここでは社会資源の活用やその活用をサポートす
ることが重要となる。

　第4に，新たな地域でスムーズに支援につながるように支援者間で支援をつ
なげていくことと，どの地域にもコーディネート的な役割を果たせる支援者が
いることが重要である。そのためには身近な地域での相談窓口の設置が必要で
ある。

　第5は，この時期の被害者は，『怒りが噴出する』ことが当然の反応としてみ
られるということに留意すべきである。その怒りは暴力を振るっていた加害者，

169

暴力を受けていた過去の自分，理不尽をもたらしてくる加害者，理不尽に負けそうになる自己への怒りなどと考えられるが，強い感情や怒りが身近な他者に向けられることがある。生活再生のこの時期は，怒りが噴出する時期であることを理解することで，被害者の反応に対して冷静な理解と対応につながる。

第6に，心理的な影響と反応を理解したうえで生活を支援すること，また心理教育的支援がなされることが必要である。

この時期，被害者は様々な心身の反応にさらされており，それらは暴力被害によるトラウマの影響が生じているともいえる。被害者が落ち着いて生活を営むためには被害者のトラウマの影響を軽減することも必要となる。支援者はトラウマになりうる出来事やその影響について，理解し，その正しい知識に基づき，支援を行いケアにつなげるというトラウマインフォームドケアの視点をもつことが重要といえる（大阪教育大学学校危機メンタルサポートセンター・兵庫県こころのケアセンター訳 2018）。

また，この時期に応じた心理教育的な支援が求められる。自身に何が起こっていたのか，何が苦しみや混乱をもたらしているのかなどの『からくりに気づいていく』ことは呪縛を解き，『平気になる』ことを促進する。加えて，この時期に，「支配の呪縛」が効いていることや『疲弊混乱状態』になること，「子どもの痛みや荒れ」が出てくることなどは当然起こり得ることを伝える必要がある。支配や暴力によってもたらされていた反応や暴力の影響に関する『リフレーム情報を得る』ことは，自身の状況の客観が進むとともに，自身の苦しい感情や反応が生じた際の被害者の混乱の減少につながる。

注
⑴　本章は，増井（2016）に加筆修正したものである。

第7章 「私」の新生プロセス
——いかにして自らの人生を新たに生きていくのか[1]

　前章で示した生活の再生プロセスで〈境界設定の完了〉に至った関係離脱後の新しい生活を一定程度構築した被害者は，そこで満足するのではなく，その後自分自身の人生を再び生きようともがく。Herman は，外傷障害群の回復の諸段階を，①安全，②回想と服喪追悼，③再統合，の3段階で示している（Herman 1992＝1999：242）。第5章の離別の行動のプロセス，第6章の生活の再生プロセスは，①の安全の段階を超えてきたとするならば，本章は②回想と服喪追悼，③再統合，の段階を，ドメスティック・バイオレンス（以下，DV）被害者がどのように経験するかをみていくものともいえる。

　DV 被害者の「回復」を取り扱った海外の先行研究では，信仰や宗教などスピリチュアルな側面が被害者の回復を支えること（Senter & Caldwell 2002；Taylor 2004）や，被害者が支援する側となることや社会活動に参加するといったことが回復を促進させることが示されていた（Senter & Caldwell 2002；Taylor 2004；Hou et al. 2013）。また量的調査により，被害者が心的外傷後成長（PTG）を経験していることが明らかになっている（Cobb et al. 2006；Bitton 2014）。本章においては，被害者は，どのように新たに自らの人生を生き，いかに自らの経験を意味づけていくのか，被害者が経験する最終段階のプロセスをみていく。

1　ストーリーラインと分析結果図

　本章での，分析テーマは，「DV 被害者が，生活が一定落ち着いたのち自分自身の新たな人生を生きていくプロセス」である。分析の結果，《大丈夫な私になっていく》プロセスを構成するカテゴリーとして，〈何かが違う・何かが足らない〉〈改めて，人生の舵を握り直す〉〈残傷にやられそうになる〉〈私を私なりに育む〉〈能動的に社会に位置づく〉〈生きる意味づけが増強される〉〈大丈夫な私

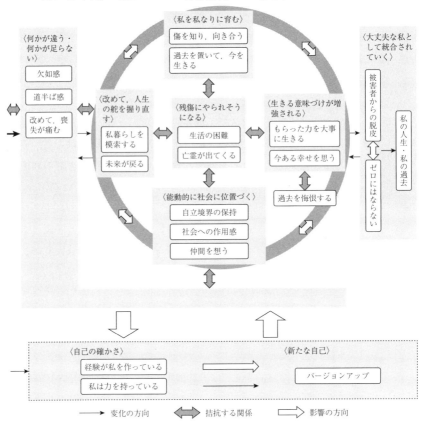

図7-1 「私」の新生プロセスの分析結果図——《大丈夫な私になっていく》

として統合されていく〉が見出された。また，自己経験として，〈自己の確かさ〉〈新たな自己〉を見出した。この《大丈夫な私になっていく》プロセスも，一方向で進むものではなく脆弱さをはらみ行きつ戻りつしながら，進んでいくことが明らかになった。カテゴリーを用いたストーリーラインと，分析結果図を示す（図7-1）。

第7章　「私」の新生プロセス

―― ストーリーライン ――

　「私」の新生プロセスは,《大丈夫な私になっていく》プロセスである。境界設定
の完了に至ったにもかかわらず,被害者には,〈何かが違う・何かが足らない〉とい
う感覚が残る。その〈何かが違う・何かが足らない〉という感覚に誘われその何か
を埋めようと希求し,被害者は〈改めて,人生の舵を握り直す〉。〈残傷にやられそ
うになる〉中で,〈私を私なりに育む〉こと,〈能動的に社会に位置づく〉こと,〈生
きる意味づけが増強される〉ことで,長い時を経て〈大丈夫な私として統合されて
いく〉。

　被害者は〈自己の確かさ〉を得ていき,被害を経験する前の元の自分に戻るので
はなく〈新たな自己〉へと変わったという認識に至る。

2　《大丈夫な私になっていく》プロセス

《大丈夫な私になっていく》プロセスを説明する。以下にカテゴリーごとに
説明していく。

（1）〈何かが違う・何かが足らない〉

　生活の再生プロセスにおいて〈境界設定の完了〉に至ったにもかかわらず,
被害者の中には〈何かが違う・何かが足らない〉というぬぐえない感覚が湧き
上がる。この〈何かが違う・何かが足らない〉という感覚は,『欠如感』『道半
ば感』『改めて,喪失が痛む』の3つの概念で説明される。

　『欠如感』とは, '自分自身の一部が欠けてしまい,整っていないように感じ
ること'である。

> 「前は友達と笑ったりしていたな,もっとあっけらかんに,しゃべっていた
> なと思って。（思ったことが言えなくなって）それは,ちょっと自分の中でお
> かしいなって,何か,違う感じがする。」
> 「けろっと忘れるタイプですから,辛いというのはマシですけど,何かが足
> りてないというか,能力が欠けているような,普通の人とは違うのではな
> いか。どこか脳がおかしくなっているのではないかという。性格がおかし

173

くなっているのではないかと思いますね。以前とは変わったな。人とのつ
きあいも得意ではなくなりましたね。」

　調査協力者たちは，自分自身が以前の自分から何かが欠けてしまったという
感覚や普通の人とは違ってしまっているという感覚を抱いていることについて
語る。この『欠如感』は「暴力のある生活」で加害者から人格を否定され続け
たり，自然な感情の表出によって安全を脅かされることから，『感情封鎖・自己
封鎖』を重ねたことが影響していると思われる。つまり，経験した著しい〈奪
われる自己〉の名残や残骸が，この段階でも根深く残っているものといえる。
　『道半ば感』とは，境界設定ができ‘物理的な離脱や法的な関係の整理が終わ
っているにもかかわらず，まだプロセスの途上にいると感じること’である。

　「だから今半々ぐらいかな，解決したと思ったらしてないような，そんな感
　じですね。」
　「今は戦後という感じですかね。戦争中は何もできない，流されるままに
　生きるしかない。戦後という感じですね。建て直していかないといかんけ
　ど，まだ片足引きずっている気分ではありますけどね。」

　前者の調査協力者は解決していないものがあると感じている。後者の調査協
力者は，この時期を「戦後」と表現しており，戦いの最中にないことや戦いは
終わっていると理解している一方で，片足を引きずった状態で戦後処理ともい
うべき「建て直し」の課題を行う必要があることを表現している。外界と時に
火花を散らし，自らをすり減らしながら超えてきた生活の再生や離婚の成立が
もたらす〈境界設定の完了〉により，被害者は実質的に背負っていた負の負担
から大きく解放される。しかし，被害者はこれまでとは種類の異なる『欠如感』
『道半ば感』という内的感覚ともいうべき，新たな鈍い苦悶を抱えることになる。
　『改めて，喪失が痛む』とは，‘DV被害を受けた経験や離脱により失くした
ものの存在を実感し，その喪失を身にしみて感じること’である。

　「うーん，安全の面ではよかったと思う。でも，自分では終わったら〇〇（元

に住んでいた地域）に帰れると思っていた自分がいてたからがんばれた。うーん，やっぱし，無理なのかなって。やっぱり，○○には帰れないかな。それがちょっとつらい。友達がいない。」

「友だちとも全部切れてしまった，人と会うのが面倒だったり，前のようにすべてを話したり，打ち解けたりではなく，壁を作ってしまいますね。」

　これらの語りから，改めて被害や離脱がもたらした生活面の喪失，人とのつながりや関係の喪失，人との交流の持ち方という自分自身の喪失などを静かにかつ重く感じていることがうかがえる。他にも，自分自身の思い描いていた，また辿るはずであった安穏とした人生や未来の喪失を語る被害者もいた。

「自分では悪い方向に進んだのはちょっとね。あれやったけど（「けど？」という問いに対して）もしかしたら，その人と出会ってなかったら，たぶん違う方向に行ってたやろし，出会ったおかげでこういう目に遭った。だって，私思ったもん。なんで，こんなとこに来なあかんのやろって，なんであんな施設に入らなあかんねんて思ったこともあった。」

「私の未来は，子どもはいないし，自分一人になって家族っていう形をもたずに，自分自身でどういうふうにできるかなって。」

　あの人に出会っていなかったら，暴力を受けていなかったら，離別せざるを得なくなっていなかったら，存在していたであろう違った人生や描いていた未来にじんわりと思いを巡らせる。だからといって，被害者たちは離脱したことや現状にいることを後悔しているわけでもなく，関係に戻りたいと思っているわけでもない。落ち着いたこの時期だからこそ，改めて自身の失った過去や失った未来の喪失を思うのである。

　以上のようにこの時期にみられる『欠如感』『道半ば感』『改めて，喪失が痛む』という感覚は，〈何かが違う・何かが足らない〉という枯渇した感覚を，時に激しく時に鈍く被害者にもたらすことになる。一方で，以下に記述する語りにみられるように，この〈何かが違う・何かが足らない〉という実感覚こそが〈境界設定の完了〉をゴールとせず，「違う」や「足らない」と感じる何かを求

め，埋めるための動きのエネルギーとなる。

　「今年に入ってそれは違うって，まだそこまではおこがましい，まだ戦い抜
　いていない，まだ，やり残したこと。いっぱい苦しい思いをしてきて，た
　くさん泣いてきたんですけど，まだもう一つ何かが足らない気がする……。
　何かが違うんですよね。その次に何かがもっと，せっかくあそこから逃れ
　たのに，そうじゃないって新しい自分の声が出てきて……，まだ途上にい
　てこれから変わっていくみたいな。」

　まさしく〈何かが違う・何かが足らない〉という実感覚は，被害者が自分自
身の人生を再び模索し，私を生きることを探求するためのプロセスの原動力と
なるのである。

（2）〈改めて，人生の舵を握り直す〉

　被害者は〈何かが違う・何かが足らない〉という感覚に誘われ，〈改めて，人
生の舵を握り直す〉。多くの被害者は離脱後何とか築いてきた新しい生活の日
常を維持し続けるのではなく，それを変えようとする。〈改めて，人生の舵を握
り直す〉カテゴリーを説明する概念は，『私暮らしを模索する』『未来が戻る』
である。
　『私暮らしを模索する』とは，ʼ緊急的に用意した基盤の上で生活してきた離
脱後の状態から，自分らしい暮らしや生き方を模索し，生活基盤を変えようと
することʼである。顕著にみられるのが転居である。母子生活支援施設や婦人
保護施設など入所施設で生活をしていた被害者が，離婚の成立や子どもの進学
を機に退所し，新しい家を構えたり，実家に戻ったりする。また，離婚が成立
し加害者との境界が引けたことにより元々生活していた地域に戻ったり，新た
な住宅を探したりと，この時期に多くの被害者が転居を経験していた。

　「自分で，です。もう全部，自分で探して，ここがいいなって思って。職場
　に通えるし。あんまり駅から近かったら，前夫が探してたら，また怖いか
　なと思って。ちょっと距離があって，でも仕事には通える。（「なるほど。自

分で探されたんですね？」という問いに対して）そうです。なるべく保育園が
近くにある所を探して，小学校もあるし，中学校もあるので，ここだった
ら生活を安心して暮らせるかな，っていう環境を探しながら。」
「○○市に戻ったら，やっぱり自分の知っている所やったら全然生活違い
ました。前の市では慣れるのがもう精一杯で。○○市は，そうですね，や
っぱり自分の知っている所だったし，周りに友達とかもいるし，で，職場
がね，また来てほしいって言われたんですよ……。私は絶対もう自分で引
っ越すって決めたから。私その時（担当は）○さんやったんですけど，"△
さんが勝手に出て行くのはそれは別に構いませんけど，（生活）保護課とし
ては認めません"っていう形やったんですよ。だからもう，でも私はそれ
を押し切って，もう公営住宅も当選したしね。」

　前者の調査協力者は仕事や加害者との距離，子どもの環境などを加味して，
安心して暮らせる場所を自分自身で探していることがうかがえる。後者の調査
協力者は関係の区切りがついたことから，生活保護担当の反対を押し切って，
元々暮らしていた地域の公営住宅に戻っている。いずれも，自らが現実を吟味
しながら，主体的に暮らしていく場を探しているのである。離脱後，何とか築
いてきたこれまでの生活は，暴力関係から「離脱」する際，緊急的に手当てす
る形で用意した基盤の上に築いたものである。それは，じっくり吟味して選択
したというより，むしろ支援や目の前の方法に乗っかるという『支援ルートの
っかり』『勢いづく行動』の中で用意された仮暮らしといえる。つまり，大丈夫
が増えたこの時期に，再度自分自身の人生を生きようという試みの一つとして，
被害者は自分自身の生活の基盤である住む所を改めて選び直している。また転
居とともに，転職する被害者や資格取得のために新たな動きや挑戦をする被害
者も多くみられた。

「（過去を）引きずる（状態）から新たな所へ。もちろん，そうそうそうそう。
そこへ（転職して），ちゃんとしたお給料がもらえて……。それ（新しい職場）
はちゃんとしてベースの生活ができるっていうものが，大きい。これがね，
ずっと（離脱後働いて）いた所に勤めていたのでは中々できないと思う。」

「何年かかってもよいから，（介護の資格取得に）トライしてみようかなって思ってるんで。だから今までの生活の基盤ができて，次の目標が持てる所までいったので，このまま順調に行けたらいいかな。」

「引きずるから新たな所へ」「トライしてみよう」「次の目標が持てる所までいった」と語られるように，調査協力者たちは日常の生活ができるようになったこの時期に，職業選択を含め自らの人生設計を新たに行っていることがうかがえる。

この時期の被害者は，自分自身の生き方や生きる場所について改めて考え始める。生きること，戦うことに必死だった関係から離脱後の生活の再生の時期を超え，未来を描く余裕がみられるようになり『未来が戻る』。『未来が戻る』とは，'未来を描く自由が自分自身にあることを感じ，自分自身の未来や将来を自分自身で描き始めること'である。

「今は，生きているな，先があるなという感じ。向こう（加害者と同居していた所）では，お先真っ暗やったんです。」
「初めて自分の中でもっと暴力について勉強したいなとか，初めてビジョンが頭に入って，現実化されるんやなって……，やっと初めて未来が戻ってきた感じ。（「未来が戻ってきた感じ？」という問いに対して）結婚前とか自分が持っていた夢ってあるじゃないですか，子どもの時の夢とか未来っていうのがこんな感じなんだなって。やっと初めて未来が戻ってきた感じ。」

（3）〈残傷にやられそうになる〉
被害者は〈改めて，人生の舵を握り直す〉が，一方で慢性的な『生活の困難』がなお続く上，過去からの『亡霊が出てくる』という〈残傷にやられそうになる〉経験をする。
『生活の困難』とは，'生活を維持することや自立をしていくことの困難や不安が慢性的にあること，また子どもの抱える困難に苦悩すること'である。最も顕著にみられるのが経済的な困難さであり，多くの被害者が語っている。

第7章　「私」の新生プロセス

「きちんと働いて収入を得て安心して暮らせるのは難しい……，不安です。」
「どんなにしたって児童扶養手当をもらっても，男性が稼ぐくらいまでは
稼げない。本業だけだったら生活を回していくのに精一杯ですよね。ヘル
パーのアルバイトをやり，夜は夜でパチンコ屋さんの閉店後のお掃除のバ
イトをやりと，働きづめなんですね。半分くらいは働いているのではない
かなと。12時間くらいは働いているかもと思いますけど……。それでもお
金が足りないというか。」

　これらの語りから，女性たちが経済的に自立することの困難さがうかがえる。
仕事を掛け持ちしたり，奨学金を借りたりしながら何とか生活を維持している
が，慢性的な貧困状態の中にいる人や将来の不安を語る人が多くみられた。ま
た，子どもの不登校や引きこもり，家庭内暴力などDVという暴力のその後を
生きる子どもを抱える母としての苦悩や困難を抱えるケースも多い。

「娘の方は鬱を持っていますので，えっとこれは，心配させようとかそんな
のではなく，病気として病として時々死にたく，今もなるので……，本当
に生きていてくれればと。」
「今，落ち着いていますけど，興奮するとワーッとなって，情緒不安定もあ
って。そういう所しか，見せてきてないので，仕方ないんですけど。高校
１年生になってアルバイトを始めて，自分の望む高校に行ったので落ち着
いてきて，友達もできて落ち着いてきていますけど，興奮状態になったら
わからなくなるので，私に叩いてきます。」

　以上の語りのように，被害者と同じく暴力のその後を生きる子どもの不安定
さに心を痛め，また，自殺企図や暴力など行動となって現れる子どもが表出す
る課題への対応に奮闘している被害者は，この時期にも多くみられる。
　『亡霊が出てくる』とは，'今の生活への直接的な脅かしがないにもかかわら
ず，たとえようのないつらさやいたたまれなさが湧き上がってきたり，些細な
きっかけにより突如恐怖感覚がよみがえってきたりすること'である。これは
ほとんどの調査協力者が経験しており，以下のような多様な語りがみられた。

179

「家を飛び出した後の部分と家を飛び出すに至ったその色々な恐怖心の部分とかが，どうしてもまだ残っていて，何か事が起こる時に，何かとんでもないことにならないだろうか，みたいなことをどうしても思ってしまって。」

「裁判とかに向かい合っている時は必死で，それはやらなあかんかったから力を出せていたんですけど，多分ね。そのカスみたいなんがまだ，いっぱいいっぱい残っていて，こびりついたりとかしていて，理屈では大丈夫やって思うんですけど，色々なことに神経をとがらせていたものが，中々取れないですね。」

「だから，ここがきついですね。昔の自分がやっぱり時々出てきて，どうして言えるの，私たちはこんなに苦しんできたのに，そんな簡単に癒されて絶対許せないっていうような，なんか自分やのに，過去の自分がくるような，亡霊が出てきているような，亡霊との格闘みたいな。そのへんでエネルギーが下がってきて。」

　これが，離脱後を生きる DV 被害者たちが付き合わなければいけない現実でもある。後遺症ともいえる残傷が底流しており，時折そこからマグマのように痛みや不安が噴き上がってきたり，深い穴に突如落ちていくような感覚に苛まれたりする。被害者は相変わらず傷つきやすい自分自身や自分自身のもろさを痛感し，落ち込むことにもなる。一方で，傷は過去に属していることは理解しており，それにより加害者の支配に戻ることが無いことや，現在の安全が脅かされるものではないことも理解している。この点では，現実もしくは現実感を伴った内外からの侵襲ともいえる生活の再生プロセスでみられた『支配の呪縛に苦しむ』状態とは，種類の異なるものである。しかし，この時期の痛みも，中々，手ごわいものでもある。調査協力者が「亡霊」と語ったように，この影となり残る残痛に，被害者は時に蓋をしたり，時に這い上がったりし，もがきながら付き合っていた。

（4）《大丈夫な私になっていく》ために

　前述したように〈何かが違う・何かが足らない〉という実感覚は，決してネ

ガティブなものではなく，被害者の「回復」を育むことを促進する動因となる。
〈境界設定の完了〉至った後のこの時期に，被害者は〈改めて，人生の舵を握り直す〉行動をとるが，前述したように〈残傷にやられそうになる〉。しかし，それらに拮抗しながら，〈私を私なりに育む〉こと，〈能動的に社会に位置づく〉こと，〈生きる意味づけが増強される〉ことにより，少しずつ《大丈夫な私になっていく》。

1）〈私を私なりに育む〉

〈改めて，人生の舵を握り直す〉中で，被害者はそれぞれの方法で〈私を私なりに育む〉。これは，『傷を知り，向き合う』として自身の傷や過去と徹底的に向き合うタイプの人と，『過去を置いて，今を生きる』として過去や傷を振り返らずに，今を生きることに専念するタイプの人の2通りが存在する。

『傷を知り，向き合う』とは，'自身の傷を知り，それを乗り越える作業を行っていくこと'である。一部ではあるが，カウンセリングや心療内科に通院する被害者や自分自身をケアすることを意識し行っている人もいた。

> 「カウンセリングは，ずっと受けているんです，2年以上なるかな。（「カウンセリングっていうのは，どんな感じですか。あなたにとっては？」という問いに対して）私にとっては，気（持ち）をおさえられるというか。やっぱり人間って聞いてもらえる人がいないと。」
> 「どんどん自分の中で忘れていった記憶とか，その傷を癒していかなければいけない自分というのをベースに，私って被害者以外にも良い所があるんだなって，（「被害者を自覚するとか，自分の良い所に気づくというのはどんな感じですか？」という問いに対して）被害者以外，まず被害者という所で，私は傷ついているし，そして，また未来っていう恐怖がすごくあったので，でもその恐怖をとらないことには，その壁を乗り越えないと，私はまた戻るかもしれないという恐怖もあったから，じゃ，また自分って何なのっていう作業……。何がしんどいのか自分に聞いてあげて，疲れている自分を癒してあげる。」

前者の調査協力者はカウンセリングを継続して受けることで，自分自身の「気

（持ち）をおさえられる」場としていた。後者の調査協力者は，被害者である自分や被害者以外の自分ということを自問自答しながら，自分自身の傷や未来への恐怖心に向き合う作業を行っている。しかし，このように外部の治療機関につながっている人や自分自身のケアを意識的に行っていると語る人は，それほど多くなかった。

『傷を知り，向き合う』対処と対極にあるのが，『過去を置いて，今を生きる』である。『過去を置いて，今を生きる』とは，'過去に極力囚われず，傷を振り返らず，今を生きること'である。

> 「本当に振り返らないから，振り返らない。忘れる。それがすごく大きいと思う。」
> 「不足ばかり言っていても，"こんなはずじゃなかった，私はこんなつもりで結婚したんじゃない"って思っても仕方ない。それはそれやけど，今の現実を受け入れる。どうしたら一番いいか，どうしたら自分の人生も。えらそうに言える立場ではないけれど，不幸せでもないし，そんな中で，なんか楽しく幸せやって思えたら，うん。」

このように日々の生活の中で自身の過去や傷を極力振り返らず，今この時を生きていこうとしている調査協力者もみられた。そして，過去や傷を振り返らずに生きていることに対し，多くの調査協力者は「楽天的やから」「前向き」と肯定的に表現し語っていた。

また，一人が時期によって『傷を知り，向き合う』時期と，『過去を置いて，今を生きる』という時期の両方を経験する場合もある。たとえば，『過去を置いて，今を生きる』という状態が数年や十数年続いてから，何かの契機に『傷を知り，向き合う』時期に移行する場合もみられた。

> 「その傷を自覚するということはあまり無かったけども，そうでも介護の仕事するようになって，男の人で暴言を吐いたり暴力をする男性に接して，恐怖心というのが自分の中であるんだなって思った時に，これって，そういう自分の中のPTSDほど激しくなくても，そこまでのあの根深いもので

182

はないんだけれども，やっぱりあるんだなっていう……。自分ではもう全
然そういうものは克服しているっていうか，もう自分の中から，その消え
去っていると思っていたけど，残っているもんだなっていう。うーん，で
もそういうものが残っているんだということを自覚することで，あの，そ
の都度その都度乗り越えられるかなと。」

　この調査協力者は，「離脱」から10年以上経って介護の仕事で男性の怒鳴り声
を聞いたことにより，体が固まってしまった経験から自分に残る傷を意識する
ようになった。そこから自身に残る傷を自覚し，『過去を置いて，今を生きる』
から『傷を知り，向き合う』ことに移行した。
　この『傷を知り，向き合う』『過去を置いて，今を生きる』の2通りがみられ
るのには，2つの側面があると考えられる。わが国では，離脱後のDV被害者
のトラウマ治療や回復のためのプログラム，ケアシステムが整備されているわ
けではない。そのような中で，回復する作業の場や機会に出会わないまま，多
くの被害者が日々を生きている。さらに，傷に向き合うには重すぎる場合，ま
た生活や心的状況から向き合う余裕がない場合は，『過去を置いて，今を生きる』
方が安全であるといえる。『傷を知り，向き合う』には，被害者にとって傷が持
てる程度の大きさになり，また持てるだけの容量を自分自身が備えた状態にな
ることも必要である。『傷を知り，向き合う』ことだけではなく，『過去を置い
て，今を生きる』ことも「回復」を育んでいるという視点も重要といえよう。
　2）〈能動的に社会に位置づく〉
　〈能動的に社会に位置づく〉ことは，被害者の「回復」を促進していた。他者
関係は「離脱」後当初においては，〈大丈夫をもたらしてくれる支援的側面〉と
して被害者を支える存在であったが，この時期は受け身ではなく能動的な社会
との関係や横のつながりである対等な他者関係が被害者の「回復」を支えてい
た。〈能動的に社会に位置づく〉を説明する『自立境界の保持』『社会への作用
感』『仲間を想う』の3つの概念について示す。
　『自立境界の保持』とは，'他者との安全な関係を維持することを意識しつつ，
他者との関係を選んだり，関係に働きかけていくこと'である。

「(新しい家に転居して) 1年後，落ちついてから，上の人が引っ越してきたので。遊び相手もできたし，今はお互い（その家との関係が）開けていますけどね。（お互いに）働いているから，"お母さんがいない時，入ってもいいよ""うちの子どもだけよ""上の子どもだけよ"ということで，うまくいけているんです。」

「今度はそやから再婚の時は，いっぱい条件付けて一緒になりましたね……。絶対何が起きても絶対手を上げないっていうのはもちろん。1回でもどういう理由であっても，手を上げたら必ず別れる，それは言ったわ。」

　調査協力者たちは脅かしの無い関係かどうか判断しながら，また関係性のあり方を意識しながら人との関係を深めている。また，一部の被害者は再婚していた。その際，新たなパートナーとの関係が安全であるかどうかを強く意識し，関係を前に進めている。その背景には，「1回やっぱり自分が本当に好きだった人から，そういう裏切られているっていう部分があったりとか，傷ついてる部分では，そういうことを一番心配する。ほんまに大丈夫なんかなって」と語られるように，親密な関係における不安定さの内在を知っていることから，過去の自身のパートナー関係を反面教師としつつ，関係に対して能動的であろうとする。一方，一部の被害者は子どものことなどにより，加害者であった者との関係が完全に切れていない者もいたが，その際に事務的に行う，直接的なやり取りはしないなど『自立境界の保持』を保とうとしていた。

　『社会への作用感』とは，'仕事や他者との社会関係において自分自身が役に立っているという感覚や実感をもつこと'である。

「自分というものがあるという，自分があるという感じ。悩みは一杯ありますけど，仕事をして生活を維持して，何ともいいようのない充実感が……。生活のための仕事なんですけど，苦にならない……。頑張れば，先につながっていきますし，生活のために仕事をしているだけではないので。充実感で一杯です。」

「グループで手芸とかしてるんです。ボランティアしたりね，東北へお金を送るのにバザーをしたりする色々なグループなんですけども。"あなた

がいないと，ちょっとうまくいかない時もある"とか，うまいこと言われて，"じゃ，行こか"って，話になってるんです。」

　外へ作用しているという感覚は，自己効力感を増強させ，自身が存在する意義を確認することにつながる。これは，「暴力のある生活」の中で植えつけられた自分が無力であるという感覚に対抗するものといえよう。よく似た概念として離別の決意に至るプロセスにおける〈自己のよみがえり〉のカテゴリーの中に，『作用主実感』という概念が見出されているが，『作用主実感』は，自分自身が起こした行動により自分自身を取り巻く状況が動くのだという驚きを含んだ感覚である。一方，この『社会への作用感』は，社会との相互作用も含め，自身が社会に役に立っている，影響を与えることができているという自尊感情を含んだどっしりとした感覚であり，『作用主実感』とは質が異なるものである。
　また本分析の結果から，この時期は生活の再生の時期とは異なり，他者との互酬的で能動的な関係を築こうとするものであり，その関係性の持ち方や誰と関係を深めるのかについて，被害者はアンテナを張っていることがうかがえた。
　『仲間を想う』とは，'自分と同じ経験をしている被害者に対して心を痛め，想いを語ったり，できることをしたいと考えたりすること'である。

「どんどん，どんどんまた増えてくると思うんですけど，DVとか，私みたいな感じの人が。まだまだ，たぶん今でもおると思うんですけど，そういう人をもうちょっとあのね，私みたいにこう相談に行けたり，勇気をもって言えたりとかなってくれたりとか思う。」
「いろいろなことでしんどかったりとか，こう，なんか，まあ私の方がドン底かどうかわからないけど，光も見えないと思ってる人になんか，ちょっとでも，なんか（力に）なれたらいいなーと思ってブログを書いて……，結果として，ここにたどり着けましたっていうようなことも書いてるので。」

　前者の語りは，今，暴力の中にいる人に思いを馳せ，メッセージ的にその想いを語っている。後者の語りは，その思いをブログという形で実際に発信しているという例である。『仲間を想う』語りは，ほとんどすべての調査協力者にみ

られた。後者の調査協力者のように自身の経験を社会に発信する活動をしていたものは少数であるが，当事者として自分自身の経験を講演の場で話した経験を語っていたものがいた。これらの調査協力者からは，自身の経験を社会に表現することを通じて，今も DV 被害の中にいる「仲間」を強く意識していることがうかがえた。

しかし，わが国において，DV の当事者が活動したり，つながったりできる場は非常に少ない。その中で多くの調査協力者が，「助けてもらった恩返しができるのであれば」「問題あるなと思うこととか，今回，（調査の協力依頼の）電話がかかって，話を聞いてくれると思って」「暴力を受けている人の力になれれば」というように，本研究の調査への協力について「仲間」を意識した中での協力であると語っていることを特記したい。

3）〈生きる意味づけが増強される〉

被害者は，《大丈夫な私になっていく》プロセスの中で，自分自身の〈生きる意味づけが増強される〉。これは，被害を経験したこと自体やそこからサバイブした経験により生きることや，今あることの意味や価値を過去のいつの時よりも意識し強めていくことである。これには，『もらった力を大事に生きる』『今ある幸せを思う』という肯定的な感覚を示す概念を生成した。一方，表裏に抱く『過去を悔恨する』姿もみられた。

『もらった力を大事に生きる』とは，'今の人生を再び与えられた人生として，また人の助けを得たことを大切にしながら生きていくこと'である。

> 「そういうところで助けてもらって，色々な人の力をいただいたので，それを無駄にはできないし，いただいた恩を返さないといけないので。自分が一人前に社会でやっていけるということが恩返しやと思っていたから。」
> 「色々なことを選択する上で，これでいいかあれでいいかって思う時に，どっかで恥ずかしくないように選択をするように心がけたと思う。」

被害者は，自分だけの力ではなく，他者や大きな力に生かされていると感じていた。今を生きる中で，もらった力を大事にして生きようという意思をもつようになっていた。

第7章　「私」の新生プロセス

『今ある幸せを思う』とは，'今，生きていることや自分自身が今の生活ができていることを幸せであるという思いを抱きながら生きること'である。

> 「だから今はカレーを炊いたからって（息子夫婦宅に）行って，小さい鍋に入れて持って行って，ポンって置いて帰る，"カレー炊いたから食べや""ありがとう"みたいな。"ごはん食べたんか""いや食べてない""残りもんでええんやったら食べて帰りや"って，作ってもらったりとか……。<u>とりあえず今は幸せです，いいかなと</u>。このままいったらいいかな，と思ってます。」
>
> 「<u>今の生活ができているのは，ほんとにうれしいなという。幸せですね，今は</u>。仕事もやりたい放題できるし，ストップがかからないし。ご飯を作れと怒鳴られることがないので。」

　被害者たちは，何気ない日常や今ある生活に対し，幸せであると言語化する。これは，そのような日常が存在しなかった「暴力のある生活」の中にいたことで，当たり前にある日常に対して，貴重なものとしてより深みを増して感じられるのである。
　こうして，『もらった力を大事に生きる』『今ある幸せを思う』という中で〈生きる意味づけが増強される〉。多くの被害者たちは，物質的なものを超えて，精神的なものや他者とのつながりという，今あるものへの価値を強く意識していた。そして，出会った人たちに感謝し，今ある命や生活に感謝し，今を慈しみながら生きていた。
　現在を肯定的に捉える一方で，被害者の心の中には『過去を悔恨する』という気持ちもある。『過去を悔恨する』とは，'過去や現在を肯定的に捉えようとしている一方で，あのときあのようにしておけばよかったと過去の自分を悔いること'である。

> 「今がいい。でもね，まあ，あの時期に早いこと気づけなかった。<u>自分あほやったなとは思う</u>。」
>
> 「なんか，<u>別に我慢しなくてもよかったんじゃないかなって感じに思いま</u>

187

すね。ただ，もうそこで早く，早く線を引いておけばよかったなっと思う
んですけど。」
「娘が小さい頃で私も若い頃やったんですけど，その時に"お前の勝手で娘
の父親を無くすのか"っていう風なことを言われて，そこで最終的には踏
みとどまったんですけどね，私……。今その娘のことを考えるときに，ど
うやったんか，そのときの選択肢，終わってしまったことを今から思って
もしょうがないんですけど，あの時離婚していたら，そんな風に娘の心を
傷つけることはなかったんかなとか。」

　このように被害者は，なぜ出会ったのだろう，なぜもっと早くDVであるこ
とに気づかなかったのだろう，なぜもっと早く離れなかったのだろうと，「暴力
のある生活」に甘受していた自分自身や，そこから逃れることに時間を要した
自分自身に対して，鈍い痛みとして悔恨する。この思いは，「だから勇気出して
相談してほしい。私は時間がかかったけど，やっぱり離れた方がよいと思う」
「子どもには，同じような経験はしてほしくない」と語られるように前述した『仲
間を想う』という気持ちにつながっていることもうかがえた。

（5）〈大丈夫な私として統合されていく〉
　私の人生を再び生きようとしていくプロセスも，簡単に進むものではない。
歩みを進めては〈何かが違う・何かが足らない〉という感覚に再び苛まれる。
そして，その感覚を原動力とし，再び，〈改めて，人生の舵を握り直す〉という
ループをたどる。そして，長い時間を経て，〈大丈夫な私として統合されていく〉。
　このプロセスの中で，被害者は「被害者」としてのアイデンティティを無理
なく脱いでいく『被害者からの脱皮』が起こる。一方で過去も傷も『ゼロには
ならない』ことを受け止めていき，『私の人生・私の過去』として受け止めると
いう〈大丈夫な私として統合されていく〉プロセスがみられた。
　『被害者からの脱皮』とは，'加害者を無理なく許せると思うようになったり，
自分を被害者であると名づけ続けることに違和感を覚えるようになり，被害者
としてのアイデンティティを脱ぎ去っていくこと'である。

第7章　「私」の新生プロセス

「被害者被害者しなくても，何かできたんかなとか，やっぱり楽しい時もあ
　ったし，全部が全部最悪じゃなかったし，でも離れた方がよかったな，だ
　からよかったなって，すごい簡単に思えるようになった。」
「最近よく考えるのが，相手もしたくてしたんじゃないよねって，DV。ど
　っかで，あかんあかんって思いながらでも止まらなくなるんやろなっても
　う病気やろなっていうふうに考えられるようになった。最初は憎くて憎く
　て仕方なかったけど，最近ちょっとそんなこと。だから考えたらかわいそ
　うな人やなって……。だからといって元に戻りたいんじゃないけど，そん
　な気はないけど，けど相手を憎むのは時間の無駄やし，自分の人生，自分
　の事を考えて生きていかなあかんし，けど，恨むのはやめようって。なん
　かそんな感じに思えてきた。ああいう人間にはなりたくないなと思う反面，
　そう思われてるって，かわいそうな人やねんってそういう風には感じる
　ことができる。時間とともに思えてきたかな。」

　これらの語りのように，過去に被害を受けた経験に今の生活を支配されるの
ではなく，人生の全体の部分として捉え直す。また，加害者に対しては加害し
た人ということではなく客観的な一人の人として捉えていくといった洞察が起
こる。しかし，これは，暴力下でみられる『問題の過小評価』『責任の過剰引受
け』とは質が全く異なるものである。プロセスが進む中で，被害者や加害者と
いうアイデンティティや名づけを超えて，一人の人や事象として受け入れてい
く側面がみられた。その中で，自分自身の人生を被害者として生きることから
卒業しようとしていく『被害者からの脱皮』がなされていく。
　被害経験者は，『被害者からの脱皮』をする一方で，『ゼロにはならない』こ
とにも気づき，それを受け止めていく。『ゼロにはならない』とは，'経験した
暴力や過去，それがもたらす残傷はきれいには無くならないという現実，また
それを無理なく受け止めていくこと'である。

「夫への許せない気持ちもあと残り３％まで減ってきたので，やっぱ，首が
　すごい痛いので，たまになんか夜中寝返り打つ時にものすごい激痛で，息
　できないぐらいになるんです，その時とかあんな毎日殴られていたら，こ

189

んな後遺症ってあるんだなって。」

「昔の古いアパートというか住まいなんで，結構隣の足音とかね，聞こえた
りするんですよね。結構ドンドンドンって足音がしたら，その度に，まだ
いまだにビクビクしたりはするんですけど。でもやっぱり，一緒に住んで
た頃のことを思うと，全然もう天と地の差がありますよね。」

「一回，そういうものを経験したら，そういうものっていうのが全く，ゼロ
になるということはないんだなっていう。」

　身体的な暴力による後遺症が無くならないこと，物音に反応してしまうこと
を自覚し，受け入れようとしていることがうかがえる。一方で「後遺症ってあ
るんだな」「ゼロになるということはないんだな」と語られるように，深い痛み
を伴うというより，むしろ改めて認識して受け止めている。被害者は『ゼロに
はならない』ことに気づくだけでなく，それを無理なく受け入れていくのであ
る。

　　「それぐらいの傷は持っていかないと，仕方がないかなって思いますね。」

　このように傷や経験が『ゼロにはならない』こともすべて含めて，「私」であ
るという境地に至り，『私の人生・私の過去』として無理なく統合していく。『私
の人生・私の過去』とは，'経験した過去も，過去の影響を受ける現在や未来も
含めてすべてかけがえのない自分の人生であると自然に感じられるようになる
こと' である。

　　「そういう経験というのは，逃げようと思っても逃げられない。あの無く
　　そうと思ってもなくならない，一度やはり自分の中で経験したんだ，だか
　　らといって，それがために，今の生活が奪われたり，傷つけられたりする
　　ことは無いんだけども，自分がそういう経験をしたというのは忘れたり否
　　定したりする必要は無いのかなって。」

　　「それも全部ひっくるめて今の人生。今この時やから。」

被害者は，被害者という枠を超えて，自分自身の経験を自分自身の人生に再配置し，自分自身の人生の一部として統合し，位置づけていた。これは，DV被害からの「脱却」プロセスの最終段階であるといえる。

3　〈自己の確かさ〉と〈新たな自己〉

被害者は，「私」を新生するプロセスを進めるに伴って〈自己の確かさ〉を獲得していた。最終的に『バージョンアップ』した〈新たな自己〉になったと認識していた。

（1）〈自己の確かさ〉

被害者は『経験が私を作っている』『私は力を持っている』という肯定的な感覚を高めていく。

『経験が私を作っている』とは'困難な経験やそれを超えてきた経験が今の自分を作っている意味のあるものと意味づけていくこと'である。

「自分のどん底の経験があるから今現在強くというか，生きていて楽しいと思える。初めてよかったなって，無かったのとあったという人生であれば，私はDVという複雑な世界に4年半いたことはムダではなかったし，その分，人の痛みとかも考えるようになった。」
「私は人格を否定されたんですけど，結婚して，しんどくなってから10年の間に，私の人格はかなり変わったんですね。主人のそういうへんなこだわりに，うまく対応しようとして変わってきたし。子どもも関係あるけど，感情的にならないとか，人の気持ちとか辛さが，すごくわかるから。お金もかかって，裁判に……。しんどかったけど，今の自分の人格があるのは，これのおかげやな，と思うし，お金もかかったんですけど，今の自分は結構，好きなので，高い授業料やったんやな，と思います。」

このように語られるように，「どん底」「複雑な世界」「しんどくなってから10年の間」「裁判」で経験したネガティブな経験を，今の自分や人格を作っている

ポジティブなものであるという意味づけを付与していっている。これは自らの経験に何らかの意味を見出そうという意味の再構成を行っているが，努力して意識的に再構成を行う作業をしていくというより，むしろ時間の経過や今の暮らしを送る中で自然に思えるようになっているともいえる。被害経験により大事なことに気づいた，大事なものを得た，人間として成長した，それまで持ち得ていなかった新たな価値を持つようになったという精神的な変化を，DV 被害経験やそれを超えてきたことで得られたと，被害者たちは認識していた。

『私は力を持っている』とは，'自分には運がついている，自分には力があると感じる自己像への肯定的感覚のこと'である。

> 「綱渡りです。綱渡りですけど，私は運がすごくいいと思っていて，あの，ううん……なんか，なんですかね，多分，精神論を言える，言えているってことは多分そのお金の事だけに，押しつぶされてないくらいは運がよいのかなと。」
> 「自分でも，よく頑張ったなと思います。でも私は恵まれていたかなと思います。相談する人もいたし，姉にしろ，昔からの友だちが結婚，離婚していても，同じように付き合ってくれたり，変わらなく。」
> 「今の仕事でもそうやけど，結局ワンフロア任されるんですね，1日，看護師と2人でワンフロア。20人を任されるんやけど，人に手伝ってもらうの嫌いやねん。全部自分でやりたいねん。だから弱音吐かないですね私，"できない"とか，"こんなんもできないの"って言われたら，悔しいから，"やったるやん"，と思うから，それで今まで生きてきたようなもん。」

『私は力を持っている』の中に見られる「力」は，幸運・運を有しているという感覚と自分自身に根源的な力があるという感覚の両者である。多くの被害者は幸運や運に恵まれたことに加え，幸運や運を「持っている」自己として自分自身を肯定的に捉えている。また，「結構行動派なんです」「自分でも，よく頑張ったなと思います」とも語られるように，被害者自身が困難を乗り越え現在に至るに寄与した自己の特性や力を認識し，そういった自己像を肯定的に話す。これらは，被害経験から得たことでより焦点づけられ意識されるようになった

ポジティブな側面への着目であり，乗り越えてきた自己に対するねぎらいや自尊の念を含む語りであるといえる。

（2）バージョンアップした〈新たな自己〉

　被害者は，最終的に，『バージョンアップ』し〈新たな自己〉へ生まれ変わったと認識していた。

　『バージョンアップ』とは，'被害にあう前の自分に戻ったのではなく，被害にあう前の自分自身よりも成長し，人間的に厚みが増したと自認すること'である。

> 「自分の変化というのは，暴力を経験する前があるわけじゃないですか。暴力の中でかなり奪われた段階があるじゃないですか，その後があるとしたら前の段階に戻るとは違うんですね。前の段階とはまた違う。」
> 「以前の自分を取り戻すっていうよりも，あの新たな自分を発見する。その以前の自分と同じ私であるけども，明らかに，思いの強さとか，色々なものへの対処の仕方とかは，明らかに変わったなという……。私は私なんだけども，全然，自分の脆さとか弱さとかも知ることによって，また対抗する力とか乗り越える力とかあるいはそういった，こう困難な局面とかいうことに対してもね，自分というものを統合していく力，知恵とか，なんかそういうものを，まぁ新たに獲得できた。」

　このように被害者は被害経験をする前と同一の自分に戻るのではなく，困難を乗り越え，新たな気づきや価値観の変化を経験し，以前とは異なる『バージョンアップ』した〈新たな自己〉を獲得したと感じていた。つまり，人間的な成長を遂げたと認識しているプロセスが見出されたといえる。

4　ゼロにはならないことの受け入れとPTG

　本章では，被害者は，どのように新たに自らの人生を生き，いかに自らの経験を意味づけていくのかについてみてきた。「私」の新生プロセスは，〈何かが

違う・何かが足らない〉という実感覚により失った何かを埋めようとして誘われるプロセスであったが，結果的に何かを埋めきることではなく，喪失や傷も含め《大丈夫な私になっていく》プロセスである。分析結果から，以下の4点がいえる。

1点目は，被害者は，〈何かが違う・何かが足らない〉という感覚や〈残傷にやられそうになる〉という一見ネガティブな経験を，現状にとどまらないエネルギーとしていた。これらネガティブともいえる経験は，被害者の「回復」を促進する要因ともいえる。

この時期，被害者は『改めて，喪失が痛む』経験をする。先行研究において，喪失感情を認めることが回復を促進する要素として紹介されていた（Senter & Caldwell 2002）。本分析からは，DV被害者が「回復」していくプロセスは喪失を少しずつ埋めていくプロセスであるとともに，喪失を受け入れ，自らの被害経験や残る傷が『ゼロにはならない』ことも受け入れ，人生に位置づけていくプロセスといえる。

2点目は，他者関係は能動的，互酬的へと変容していた。離脱の行動プロセスや前段階である生活の再生プロセスにおいては，支援を得る・助けてもらうという受動的な要素が強くみられたが，「私」の新生プロセスにおいては『社会への作用感』という社会や他者に肯定的に影響を及ぼすという能動的な側面や，『自立境界の保持』という他者と安全につながりあうという互酬的な関係が被害者の「回復」を促進していた。

海外の先行研究では，他者を支援する側となることや社会運動活動に参加することが回復の促進要因であることが示されていた（Senter & Caldwell 2002；Taylor 2004；Hou et al. 2013）。本分析からは，被害者が『仲間を思う』気持ちを有していることが示されたが，支援する側や社会運動活動に参加していなくても「回復」を果たされているといえる。

3点目は，被害者は自身の経験に自ら肯定的な意味づけを行っていた。DVを経験したこと，その経験にもがいたこと，そこから離れたこと，その後を生き抜いたことなどの自らの経験に対して，経験したことで得たものを見出しそれを意味あるものと捉えていた。

病いというネガティブな経験をした場合にも，肯定的意味づけを行っていく

ことが先行研究で指摘されている。たとえば、造血幹細胞移植を受けた子ども
を持つ母親の療養体験の研究においても「意味づけの獲得」が示されている。
そこには、自己の人間的成長、母親としての成長、家族との強い絆の構築、人々
のやさしさの再確認の４つがみられる（田邉ら 2010）。また、肝臓がん患者の苦
難の意味づけの研究からは、「命をいとおしむ」が中心概念であるとされ、「苦
難に遭遇し、自分の限界に直面することにより、『生きるということ』を真剣に
考えていた」ことが示されている（雲ら 2002）。本分析においては、DV 被害者
にあってはネガティブともいえる過去の経験に肯定的な意味づけを行い得るこ
と、〈生きる意味づけが増強される〉というカテゴリーにみられるように、今あ
る生に対し肯定的に価値づけていくことを示した。
　４点目は、DV 被害者の経験の中に PTG を見出した。被害者は、DV 被害か
らの「脱却」のプロセスを経て、『バージョンアップ』した〈新たな自己〉とな
ったと認識していた。つまり、被害者は過去や元の自分に戻ったのではなく、
物事への対処の仕方・自分の考え方や性格・人との付き合い方・他者へのまな
ざしなど、明らかに以前の自分と比べて肯定的な変化をしていると認識してい
た。先行研究においては、量的調査から被害者が PTG を得ることを示してい
たが（Cobb et al. 2006）、本分析では質的な分析から、DV 被害者が被害経験から
離脱後の中長期のプロセスを辿る中でみられる PTG を示したといえる。
　海外においては、自己の再構築（Mills 1985）や私自身になる（Giles & Curreen
2007）段階が DV 被害者の辿るプロセスの最終段階とし、〈新たな自己〉になる
ことを捉えていた。また、小児がんで子どもを亡くした親の悲嘆の研究をして
いる三輪は、「親は子どもが亡くなる前の同一の自分に戻るのではなく、一生を
かけて子どもの死を問い続けるなかで、新たな気づきや価値観の変化を経験し
ながら、以前とは異なる新たな人生を歩み始めていた」と分析している（三輪
2010：122）。宅は、PTG について「ストレス体験をきっかけに自己成長感が生
起するメカニズムは、ネガティブな体験をした自己を、自ら受け容れ、自分の
人生に統合してゆく試みとも重複するのではないか」（宅 2010：217）と述べてい
る。本分析からは、DV 被害経験者のネガティブな体験といえる DV 被害に対
して、『経験が私を作っている』と意味を見出し、『私の人生・私の過去』と受
け容れ統合していく姿と、自己成長感を生起していく姿を見出した。

5　他者との経験からみる支援の役割

（1）他者との関係

　前述したように，ここでの他者は支援や助けをくれる存在としてではなく，むしろ互酬的能動的なつながりにおいて生活の中に存在し，間接的に被害者の「回復」に影響を与えていた。生活の中での他者は，職場の同僚や上司，趣味の仲間，近隣の人として被害経験者の生活の風景の中に織り込まれ，また，新たなパートナーを得たり，再婚する人もみられた。それらの他者との関係は，DV被害のその後を生きる生活の再生プロセスの時期とは異なっていた。

　一方，支援の専門家のこの時期の被害者との関わりは，被害者が〈私を私なりに育む〉際に『傷を知り，向き合う』ことに伴走する役割がみられる。また，「残傷」の影響も受け，『生活の困難』が根深く残る被害者に，別の主訴でも関わることがみられることになる。たとえば，被害者自身の心身の健康問題や経済的な問題，子どもの課題が表面化した際などである。この時期に被害者はDV被害者として支援者の前には立ち現れてこないこと，一方でDVという暴力のその後を生きていることが，現在の課題に影響しているかもしれないことへの留意が必要といえる。

（2）支援の役割

　この時期の被害者の「私」を新生するプロセスを支える支援の役割は，以下の5点である。

　1つ目は，前述したように暴力被害の影響は大きく生活課題は様々に残る。この生活課題に対応する細やかな支援が必要である。その際，被害者はDVのその後を生きているが，DV被害者としては立ち現れてこない。支援対象者の過去に被害経験があるかどうかを把握するとともに，DVによる「残傷」は根深く，また長期に被害者やその子どもに残っていることへの留意が必要である。

　2つ目は，この時期の被害者は安全のアンテナを張り，他者との関係の持ち方を選ぶという『自立境界の保持』を意識するようになることに着目すべきである。一方で，侵入の強い他者にやられてしまいそうになるという残傷も抱え

ていた。健康な関係をもたらす他者であり続けるということが支援者には問われ続けるテーマであるといえる。

　3つ目は，就労の場などの社会的な場に属し『社会への作用感』を持つことが，「回復」を促進していることに着目することが重要である。就労などで他者や社会に作用することは期せずして支援を受ける側からの「脱却」となり，専門家の支援や関わりを超えて，被害者の自己効力感の回復と喪失を埋めることにつながっていた。また，経済的なことも含め生活困難や不安を抱える被害者が多くみられたことからも，安定した収入が得られる就労は重要といえる。女性の活躍やひとり親家庭の貧困対策や自立支援が昨今の政策テーマとなっているが，DV 被害のその後を生きる被害者の就労支援は欠かせないといえよう。

　4つ目は，『傷を知り，向き合う』ことを促進する他者として，専門家の存在や情報は重要である。残念ながらわが国には暴力被害者の回復の支援を行っている専門機関や専門職が限られており，実際にカウンセリングなどの心理的な支援につながっている人は少なかった。被害者が『傷を知り，向き合う』ことを支える心理的支援の場があることが望ましい。

　5つ目は，被害者の『仲間を想う』気持ちを大切にする場の創出である。ほとんどの調査協力者が，「仲間」についての想いを語った。仲間とは，今も暴力の最中にいる DV 被害者，今も DV 被害の後遺症に苦しんでいる被害経験者や同じく被害を経験した人である。これは，自己の経験から得た「仲間」への想いの表出であり，「仲間」へのつながりの願望であるとも受け取れた。ピアのつながりや被害経験者の言葉をつなぐ場を創出することも必要であろう。

注
(1)　本章は，増井（2017）に加筆修正したものである。

第8章	被害者の経験プロセスを俯瞰する

　本研究の目的は，1）わが国のドメスティックバイオレンス（以下，DV）被害者の経験を分析することを通して，DV被害当事者の視点からDV被害者の経験プロセスの全体像，とりわけDV被害から「脱却」していくプロセスを示すこと，2）分析から得られた知見を基に，実践に応用可能な支援の視点を提示すること，であった。第3章から第7章において，修正版グラウンデッド・セオリー・アプローチによる分析結果を被害者が経験する5つのプロセスに示すとともにそこから得られた支援の役割について述べてきた。

　本章では，1つ目の目的を達成するため，DV被害者の経験するプロセスの全体像を俯瞰する。第1節では，第3章から第7章で説明した分析結果を基にプロセス全体を振り返る。第2節と第3節においては，全体の俯瞰から特記すべき動きを総合的に考察する。

1　DV被害者の経験プロセスを見通す

　本研究では，これまでほとんど明らかにされてこなかったDV被害者が関係の始まりからDV被害から「離脱」し，「回復」するプロセス全体を実証的に明らかにした。本節では，そのプロセス全体を振り返る。

（1）全体のストーリーラインと分析結果図
　被害者の経験プロセスの全体を示すため，分析結果図（図8-1）をカテゴリーのみで示す。また，以下にストーリーライン全体を記述する。ここでのストーリーラインは，それぞれのプロセスにみられた自己の経験の部分を最後にまとめて示す形とする。

図 8-1 DV被害者がDV被害から「脱却」するプロセス（分析結果図全体）

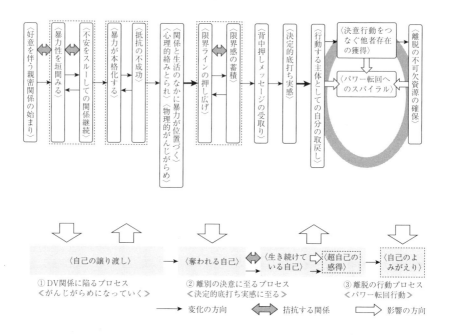

第8章　被害者の経験プロセスを俯瞰する

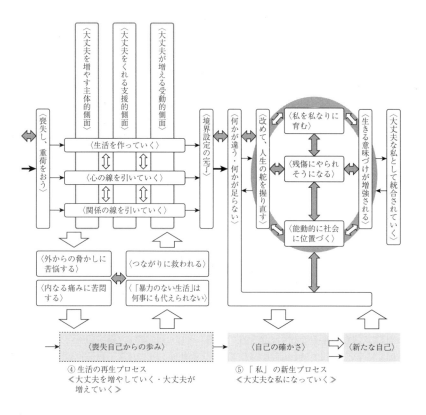

—— ストーリーライン ——

　DV 被害者が DV 関係に陥るプロセスは，《がんじがらめになっていく》プロセスであった。相手と出会い，〈好意を伴う親密関係の始まり〉により，いわゆる恋愛関係が深まっていく。関係の中で相手の〈暴力性を垣間みる〉経験をするも，〈不安をスルーしての関係継続〉がなされていく。関係が進む中で，加害者からの〈暴力が本格化する〉。その際，被害者は抵抗するが，その〈抵抗の不成功〉を経験する。そして，関係当初から密やかに始まっており本格化する暴力により強化された〈心理的絡みとられ〉と〈物理的がんじがらめ〉が相まって離別の選択が選択肢として存在せず，〈関係と生活のなかに暴力が位置づく〉。

　被害者が，「暴力のある生活」から離別の決意に至るプロセスは《決定的底打ち実感に至る》プロセスである。関係と生活のなかに暴力が位置づくことになった被害者の生活は，〈限界ラインの押し広げ〉をしながらの生活となる。その一方で〈限界感の蓄積〉がされていき，これが離別の決意の基底となる。〈限界感の蓄積〉を増大させていた被害者は自己の状況の客観視をもたらす〈背中押しメッセージの受取り〉により揺さぶられる。最終的に引き金事象により〈決定的底打ち実感〉がもたらされ，離別の決意に至る。

　離脱の行動プロセスは，《パワー転回行動》のプロセスである。被害者は，決定的底打ち実感をエネルギーに勢いよく〈行動する主体としての自分の取戻し〉を行う。その中で，〈決意行動をつなぐ他者存在の獲得〉をし，最終的に〈離脱の不可欠資源の確保〉に至る。それらは，一方向のプロセス的側面を持つが，それぞれ促進的に作用し合うことにより〈パワー転回へのスパイラル〉を生み出し，暴力関係から離れることの実現を可能にしていた。

　関係から離脱後の被害者の生活の再生プロセスは，《大丈夫を増やしていく・大丈夫が増えていく》プロセスである。離脱の不可欠資源の確保により加害者と別居した一方で，被害者は〈喪失し，重荷をおう〉ことになる。被害者はそこから〈生活を作っていく〉〈心の線を引いていく〉〈関係の線を引いていく〉という 3 つの課題に取り組む。この 3 つの課題の解決はいずれも，〈大丈夫を増やす主体的側面〉〈大丈夫をもたらす支援的側面〉，そして時間的な経過や偶発性も伴う〈大丈夫が増える受動的側面〉とそれらの相互作用により達成され，〈境界設定の完了〉に至る。このプロセスにおいて，被害者は〈外からの脅かしに苦悩する〉とともに，〈内なる痛みに苦悶する〉ことになる。しかし，拮抗する形で，〈つながりに救われる〉という他者との関係と〈「暴力のない生活」は何事にも代えられない〉という被害者が抱く実感覚が生活の再生プロセスを下支えしていた。

　「私」の新生プロセスは，《大丈夫な私になっていく》プロセスである。境界設定の完了に至ったにもかかわらず，被害者には，〈何かが違う・何かが足らない〉とい

第 8 章　被害者の経験プロセスを俯瞰する

う感覚が残る。その〈何かが違う・何かが足らない〉という感覚に誘われその何か
を埋めようと希求し、被害者は〈改めて、人生の舵を握り直す〉。〈残傷にやられそ
うになる〉中で、〈私を私なりに育む〉こと、〈能動的に社会に位置づく〉こと、〈生
きる意味づけが増強される〉ことで、長い時を経て〈大丈夫な私として統合されて
いく〉。

　被害者は、関係の始まりから関係の進展の中でどんどんと〈自己の譲り渡し〉を
行っていく。被害者は暴力下の生活で苦しい〈奪われる自己〉を経験するが、一方
でかろうじて〈生き続けている自己〉を存在させ、暴力下の生活と離別の決意に至
るプロセスを下支えしていた。被害者は離脱の行動の局面で〈超自己の感得〉の後
押しをも受け、さらに行動のプロセスの中で〈自己のよみがえり〉を経験する。離
脱後の被害者は〈喪失自己からの歩み〉をしながら、自分の人生を再び生きるため
の基盤を作っていく。被害者は〈自己の確かさ〉を得ていき、被害を経験する前の
元の自分に戻るのではなく〈新たな自己〉へと変わったという認識に至る。

注：下線はプロセスの移行を導く完了テーマ。本節(3)で解説。

（2）5つのプロセスの整理

　前項で分析結果図とストーリーラインを示し、分析結果全体を明示した。本
項では、生成したカテゴリーの一覧を示すとともに被害者の状況の整理を行う
（表 8-1）。表 8-1 には、5つのプロセスごとに見出したコアカテゴリー、プロ
セスを構成するカテゴリー、自己の状況を示すカテゴリーを示すとともに、そ
れぞれのプロセスの完了テーマを抽出している。さらに、支援の検討につなが
るため、それぞれのプロセスにいる被害者の置かれている状況を、加害者との
同居の有無などの生活の場を示す物理的状況と離別の意思の有無を示す心理的
状況で提示している。

（3）プロセスを次のプロセスに移行させる要因

　それぞれのプロセスの完了テーマを示すカテゴリーは、それぞれのプロセス
の終点であり、プロセスを次のプロセスに移行させるために必要な要因となる。
つまり、①DV 関係に陥るプロセスの完了テーマとなる〈関係と生活のなかに

表 8 - 1　生成したカテゴリーの一覧と被害者の状況の整理

	コアカテゴリー	プロセスの構成カテゴリー	自己の状況	プロセスの完了テーマ	物理的状況（生活の場所）	心理的状況（離別の意思）
①DV関係に陥る	がんじがらめになっていく	好意を伴う親密関係の始まり 暴力性を垣間見る 不安をスルーしての関係継続 暴力が本格化する 抵抗の不成功 心理的絡みとられ 物理的がんじがらめ 関係と生活のなかに暴力が位置づく	自己の譲り渡し	関係と生活のなかに暴力が位置づく	交際開始時の加害者と別居から同居へと移行	離別の決意なし
②離別の決意に至る	決定的底打ち実感に至る	限界ラインの押し広げ 限界感の蓄積 背中押しメッセージの受取り 決定的底打ち実感	奪われる自己 生き続けている自己	決定的底打ち実感	加害者と同居『危機回避家出』により一時的に別居することがある	離別の決意なしから離別の決意ありへの移行
③離脱の行動	パワー転回行動	行動する主体としての自分の取戻し 決意行動をつなぐ他者存在の獲得 パワー転回へのスパイラル 離脱の不可欠資源の確保	超自己の感得 自己のよみがえり	離脱の不可欠資源の確保	加害者と同居から別居への移行	離別の決意あり
④生活の再生	大丈夫を増やしていく・大丈夫が増えていく	喪失し、重荷をおう 生活を作っていく 関係の線を引いていく 心の線を引いていく 大丈夫を増やす主体的側面 大丈夫をもたらす支援的側面 大丈夫が増える受動的側面 外からの脅かしに苦悩する 内なる痛みに苦悶する つながりに救われる 「暴力のない生活」は何事にも代えられない 境界設定の完了	喪失自己からの歩み	境界設定の完了	加害者と別居当初	離別の決意ありぶれそうになることあり
⑤「私」の新生	大丈夫な私になっていくプロセス	何かが違う・何かが足らない 改めて、人生の舵を握り直す 残傷にやられそうになる 私を私なりに育む 能動的に社会に位置づく 生きる意味づけが増強される 大丈夫な私として統合されていく	自己の確かさ 新たな自己	大丈夫な私として統合されていく	加害者と別居	離別の決意あり（揺れなし）

第8章　被害者の経験プロセスを俯瞰する

暴力が位置づく〉ことが，DV関係に陥るプロセスから離別の決意に至るプロセスへ移行する。②離別の決意に至るプロセスの完了テーマとなる〈決定的底打ち実感〉は，離別の決意に至るプロセスから離脱の行動プロセスへと被害者を導く強い動因となる。③離脱の行動プロセスの完了テーマである〈離脱の不可欠資源の確保〉により，居所を得て離脱の行動プロセスから生活の再生プロセスへ移行する。④生活の再生プロセスの完了テーマである〈境界設定の完了〉は，生活の再生プロセスから「私」の新生プロセスへと移行を導く要因である。もちろん被害者の経験は一直線上に進むものではないものの，ここに挙げた各プロセスの完了テーマに至ることにより，次の新たなプロセスが導かれる。

　以下に，プロセスの移行を導く要因である4つのカテゴリーについて，改めて説明する。

1）〈関係と生活のなかに暴力が位置づく〉

　1つ目は，DV関係に陥るプロセスによりもたらされる〈関係と生活のなかに暴力が位置づく〉である。被害者は，好意や「優しさ」の経験と恐怖や無力感が生じる経験という両極の経験が並行して繰り返しもたらされることにより，心理的に絡みとられていく。加えて，簡単に別れることが難しい状態へと関係が進み，また『後戻りできない』と被害者自身が認識するという〈物理的がんじがらめ〉が，〈心理的絡みとられ〉と相まって，被害者はDV関係に陥る。暴力が本格化した時点で被害者の中に，離別という選択肢が現実的な選択肢として存在しなくなっていた。そして，容易にかつ被害者が意識化していない中で，〈関係と生活のなかに暴力が位置づく〉ことになり，離別の決意に至るプロセスの当初にみられる〈限界ラインの押し広げ〉の生活に移行する。

2）〈決定的底打ち実感〉

　2つ目は，離別の決意に至るプロセスの末にもたらされる〈決定的底打ち実感〉である。これは，〈限界ラインの押し広げ〉と〈限界感の蓄積〉の行き来の末に〈背中押しメッセージの受取り〉をしていた被害者に，突如もたらされる限界の限界を超えたという強い内的な感覚であった。〈決定的底打ち実感〉がもたらされた「引き金事象」による『目覚めの瞬間』のエピソードを，被害者たちは明確に語っていた。そして，この〈決定的底打ち実感〉が動因となり，「暴力のある生活」から「暴力のない生活」へと自己の状況を大きく変化させる

205

ために動き出す離脱の行動プロセスへと勢いよく導かれる。

3）〈離脱の不可欠資源の確保〉

3つ目は，離脱の行動プロセスの中で辿り着く〈離脱の不可欠資源の確保〉である。これにより被害者は加害者から離れ，「暴力のない生活」を物理的に得ることが可能となる。〈離脱の不可欠資源の確保〉は，『生活の場の確保』と一定の『安全の担保』がなされることであった。これらはじっくり時間をかけ吟味し選択したものではなく，『支援ルートのっかり』や『勢いづく行動』の中で短期間の間に，とりあえず確保されていたものともいえる。

具体的なエピソードとしては，相談行動を起こしたこと，家を出たこと，警察に助けを求めたこと，一時保護になったこと，実家に戻ったこと，母子生活支援施設や婦人保護施設などの中期利用型の施設に入所したこと，住宅を借りたこと，保護命令が発令されたこと，相手に住所を知らせないこと，弁護士に代理人委任したことなどのうち，いくつかが連続的にかつ複合的に行われることにより〈離脱の不可欠資源の確保〉が達成されていた。そこには，〈行動する主体としての自分の取戻し〉と〈決意行動をつなぐ他者存在の獲得〉とその相互作用が必ず見られ，それらが〈離脱の不可欠資源の確保〉を可能にしていた。

この『生活の場の確保』『安全の担保』という〈離脱の不可欠資源の確保〉がもたらされることにより，加害者と別の居所において開始される生活の再生プロセスに移行する。

4）〈境界設定の完了〉

4つ目は，生活の再生プロセスの中で辿り着く〈境界設定の完了〉である。先に示した〈離脱の不可欠資源の確保〉による離脱は，「暴力のある生活」から離れることを可能にはしたものの，同時に〈喪失し，重荷をおう〉状態を被害者にもたらす。関係から離れることは，被害者にとって新たな多くの困難を抱えることの始まりでもある。しかし，日々を必死に生き，何とか生活を営んでいく中で被害者は少しずつ，《大丈夫を増やしていく・大丈夫が増えていく》。最終的に『新しい生活に日常ができる』『関係の区切りがつく』『平気になる』という〈境界設定の完了〉がなされることにより，真の離脱がこの生活の再生プロセスの最終段階でなされる。いわば，物理的な境界線，関係の境界線，心の境界線を引くことができた状態であるといえる。このことによって，被害者

は日々を何とか生きていくことから，自分自身の人生を再びどう生きるかということに向き合いやすくなり，「私」の新生プロセスへと導かれる。

　ここで特筆すべきは，真の暴力関係からの「離脱」とは，加害者から離れ，いわゆる同居から別居に移行した離脱の行動プロセスにみられる〈離脱の不可欠資源の確保〉の時点で完了したわけではない点である。真の「離脱」は，次の生活の再生プロセスにおいて数年かけてもたらされる〈境界設定の完了〉時点で，ようやくなされるといっても過言ではない。つまり，被害者が加害者から離れたことによって，関係から「離脱」したと被害者自身も周囲も認知することになるが，その後の生活を再生するプロセスを乗り越えることが大変であり，このプロセスの完了が真の「離脱」であるといえる。このように「離脱」の完了を捉える位置の「ズレ」が生じていることは，暴力関係から「離脱」後の生活の再生の時期の支援の必要性を軽んじることにつながる。被害者が，加害者から離れた後の生活の再生プロセスの時期を支える重点的な支援が必要である。

2　自己の変化・被害者認識の変化

　先にストーリーラインでまとめて示したように，すべてのプロセスを通じた被害者の自己の変化の経験を見出した。また，プロセスの全体を俯瞰すると被害者認識について変化がみられた。ここでは，自己の変化と被害者認識の変化について示す。

（1）自己の変化

　プロセス全体を通してみると，自己や自己認識のダイナミックな変化がみられた。DV 被害は著しく被害者の自己を破壊する行為であり，DV からの「脱却」は自己の取り戻しと再構築のプロセスであるといえる。先行研究において，被害者が経験する心理社会的プロセス全体を「自分自身を取り戻す」（Merritt-Gray & Wuest 1995；Wuest & Merritt-Gray 2001；2002）プロセスであることが示されていた。本研究の結果からは，ＤＶ被害という逆境においても，かろうじて自己を生き続けさせていること，そしてその自己を局面で活性化させること，

自己を取り戻し、さらに肯定的に自己イメージを変化させている姿が見出された。言い換えれば、自己の生き続けや自己のよみがえりなど自己の変化無くしては、暴力関係からの「離脱」も被害経験からの「回復」も為せてはいかない。

支援に転じて考えると、関係から離別するかしないかであるとか、経済的自立ができているかできていないかという目に見える現象ではなく、支援者は被害者の内的「自己」に思いを馳せ、「自己」の保持や取り戻しをいかに支えられるかが重要な支援のまなざしであるといえる。

（2）被害者認識の変化

プロセス全体を通して、「被害者」であるという認識に変化が見られた。関係に陥るプロセスや離別の決意に至るプロセスの段階では、暴力を受けていても自らがDV被害者であると明確には認識していなかった。その背景には、親密関係における暴力に対する周囲や社会の感度の低さも影響し、そもそも被害者がDVについての知識を持っていないことや相談機関の整備が進んでいない中で情報につながりにくいこと、また、支配による強固な『責任の過剰引受け』や『問題の過小評価』、『関係継続願望・責務』が被害者にみられるため、関係に対する指摘を受けたとしても受け入れにくいことなどが考えられる。

本研究の調査対象者は、関係が進み婚姻（内縁関係も含む）関係にあった被害者であるため、当初の関係に陥るプロセスにおいて離別という選択をしなかった者が対象となっている。その当時、調査対象者たちには被害者であるという認識がなかったが、もっと早く決意していれば、ちゃんとDVの知識があれば違った、と過去を悔恨し振り返る語りがみられ、もし、DVについての知識や名づけがあったとするなら関係を進めることを回避し、がんじがらめになる前に離別していた可能性が増したのではないかと考える。

関係が深まった後の離別の決意に至るプロセスにおいては、DV被害者であるという認識が、イコール離別の決意となるというわけではなかった。先行研究においては、被害者であることを認識することは、離別の決意の条件であるとされるが、本研究では、限界の限界を超えたという〈決定的底打ち実感〉が離別の決意を導いていることが示された。ただし、DV被害者であるという認識や情報は、有効な背中押しメッセージとなり、また前述した自己の生き続け

第8章　被害者の経験プロセスを俯瞰する

を支えることから被害者に情報が伝わることは重要である。

　一方で，離脱後の生活の再生プロセスにおいて，自らが被害者であるという当事者性を獲得する様子がみられた。それは，新しい生活の中で脅かしを受けない「暴力のある生活」との真逆の「暴力のない生活」を経験すること，出会った他者からの情報，支援を受けること，また〈関係の線を引いていく〉プロセスでの加害者からのさらなる脅かしを受けることで，加害者との関係をより客観視することになるなどからもたらされていた。

　そして，ここでの『被害者性の獲得』は，〈関係の線を引いていく〉ための「戦い」のエネルギーともなっていた。高畠は，DV被害者の被害者化プロセスを説明する中で，危機状況から脱したのちの状況について「支援を受けながら，被害体験に気づき，それを受容し，さらに統合して相手からの犯罪行為を被害者化することで，被害者が支配して新しい状況を作り出すプロセス」（高畠2013b : 55）と説明している。本研究から見出された『被害者性の獲得』では，被害（犯罪行為）であるという認識や被害者というアイデンティティを得ることは，支配されていた自らの主体を，自らに取り戻し，かつ関係の線を引くための戦いに挑むことを促進していた。

　しかし，その後の「私」の新生プロセスの時期になるとDV被害者であるというアイデンティティを脱ぎ去り，『被害者からの脱皮』を図っていく姿がみられた。被害者は，被害者-加害者という単純な二分法ではない形で，相手の生育歴や人としての脆弱さ，当事の相手との関係性の洞察，暴力への自身の対処の省察，などについて，振り返り，さらりと語ることもみられた。これらは暴力の中にいる時の『責任の過剰引受け』とは異なり，自身の主体を生きるためDV被害という自身の経験に意味の探求を図っていると考察される。この段階において専門家の支援を得ているものは少なく，日常の中で，もしくは日常から少し離れた思考の中で，もしくは時間の経過の中で意味を探求し「被害者」であることや「被害者」である人生から卒業していた。

　その上で，残傷や過去は『ゼロにはならない』ことも無理なく受け入れ，『私の人生・私の過去』として位置づけていくという《大丈夫な私になっていく》プロセスを辿っていた。Wozniak（2009）は，回復のためにはDV被害者が被害者であるという自己認識から次へのステージへと変化しなければならないと述

209

べている。また，高畠は被害者化の「最終結末は DV が始まる前の状態に戻す
だけでなく，被害者（victim）からサヴァイバー（survivor；生還者）へと，人生に
おける自らの立ち位置を変容させること」と述べている（高畠 2013b：55）。本書
では，被害者は「被害者」という自己認識に留まるのではなく，様々な経験を
経てきたことを含めて自分であるというアイデンティティを獲得するというプ
ロセスを実証的に示すことができたといえよう。

3　DV 被害からの「脱却」の促進
——拮抗を力にする・レジリエンス・子ども——

（1）ネガティブ経験・拮抗を力にする

　被害者は，多様な要因が促進的に作用し，結果的に「暴力のある生活」から
「暴力のない生活」へ自らの状況を動かし，その後の「回復」への変化がもたら
されていた。そこでは，一見ネガティブとも思える経験，たとえば，『暴力によ
る限界感』『自己喪失恐怖』『パートナー関係への疑念』『心身からの SOS』『怒
りが噴出する』『喪失自己との格闘』『自己がはがれ出てくる』『改めて，喪失が
痛む』『欠如感』『道半ば感』『亡霊が出てくる』なども，DV 被害からの「脱却」
への促進要因となっていることが示された。

　また，被害者が経験するプロセスは決して単純なものではなく様々な拮抗が
みられたが，被害者はその拮抗を力としてプロセスを促進させていた。たとえ
ば，カテゴリーレベルでみると，「暴力のある生活」において被害者は〈限界ラ
インの押し広げ〉を行っていたが，それに拮抗する形で〈限界感の蓄積〉がな
されていた。また〈奪われる自己〉を経験するも，それに拮抗する形で〈生き
続けている自己〉を保持していた。また生活の再生プロセスにおいては，〈喪失
し，重荷をおう〉状態を何とかしようと，被害者は〈大丈夫を増やす主体的側
面〉を起動させていた。また「私」の新生プロセスにおいては，〈何かが違う・
何かが足らない〉という感覚を基に，〈改めて，人生の舵を握り直す〉動きが起
きていた。概念レベルでは，起こっている暴力に対して『問題の過小評価』を
している一方，『暴力による限界感』『暴力への拒絶感・違和感』を被害者は抱
いていた。また，加害者に対し『関係継続願望・責務』を抱きながら，『パート
ナー関係の疑念』を感じているという拮抗がみられた。他にも生活の再生プロ

セスにおいて『疲弊混乱状態』となり、『ぶれそうになる』が『小さな幸せに強化づけられる』ことにより、『あの生活には戻れない・戻らない』という思いを強めるという拮抗がみられた。ネガティブな経験や拮抗を力にしてDV被害からの「脱却」を促進している被害者の強靭さに注目したい。

（2）包含するレジリエンス

　困難な状況や苦難に耐えて自分自身を修復する力であるレジリエンスについて、森田は「抑圧がいったん内に侵入し、心の内が傷つけられたとしても、その傷を自分で癒してしまう自然治癒力も人はもっている」と説明し、「DVのように長期にわたってリジリエンス[(1)]を奪われても、心の弾力性を取り戻すことは可能である」と述べている（森田 2007：86）。また海外の先行研究では、主に関係から離れた後のDV被害者のレジリエンスに着目し、被害者にレジリエンスが存在していることを明らかにしていた（Werner-Wilson et al. 2000；Anderson et al. 2012）。本研究結果から、DVという極度の慢性的困難やトラウマにさらされることで、被害者の脆弱性は強まるが、一方でその最中やその後のプロセスにおいてレジリエンスが発揮されることを示すことができた。

　Feder らは、レジリエンスについて、「急性のストレスや、トラウマ、慢性的な不遇な困難に前向きに適応する個人の能力を指す」と定義している（Feder et al. 2009：446-447）。DV被害者がDV被害から「脱却」するプロセスは、不都合な状況のまま、そこにとどまるという適応ではなく、その状態の意味づけを再構成したり、困難な状況を変化させたりするという「前向きに適応」をしようとするレジリエンスを包含するプロセスであった。またFeder らは、「このような前向きに適応する能力には、脳の構造などの生得的な機能のみならず、①恐怖に立ち向かって積極的に対処する能力、②楽天的に捉え肯定的に意味づける能力、③認知的に状況を再評価し、肯定的な再枠づけをして、受け入れる能力、④サポーティブな関係の中から助けを引き出す能力、⑤人生の目的、道徳的な羅針盤、スピリチュアルを見出す能力、といった個人の多様な能力が基礎となっていると考えられる」（Feder et al. 2009：446-447）と説明している。

　本研究の結果を、Feder et al.（2009）の説明にあてはめると、①被害者が暴力から離脱するために行動し生活を再生していく姿には、恐怖に立ち向かって積

極的に対処する能力がみられ，②自己を変化させ経験に意味を見出す姿からは，楽天的に捉え肯定的に意味づける能力を見出すことができる。また③限界感を蓄積させ離別の決意を導き，被害者という認識を持って関係の線を引き，さらには被害者であることから脱皮していく姿からは，認知的に状況を再評価し肯定的な再枠づけをして，受け入れる能力をみることができる。そして④他者との関係の中で支援を得て DV 被害から「脱却」をしていく姿からは，サポーティブな関係の中から助けを引き出す能力が確認できる。⑤局面で超自己の感得をしたり，プロセスを通じて希望や未来を見出す姿には，人生の目的，道徳的な羅針盤，スピリチュアルを見出す能力をみることができる。このように被害者は，心理社会的な多様な能力ともいえるレジリエンスを保持し，それらを複合し，活性化することで，暴力関係からの「離脱」や被害経験からの「回復」を促進させていた。

（3）プロセスからみえる子ども

　本書は子どもとの関係や経験を主題に分析したものではないが，データとして提示した被害者の暴力エピソードには，子どもも被害を受けていること，子どもが DV に巻き込まれていること，また子どもが被害者の支配に利用されている様相がみられ，家庭の中にある暴力が子どもと被害者に多重に影響を与えていることがうかがえた。一方で，子どもは被害者が DV 被害から「脱却」する促進要因でもあった。被害者に子どもがいる場合，「子どもがいるから」「子どものためにも」という思いや認識が，プロセスの移行に影響を与えていた。

　関係に陥るプロセスにおいて，被害者が別れられないと感じるのは，妊娠や出産，子どもがいることが大きな要因となっていた。加えて，妊娠や出産を境に加害者からの暴力が本格化することもみられた。暴力が本格化した以降も，子どもがいるからや子どものためにという被害者の認識は，加害者との生活を続ける要因となっていた。

　離別の決意に至るプロセスにおいては，ここでも子どもは関係を続ける大きな理由ともなっていたが，離別の決意の際は，子どもとのエピソードや子どもが被害を受けることが，「背中押しメッセージ」「引き金事象」となっていた。他の要因とも絡まりながら，子どものためにと関係を続けることから，子ども

のためにと関係から離れることへと認知の方向が大きく変わる場合がみられた。先行研究において，子どもに影響があることや子どもを守ることが離別の決意に影響していることが示されていたが（Campbell et al. 1998；Chang et al. 2010；Zink et al. 2004），本研究においても，その様相を見出したといえる。

　離別の行動プロセスでは，子どもと一緒に家を出るなどの大きな動きを取ることが求められる。そこでは，子どもとの様々なタイミングが合うことも必要となる。そのため，子どもとともに「暴力のない生活」に踏み出せる多様な方策が用意されていることが重要といえる。

　生活の再生プロセスでは，『子どもの痛みと荒れに苦悶する』『子どもががんばり源』という概念が生成されたように，加害者と離れた新しい生活の中で，被害者にとって子どもの存在がよりフォーカスされる。被害者と同様に子どもも多くの負荷がかかった状態で新しい生活をスタートさせており，子どもはさまざまに痛みと荒れを表出する。被害者は心を悩ませ，対応に苦慮する。その一方で，子どもの存在が，被害者が新しい生活を切り拓き，困難を乗り越えるエネルギーとなっていた。この時期，子どもを含めた生活をどう作っていくかが重要となり，子どもも支援されるとともに，被害者の子育てそのものが十分に支えられることが必要である。

　「私」の新生プロセスでは，被害者が抱える『生活の困難』に，子どもが抱える困難とその影響がみられた。暴力のその後を生きる影響は子ども自身と，被害者の子どもとの関係にも影響を残す。一方で，今ある幸せとして子どもとの生活や交流の場面が語られ，子どもが支えとなっている様子や，子どもとの暮らしが，それぞれの家庭や親子の形で営まれている姿も見ることができた。

注
(1)　本文では，リジリエンスと記されている。

第9章	臨機応変な支援のための「ステージモデル」
	──複雑な構造を乗りこえるための枠組み

1 被害者の状況に応じた支援の必要性

　本章では，本研究の2つ目の目的である「分析から得られた知見をもとに，実践に応用可能な支援の視点を提示すること」を達成するために考案した「DV被害者支援のためのステージモデル」（以下，ステージモデル）を提示する。

　第3章から第7章の最終節には，それぞれ分析結果から他者との関係と支援に求められる役割を記述した。第8章では，これまでDV被害者の経験プロセス全体を振り返る中で，それぞれのプロセスにいる被害者の物理的状況と心理的状況を整理して示した。出会う支援がどのようであるかが，いずれのプロセスにおいても重要であると同時に，被害者が置かれている状況によって求められる支援の役割は異なる。

　たとえば，離別の決意に至る前段階の被害者に対して，別れることや家を出ることを強く強いることは，被害者の心理的状況と提供している支援の間にミスマッチが起きているといえる。また，被害者が〈決定的底打ち実感〉に誘われ離別の意思を持ち動き出した場合には，『生活の場の確保』『安全の担保』につながる即時的・実質的な支援が必要となる。支援と被害者の状況にミスマッチを起こさないために，目の前にいる被害者の物理的状況と心理的状況を理解し，状況に応じた支援を行うことが基本になる。

　ステージモデルは，支援者の立場から出会う被害者が置かれている状況を整理し，状況に応じた支援を考えていくモデルである。その際，これまでの知見を踏まえ，被害者の物理的状況のステージ（以下，物理的ステージ）と被害者の離別の意向がどうであるかという心理的状況のステージ（以下，心理的ステージ）を軸とする。

　本章では，ステージモデルを提示し説明した後，ステージごとに支援の視点

215

を提示することにより支援現場での活用につなげる。

2 「DV 被害者支援のためのステージモデル」とは何か

ステージモデルは，支援者が目の前にいる被害者の状況を物理的ステージと心理的ステージの2つの要素から，支援を考えていくモデルである。

（1）物理的ステージ

物理的ステージとは，被害者が物理的にどのような生活状態にあるかであり，被害者の生活の状況を主軸に捉え，加害者との同居の有無および加害者との関係が切れているかどうかに着目するものである。これを，以下のA～Dの4つのステージに分けて示す（表9-1）。

Aステージは，加害者と同居中である。分析結果で示した関係に陥るプロセスの後期，離別の決意に至るプロセスと離脱の行動プロセスにみられる。加害者とともに暮らし，「暴力のある生活」の中にいる状況である。

Bステージは，一時避難中である。これは，離別の決意に至るプロセスの中でみられた『危機回避家出』，また離脱の行動プロセスにおいてみられる加害者の元から逃れた直後から『生活の場の確保』までの移行期，つまり同居から別居への動きのある時期である。具体的には，今まさに家を出て役所へ相談に来た，警察に保護を求めた，一時保護やシェルターに入所中，実家や知人宅に一時避難中などの状況である。

Cステージは，加害者と別居後当初の時期である。これは，生活の再生プロセスで示した新しい生活を開始させてから〈境界設定の完了〉に至るまでの時期と一致する。生活の場としては，加害者から離れたものの生活は不安定であり，婚姻関係や加害者からの脅かしが残り，それらへの対処も必要な時期である。生活の場は，新しく借りた住居，実家，母子生活支援施設や婦人保護施設等入所型施設などである。

Dステージは，加害者と別居して数年経ち，新しい生活にすでに日常ができている時期である。「私」の新生プロセスの時期と一致する。分析結果から多くの被害者は離脱の際，緊急的に設定した住居や仕事などから転居や転職など

216

第9章　臨機応変な支援のための「ステージモデル」

表 9-1　物理的ステージ

Aステージ：加害者と同居中 　　　　　　加害者とともに暮らしている。 　　　　　　「暴力のある生活」。 Bステージ：一時避難中 　　　　　　今まさに家を出て役所や警察へ保護を求めた，一時保護中，実家や知人宅に一時避難中など。 　　　　　　「暴力のある生活」から「暴力のない生活」への移行。 Cステージ：加害者と別居（当初） 　　　　　　新しく借りた住居での生活，実家で生活，施設に入所中など。 　　　　　　「暴力のない生活」（加害者からの脅かしや法的関係が残る，生活基盤不安定）。 Dステージ：加害者と別居（「私」の新生期） 　　　　　　一定，安定した生活の場 　　　　　　「暴力のない生活」（加害者からの脅かしなし）。

表 9-2　心理的ステージ

Ⅰステージ：離別の決意がない，もしくは迷いあり 　　　　　　関係を継続したい，もしくは関係に迷っている，揺らいでいる。 Ⅱステージ：離別の決意あり 　　　　　　「決定的底打ち実感」を抱き，離別や離婚の意思を持っている。

を行い，自ら生きていく基盤を主体的に選択し直していたこと，また，被害者の生活状況が大きく異なっていることから，加害者と別居後をCステージとDステージに分けた。

（2）心理的ステージ

　心理的ステージは，いわゆる〈決定的底打ち実感〉に至っているかどうか，つまり離別の意思があるかないかどうかに着目して，ⅠステージとⅡステージの2つに分類している（表9-2）。Ⅰステージは，離別の決意がない，もしくは離別に迷っていたり，気持ちが揺れている状況を指す。Ⅱステージは，離別の決意がある状況を指す。加害者と生活上は離れた生活の再生の時期に，離別の決意が『ぶれそうになる』という揺らぎがみられる場合はⅠステージとする。

（3）「DV被害者支援のためのステージモデル」（ステージモデル）

　物理的ステージと心理的ステージを「ステージモデル」として，マトリック

217

図9-1 「DV被害者支援のためのステージモデル」

心理的ステージ → ↓ 物理的ステージ	Ⅰ：離別の決意なし 　もしくは，迷いあり	Ⅱ：離別の決意あり 　＝決定的底打ち実感
D：加害者と別居 　「私」の新生期		D
C：加害者と別居（当初） 　生活の再生の時期	CⅠ	CⅡ
B：一時避難中	BⅠ	BⅡ
A：加害者と同居	AⅠ	AⅡ

図9-2 「DV被害者支援のためのステージモデル」と分析結果の位置

第9章　臨機応変な支援のための「ステージモデル」

図9-3　各ステージにおける代表的な相談例

心理的ステージ　　物理的ステージ	Ⅰ：離別の決意なし 　　もしくは，迷いあり	Ⅱ：離別の決意あり 　　＝決定的底打ち実感
Ａ：加害者と同居	ＡⅠ：「相手が怖くて思ったこと 　　が言えません。どうしたら 　　暴力がなくなるでしょう 　　か」	ＡⅡ：「暴力を受けた時，もう限界 　　だと思いました。何とか家 　　を出たいんです……」
Ｂ：一時避難中	ＢⅠ：「実家（シェルター）に避難 　　したけど，戻ろうかと……。 　　どうしているか気になる 　　し」	ＢⅡ：「もう一緒の生活は考えら 　　れません。早く新しい生活 　　を始めたいです」
Ｃ：加害者と別居（当初） 　　生活の再生の時期	ＣⅠ：「新生活になじめないし，体 　　調も悪くて……，戻る方が 　　良いのかも」	ＣⅡ：「早く生活を落ち着かせ，離 　　婚もし，自立していきたい 　　です」
Ｄ：加害者と別居 　　「私」の新生期		Ｄ：「もう大丈夫なはずなのに，暴 　　力の夢をみたり，物音に反応 　　してしまう」

スに示したのが図9-1である。また，「ステージモデル」を，第3章と第7章で示した分析結果である5つのプロセスに適合させたのが図9-2である。

　このモデルでは，被害者の心理的ステージを横軸に捉えている。第1章で説明したようにDVは，暴力や支配により生じる被害者心理と逃れにくさという特性を持つ一方で，DV被害者支援は被害者の意思に基づいて実施される。本研究の結果から，離別の決意は〈決定的底打ち実感〉によってなされることを明らかにしてきたが，この〈決定的底打ち実感〉の前後で，被害者のニーズも必要な支援も大きく異なることから，心理的状況を離別の決意の有無を基軸に捉えるモデルとした。

　このステージモデルに照らし，相談内容として語られる例を示したのが図9-3である。たとえば，「相手が怖くて思ったことが言えません。どうしたら暴力がなくなるのでしょうか」という内容の相談であれば，物理的ステージとしては，加害者と同居中であることからＡステージであり，心理的ステージとしては，離別の決意がないと思われることからⅠステージである，したがってこの相談者は，ＡⅠにいるといえる。また，「暴力を受けた時，もう限界だと思い

219

ました。何とか家を出たいんです」という内容の相談であれば，物理的ステージは加害者と同居中であることから同じくＡステージであるが，心理的ステージとしては，離別の決意がみられることからⅡステージであり，この被害者はＡⅡであるといえる。

（4）「ステージモデル」と分析結果で示した5つのプロセスの位置

　DV被害者の経験プロセスを第3章と第7章において5つのプロセスで説明しているが，これは図9-2で明示したように，「ステージモデル」におけるＡ〜Ｄの4つの物理的ステージと完全には一致していない。これは，被害者の離別の決意と関係を離れるか離れないかの動きには，ずれがあることと，離脱後も揺れが生じる場合があることに起因している。「ステージモデル」と分析結果で示したプロセスとの位置の特徴およびポイントは，以下の2点である。

　1つ目は，①離別の決意に至るプロセスと，②離脱の行動プロセスが，物理的ステージのＡステージとＢステージにまたがる形で配置されるということである。第4章で説明したように，多くの被害者は関係を続ける中で『試し相談』を行っていた。それらを可視化したものがＡⅠである。また，多くの被害者は離脱の決意に至る前に何度か家を出る『危機回避家出』を行う。それを可視化したものがＢⅠである。

　2つ目は，前章で示した移行を導く3つの完了テーマの可視化である。1つ目の〈決定的底打ち実感〉がⅠステージとⅡステージの間に，2つ目の〈離脱の不可欠資源の確保〉がＢステージとＣステージの間に，3つ目の〈境界設定の完了〉の時期がＣステージとＤステージの間に存在する。

　以上のことは，支援者にとってDV被害者支援が困難だと感じてしまう理由を以下の3点で説明することを可能にする。

　支援者が支援を困難と感じる理由の1つ目は，離別の決意に至っていない〈決定的底打ち実感〉前の被害者が，相談や一時保護につながってくることである。つまり，プロセスとしてＡⅠやＢⅠに位置する被害者に支援者が出会っているということである。被害者はこの段階ではまだ離別の意思を有しておらず，離脱に向けた支援を受けるニーズを有していない。そのことが支援者側から見た際に，「暴力を受けているのに自覚がない」「DV被害者は支援しても別れない」

第9章 臨機応変な支援のための「ステージモデル」

「家を出てもすぐに戻る」という印象を強めることになる。

　2つ目は，移行の動因とＣステージにみられる矛盾である。心理的ステージ
に着目すると，〈決定的底打ち実感〉に誘われ，ＡⅡとＢⅡを通過してきたはず
のＣステージにおいて，再び関係への揺れが生じるというＣⅠが存在している
ことである。つまり，支援者からみれば別居したのに気持ちが揺れていたり，
元の生活に戻っていく被害者に出会うことになる。離別の決意をもってＣス
テージに移行したとしても，〈喪失し，重荷をおう〉状態で始めたＣステージの
生活において，〈外からの脅かしに苦悩する〉，〈内なる痛みに苦悶する〉状況の
ループに陥るような状態であれば，被害者の離別の決意が『ぶれそうになる』
ことは十分に起こり得ることである。

　3つ目は，物理的ステージの矛盾である。Ｂステージにおいて『生活の場の
確保』『安全の担保』により〈離脱の不可欠資源の確保〉をし，Ｃステージに移
行してきた被害者のＣステージでの喫緊の課題は〈生活を作っていく〉ことで
あり，〈関係の線を引いていく〉ことである。真の「離脱」は〈境界設定の完了〉
というＣステージの最終段階において，ようやくなされる。しかし，外側から
みれば関係から離れた時点で，直接暴力にさらされることがなくなったことか
ら課題が解決していると見てしまいがちである。前述してきたように，実はＣ
ステージは被害者にとってまだまだ仮暮らしのような状態であり，支配の呪縛
も効いている。喪失が埋まらず，適切な支援や生活環境が整っていかなければ，
被害者の生活や心身の状況は困難を極めていく。つまり，Ｃステージの被害者
の支援に相当な労力が必要なのは，当然のことである。被害者が本当の意味で，
暴力関係から「離脱」し，支援の役割が減るのは，ＣステージではなくＤステー
ジといえる。

3　ステージに着目した被害者への支援の視点

　本節では，図9-1で示した7つのステージ分類ごとに支援者とのつながり
の様相とDV被害者本人への支援の視点を提示する。

（1）ＡＩの場合

　関係する主な支援者や機関は，フォーマル支援では，DV 相談機関，DV 以外の相談機関，警察，医療機関，福祉事務所，児童相談所などの児童福祉機関，保健センター，保育所，学校などであり，インフォーマル支援では，親族，隣人，知人・友人，職場の人などである。

　このステージの支援者とのつながりの様相は，①被害者は，加害者の支配の中で社会関係を喪失しており，支援者とのつながりは希薄である，②加害者の支配をすり抜け，かろうじてつながる支援者が存在する，③暴力のエスカレートや受傷などをきっかけに DV が顕在化した際につながる支援者が存在する，④限界感の蓄積の中で被害者自身が試し相談を行い，つながる支援者が存在する，の４点が考えられる。

　このステージにおける支援の視点として，以下の６点が挙げられる。

　　①　つながり続ける，もしくはつながりのメッセージを送る

　　他者との健康なつながりは，暴力下の生活において，喪失していく自己を緩和させ，自己を生き続けさせることに寄与する。物理的につながることが難しい場合であっても，いざとなれば支援につながることができると認識できていることは被害者の孤立を緩和する。

　　②　被害者が自己の状況を客観視できるような情報を伝える

　　DV や支配のメカニズムを理解した支援者との対話や介入は，被害者自身が自己の状況や限界感や客観視することを助ける。

　　③　「暴力のない生活」へ転換させる選択肢や方法を伝える

　　多くの被害者は，「暴力のない生活」を得るための選択肢や方法，また「暴力のない生活」を獲得した被害者がいることを認知していない。また，相談機関があることや相談できることを認知していない。選択肢があることは希望につながる。

　　④　結果をあせらない

　　離別の決意は，被害者自身が行うものなので，「種まき」をしながら待つことも支援である。また，加害者との生活を選ぶことや選ぶ権利があることを理解する必要がある。

第9章　臨機応変な支援のための「ステージモデル」

⑤　関係を続ける中で必要な情報を伝える

他者との関係を意識的に維持すること，緊急時の対応方法，危険時は助けを求めることなどを説明する。

⑥　セーフティプランを共有する

関係を続ける中で，被害者が既に行っている対処や生き抜くために使っている戦略，自身と子どもを守るために行っていることを聴くこと，そしてさらにできることや緊急時の対応を話し合うことである。そのことは，被害の軽減の可能性を高めるとともに，被害者の無力でない側面を認めることにもなる。他者である加害者を変えられないが，自分自身は変えることができること，また状況に対して作用できることがあるという認識や，その経験は被害者の生き続けている自己を触発し，人生の主体を取り戻す力になる。

（2）ＢＩの場合

関係する主な支援者や機関は，フォーマル支援では，警察（緊急時），DV相談機関，一時保護所・シェルター，医療機関（緊急時），DV以外の相談機関，福祉事務所，児童相談所などの児童福祉機関などであり，インフォーマル支援は，親族（一時避難先），知人・友人（一時避難先）などである。

このステージの支援者とのつながりの様相は，①暴力のエスカレートや受傷などをきっかけに被害者自身が，危機回避家出や求援行動をとった際に出会う，②一時保護やシェルターの場合，一定期間の生活全般に関わり，支援することになる，③被害者にとっては初めて家庭の中にある暴力について相談する機会，初めて出会う支援者であることも多い，④危機回避家出を繰り返している場合は，その都度，同じ支援者や支援機関が関わることも多い，の4点が考えられる。

このステージにおける支援の視点として，以下の6点が挙げられる。

①　被害者の置かれている状況や思いを十分に聴く

パートナーへの思いや関係の継続という希望の表出がなされるがその思いを否定せずに受け止める。また，暴力がなくなる方法を尋ねてくる際には，極めて難しい問題であることを説明する。

223

②　被害者が自己の状況を客観視できるような情報を伝える

DVや支配のメカニズムを理解した支援者との対話や介入は，被害者自身が自己の状況や限界感を客観視することを助ける。

③　「暴力のない生活」へ転換させる選択肢や方法を伝える

④　帰宅を選ぶ被害者を否定しない

離別の決意は被害者自身が行うものであることとプロセス途上であることを理解し，「種まき」の機会として活用する。

⑤　帰宅後の暴力について予測的に伝える

当面暴力が収まったとしても，再び起こること，激しくなる可能性があること，一度家を出たことから支配が強くなる可能性があることなどを説明する。

⑥　関係を続ける中で必要な情報を伝え，対処を話し合う

今後つながる相談先，他者との関係を意識的に維持すること，緊急時の対応，危険時は助けを求めるなどを説明する。また，ＡＩ⑥で示したセーフティプランを話し合う。

（3）ＡⅡの場合

関係する主な支援者や機関は，フォーマル支援では，DV相談機関，DV以外の相談機関，福祉事務所，警察，弁護士，児童相談所などの児童福祉機関などであり，インフォーマル支援では，親族，知人・友人，職場の人，不動産・引越業者などである。

このステージの支援者とのつながりの様相は，①被害者の決定的底打ち実感に導かれた支援獲得行動の中でつながる支援者が存在する，②選択肢が限定される中，自己資源を掘り起しつながり直す支援者がいる，③最初につながった支援者からのつなぎ支援や紹介により新たな支援者に出会う，④コーディネート機能を果たすコア支援者がいると強い有援感をもたらすとともに，加害者と同居しながら暴力関係からの離脱の準備を進めることも可能になる，の4点が考えられる。

このステージにおける支援の視点として，以下の5点が挙げられる。

第9章　臨機応変な支援のための「ステージモデル」

① 被害者の抱く限界感を受け止め，動き出しを支持する。

② すぐ関係から離れることを望んでいるのか，また危険性などからその必要があるのかを確認する。被害者の避難の意思がある場合は，とりあえずの避難場所と安全の確保を行う。

③ 具体的な方法や選択肢を示す。被害者がすでに持っている自己資源は何か確認するとともに，使える社会資源や方法を提示する。時間的な余力がある場合は，今後の生活の準備や見通しについて戦略を検討する。

④ 社会資源の利用をサポートし，自らや自らの組織が有しない機能は別の支援者につなぐ。

⑤ 被害者が自己の状況を客観視できるような情報を伝える。DV や支配のメカニズムを理解した「支援者」との対話や介入は，被害者自身が自己の状況や限界感を客観視することを助ける。

（4）BⅡの場合

関係した主な支援者や機関は，フォーマル支援では，DV 相談機関，一時保護所・シェルター，DV 以外の相談機関，福祉事務所，児童相談所などの児童福祉機関，警察，医療機関，弁護士，地方裁判所などであり，インフォーマル支援では，親族，知人・友人などである。

このステージの支援者とのつながりの様相は，①被害者の決定的底打ち実感に導かれた行動の急発進により，家を出た中でつながる支援者が存在する，②選択肢が限定される中，自己資源を掘り起しつながり直す支援者がいる，③最初につながった支援者からのつなぎ支援や紹介された社会資源を活用する途上で，芋づる式に短期的に多くの支援者と出会う，④コーディネート機能を果たすコア支援者がいると強い有援感を感じる，⑤一時保護やシェルターの場合，一定期間生活全般に関わり支援することになる，の5点が考えられる。

このステージにおける支援の視点として，以下の5点が挙げられる。

① 被害者の抱く限界感を受け止め，動き出しを支持する。

② 被害者が自己の状況を客観視できるような情報を伝える。DV や支

配のメカニズムを理解した支援者との対話や介入は，被害者自身が自
己の状況や限界感を客観視することを助ける。
③　とりあえずの避難場所と安全の確保を行う。
④　生活の場の確保，安全の担保の２点を目的に支援する。具体的な方
法や選択肢を示し，被害者の自己決定と行動を支える。
⑤　社会資源の利用をサポートし，自らや自らの組織が有しない機能は
別の「他者」につなぐ。

（5）ＣⅠの場合

　関係する主な支援者や機関は，フォーマル支援では，福祉事務所，役所など
手続き窓口，入所施設，DV 相談機関，DV 以外の相談機関，警察，医療機関，
弁護士，地方裁判所，家庭裁判所，保健センター，保育所，学校，児童相談所
などの児童福祉機関，ハローワークなど，インフォーマル支援では，親族，知
人・友人，職場などである。
　このステージの支援者とのつながりの様相は，①地域を超えて逃れることな
どにより，これまでの他者との関係の喪失を経験している，②支援が得られず，
つながりが感じられないと孤立を深め離別への意思が揺らぐ，③生活を築くこ
とがうまくいっていない場合や子どもの問題が表面化し，被害者一人で抱えら
れなくなっているが支援が得られていない場合が多い。反対に，課題が表面化
してつながる場合がある，④加害者からの猛烈な引き戻し行動を受けている場
合や，揺れが生じたり加害者との関係が切れず翻弄している被害者に出会う場
合がある，の４点が考えられる。
　このステージにおける支援の視点として，以下の５点が挙げられる。

①　揺れの原因が何かを理解する。
②　揺れ戻し感情を抱いている状態を決して責めない。
③　被害者が抱える困難や生活課題を把握する。また，その生活課題を
軽減するための対処と実質的支援を組み立てる。
④　帰宅や加害者への連絡を衝動的にしないように伝える。
⑤　被害者が自己の状況を客観視できるような情報を伝える。DV や支

第9章　臨機応変な支援のための「ステージモデル」

配のメカニズムを理解した支援者との対話や介入は，被害者自身が自
己の状況や揺れが生じていることを客観視することを助ける。

（6）CⅡの場合

　関係する主な支援者や機関は，フォーマル支援では，福祉事務所，役所など
手続き窓口，入所施設，DV相談窓口，DV以外の相談部門，警察，医療機関，
弁護士，地方裁判所，家庭裁判所，保健センター，保育所，学校，児童相談所
などの児童福祉機関，ハローワークなど，インフォーマル支援では，親族，知
人・友人，職場，近隣住民などである。

　このステージの支援者とのつながりの様相は，①地域を超えて逃れることな
どにより，これまでの他者との関係の喪失を経験する，②つながりを継続する
少数の支援者がいる。つながりが継続する支援者が支えとなる，③安全，離婚
の手続き，子どもとの問題，就労や生活費などの新たな課題に出会う中，相談
行動や手続きの中で生活課題に対応する支援者に出会う，④新たな生活の中で
コーディネート機能を果たす支援者が存在すると被害者の大丈夫が格段に増え
る，の4点が考えられる。

　このステージにおける支援の視点として，以下の5点が挙げられる。

① 　社会資源の活用や手続きの支援によって生活の構築を支える。
② 　離婚の手続きなど法的に加害者との関係の整理を支援する。
③ 　情報の秘匿や安全が継続的に保持できるようにする。
④ 　安全感・安心感をもたらすつながりを構築し心理的に支える。
⑤ 　被害者が自己の状況を客観視できるような情報を伝える。DVや支
　　配のメカニズムを理解した支援者との対話や介入は，被害者自身が自
　　己の状況や生じる苦悩，支配によりもたらされていたからくりを客観
　　視することを助ける。

（7）Dステージの場合

　関係した主な支援者や機関は，フォーマル支援では，福祉事務所，児童相談
所などの児童福祉機関，医療機関，学校，保育所，DV以外の相談機関，ハロー

ワークなどであり，インフォーマル支援では，親族，知人・友人，職場，近隣住民，趣味仲間，新たなパートナーなどである。

　このステージの支援者とのつながりの様相は，①支援を受ける対象では無くなることが多く支援者との関係は希薄となる，②一部であるが，カウンセリングや医療機関などの支援者につながる人がいる，③残る生活課題があるため困った時に相談できる，そこにい続けてくれる支援者は安心感をもたらす，④DV を主訴としてではなく，その他の生活課題や子どもの問題の表面化により支援につながることが多い。また，このステージの場合，DV 被害経験があることを理解することが重要である。

　また，このステージにおける支援の視点は，以下の 5 点が挙げられる。

① 　互酬的な関係と健康なつながりの中で回復を間接的に支える。
② 　仕事や社会活動など，被害者が社会への作用感を持てる場を提供できるシステムが必要となる。
③ 　当事者のつながりの場の創出や被害経験を共有・発信する場は，回復を促進する要素といえる。
④ 　経済的な課題や子どもの課題などの生活課題に対応する支援の提供が重要である。
⑤ 　加害者に住所が知られないような安全対策が必要な場合もある。

終　章	自治体への専門職配置と
	アドボケイトシステム
	——今後の支援システムへの展望

　本書の内容を振り返ると，序章において，ドメスティック・バイオレンス（以
下，DV）被害者の経験に関する先行研究を概観した上で，本研究の位置と目的
を確認し，第1章ではわが国における DV 被害者を取り巻く現状を説明し研究
の背景を示した。第2章では，研究方法として用いた修正版グラウンデッド・
セオリー・アプローチの紹介を行った。第3章〜第7章の各章においては分析
により見出した分析結果である DV 被害者の経験プロセスを記し，第8章では
被害者の経験プロセス全体を俯瞰し総合考察を行った。加えて，第9章では
「DV 被害者支援のためのステージモデル」を提示し，被害者の状況理解に基づ
く支援の必要性と，ステージごとの支援の視点を提示した。本書を終えるにあ
たり本章では，ステージを通じた途切れない支援のために必要な視点や支援シ
ステムを考察し，今後の支援システムを展望する。

1　ステージを通した効果的な支援のために

　第9章において，ステージごとの支援の視点を示したが，それらはミクロ実
践の視点を示したといえる。しかし，効果的なミクロ実践のためにはメゾ・マ
クロの各レベルに視点を向けることが必要となる。各ステージにおいて DV
被害者支援が丁寧になされるためには，ステージ全体を見通し，支援を行いや
すいシステムや支援者を支える体制がどうしても不可欠となる。ここでは，
DV 被害者への支援が有機的になされるために必要な条件として，連携・人的
配置・人材養成システムの3点を提示する。

（1）ステージ内とステージ間をつなぐ横と縦の連携
　DV 被害者支援が有機的に行われるためには，ステージ内でつなぐ横の連携

図終‐1　ステージ内とステージ間をつなぐ連携

（横断的連携）とステージ間をつなぐ縦の連携（縦断的連携）が必要である。それらの連携イメージを図示したのが図終-1である。

1）ステージ内をつなぐ横の連携──横断的連携

　分析結果で示したように，DV被害を経験すると被害者はどのステージにおいても，物理的にも心理的にも多様な負担と困難を抱えることになる。また，前章まででDVを受けているなら別れればよい，DV支配から離れられれば安定した生活が待っているという単純な図式ではないことも示した。被害者に生じる困難を軽減し，抱える課題の軽減や解決に向かうためには多種多様な支援がどのステージにおいても，必要となる。

　例えば，加害者と同居中の被害者の自己や危険回避を支える支援（AⅠ，BⅠ），同居から別居に至る生活の場の確保や安全の担保を行う集中的な支援（AⅡ，BⅡ），加害者と別居後の多様な生活課題や関係の線を引くために中期にわたり必要となる支援（Cステージ），「回復」に向かうための長期視点の支援（Dステージ）というステージごとの支援である。どのステージにおいても一つの課題に対応すればよいというものではなく，生活面，心理面，法律面，安全面，手続き面，そして子どもや子育ての支援など多様な支援が必要となる。

　それらは1人の支援者や1つの機関で対応できるものでは到底ないことは自明である。そのため，あるステージ内にいる被害者を支えるため多職種や多機関連携・協働による横のつながりに基づく支援と，そのための連携システムが不可欠となる。

終　章　自治体への専門職配置とアドボケイトシステム

２）ステージ間をつなぐ縦の連携──縦断的連携

　わが国の現状では，被害者が暴力関係から「離脱」するためには，通常居所を変えることが求められる現実がある。そのため，生活の場を変えることになる被害者のステージとステージの間をつなぐ縦の連携（縦断的連携）も不可欠となる。実際に26名の調査協力者のうち居所を変えずに離別したのは２名のみであった。１名は元々加害者と別居状態であったこと，もう１名は離婚届け提出後に加害者が家を出たことで居所を変えない生活が実現していた。しかし，他の調査協力者は離別の行動プロセスの中で，それまでの住み慣れた自宅を出ることを余儀なくされていた。また，11名については一時保護やシェルター利用を経験していた。つまり，加害者と同居というＡステージから一時避難というＢステージ，加害者との別居というＣステージへとステージ毎に，生活の場を移していたといえる。

　すなわち，被害者が「暴力のない生活」を実現するためには，被害者の生活の場に合わせたステージ間をつなぐ縦の連携（縦断的連携）が必要となるということである。例えば，被害者が避難する際にスムーズにシェルター利用などにつながる連携（Ａステージ→Ｂステージ），同居していた自宅から新たな住居へ別居する際の連携（Ａステージ→Ｃステージ），一時避難中の被害者が新しい住居に転居する際の連携（Ｂステージ→Ｃステージ），一時避難や別居していた被害者が帰宅した際に元の居所の支援につなぐ連携（Ｂステージ→Ａステージ，Ｃステージ→Ａステージ）などである。

　わが国は市町村において，住民生活に関わる各種手続きや福祉や保健に関わるほとんどの住民サービスを行っている。転宅した際，新たに生活をする市町村において生活がスムーズに営めることが，被害者の生活の再生のためにはとても重要となる。また通常住民が転居した際，転出先から転入先に情報が引き継がれる。この場合，転居前と転居後の市町村の連携の下，住民票の写し等の交付等の制限措置がとられたりする。一方，DV被害者の中には，安全のために住民基本台帳の異動できない被害者もいる。住民登録の有無にかかわらず，いずれの場合も，被害者の居所等の情報が秘匿されることは被害者の生命線となる。これらのことから，ステージを超えた縦の連携（縦断的連携）には，生活をスムーズに営めるように支援や相談をつなぐという連携と，情報を秘匿

231

して安全を図るための連携という質の異なる2つの連携の機能が必要といえる。

（2）市町村への専門職配置の義務化とアドボケイトシステムの必要性

1）市町村への専門ワーカー・専門相談員設置の必要性

　ステージごとの支援に加え，横の連携（横断的連携）と縦の連携（縦断的連携）を有機的に行うためには，各市町村にコーディネート役割を担う専門ワーカー・専門相談員が配置されていることが不可欠である。その専門家は，法令に裏づけられて配置されることが必要であろう。しかし，第1章で前述したように，現状では，市町村の配偶者暴力相談支援センターの設置は進んでおらず，DV防止法において相談にのることとされている婦人相談員の配置も，地域によってばらつきがある。いずれも義務化されていない中で，その整備は市町村の判断に委ねられており，また婦人相談員においては根拠法である売春防止法では，町村の配置は想定されていない。

　筆者の支援経験の中でも，被害者が一時保護所から退所する際や転居する際に新しく住む市町村に支援を依頼するために連絡しようとしても，窓口が明確でなかったり，専門の職員がいなかったりすることがみられた。一方で，支援態勢を整えている一部の市町村においては，多岐に渡る手続きや支援のコーディネート役割を果たす専門家につながり，継続的に支援を受けることが可能であった。どこの市町村で暴力を受け，どこの市町村に離別後住むことになるかによって，被害者が受ける支援の質が大きく異なるというのが現状である。

　離脱の行動のプロセスで『紙一重感』をいう概念を生成したが，どのような支援を受けられるか，また支援が得られるか得られないかが紙一重であっては，虐待を受けた被害者の人権を守るわが国の社会システムとして，あまりに貧弱といえる。法律に裏づけされた専門職員がどの市町村にも配置され，横断的連携と縦断的連携のコーディネートの役割を果たし，どこに住もうともスムーズに支援が受けられるようになることはDV被害者支援にとって喫緊の課題といえる。

2）アドボケイトシステムの必要性

　市町村への専門ワーカー・専門相談員の配置に加え，一時避難や新たな生活を始める被害者を権利擁護の視点から同行支援やアウトリーチを含め被害者に

終　章　自治体への専門職配置とアドボケイトシステム

縦断的につながり個別に支援できるシステムも必要である。少なくとも「暴力のある生活」から「暴力のない生活」へ踏み出した被害者が，新しい生活で孤立したり，生活が立ちゆかないことや安全が守られないことによって，やむなく帰宅したり，「暴力のある生活」に戻らざるを得ないことは避けなければならない。婦人相談所で行った子どもとともに新しい生活を始める被害者への調査によると，全員が今後の生活について不安や心配があると回答し，98％の被害者が今後のサポートを望んでいると回答している（増井ら 2016）。とりわけ，関係から離脱直後の被害者への手厚い支援は重要であり，かつ加害者から離れていることから支援者は比較的被害者との関わりを持ちやすいともいえる。

　離脱後の支援体制が整えられていることは，加害者と同居し「暴力のある生活」を送っている被害者にとっても希望につながる。支援者が離脱後の生活において支援がスタンバイしていることや，そのシステムがあることを堂々と被害者に説明できることは「暴力のある生活」の中にいる被害者に出会った支援者にとっても力となるものである。

　アメリカでは，アドボケイトと呼ばれる当事者の権利を擁護し，同行支援などを行う活動がある（岩瀬 2010：村本 2013：27）。アドボケイトは，「警察が民間支援団体のアドボケイトと連携をとることで被害者は混乱に陥っている初期から法的手続き，安全の確保，守られるべき権利，社会資源の提供など被害者が必要とする支援を迅速に提供する」ことを役割とし，被害者だけでなく子どもにも支援を行っている（岩瀬 2010）。シェルターからの退所時にアドボケイトがつくことで，被害者が社会資源をうまく利用することにつながり，QOLの高まりや再暴力の減少がみられること（Bybee & Sullivan 2002），アドボケイトとの対話の時間を得たことや尊重される経験によって，被害者の力が回復されていること（Black 2003）などが報告されている。

　わが国においては，このような柔軟かつ個別的な支援については，民間シェルター等がすでに支援活動の中で行ってきた取り組みであるが，法律や財政的裏づけを持つものとしては位置づけられていない。昨今では警察によるDVへの積極的対応もあり，加害者が逮捕され検挙される件数が増加しており，また離婚時には子どもの養育費や面会交流の取り決めなども求められるようになり，被害者が警察や司法制度に関わることが増えている。被害者はますます多

233

くの課題への対応が求められるようになっているともいえる。アウトリーチや同行支援により個々の被害者の権利擁護，諸手続きの負担軽減，生活の自立のためのサポート，そして精神的サポートなど包括的な支援を生活の場の移動にかかわらず同じ支援者が個別に提供できる意義は大きい。官民の連携や民間力の活用が真に求められる今日において，財政的裏づけを伴ってアドボケイトのような個別的で柔軟に対応できる支援のしくみが，わが国の支援システムの中に位置づけられる必要があろう。

　以上のように，本節ではわが国の支援システムとして，市町村に配置し連携の要を担う専門ワーカー・専門相談員と，民間支援機関等に属しアウトリーチや同行機能を持つアドボケイトを提案した。この両者が支援システムの中に位置づけられるならば，すべてのステージを通じ重層的な連携の下での支援が可能になるとともに，網の目としてはられた被害者支援の土壌が整うといえよう。

（3）　人材養成システムの必要性

　支援に関わる人材について述べてきたが，支援が有機的になされるためには，人が配置されるだけでは足りず，配置される実践者や専門家の養成と支援者を支えるシステムが必要である。

　本書で示してきたように，DV 関係から「脱却」するためには心理的支配と物理的支配から解放されることが必要であり，支援者はこれらに介入するための心理的支援と物理的支援の両方に，対応できることが求められる。

　ここでいう心理的支援とは，被害者が経験している支配のメカニズムや被害により生じる影響を理解し被害者に伝える心理教育的な関わり，加えてトラウマ反応等の知識も踏まえた被害者理解と心理的介入のことであり，トラウマ・インフォームドケアの視点が求められる。物理的支援とは，社会資源（人・もの・情報・制度等）を駆使し生活の構築や安全の支援を行うことである。たとえば，被害者がたとえ加害者との離別を決意し「暴力のない生活」を望んだとしても，生活の場や安全を得る方法が無いと「暴力のない生活」を得ることはできない。そこには支援が必ず必要である。生活の場と安全の担保をもたらし，さらに被害者が抱える生活課題に実質的に対応するソーシャルワークやケースマネジメ

ントが丁寧に行われることが不可欠である。

　DV の特質も理解した上で，これらの支援を行うことは並大抵なことではなく，非常に高度な専門性と支援力が必要となる。そのためには，研修等における人材養成と人材養成システムが必要である。加えて，個人一人の奮闘だけでは支援がなせるものでは到底ないことから，機関や組織においてチームとして支援が行われること，また機関を超えた支援者支援システムも必要となろう。

　以上で述べたような支援システムが整い機能するためには，根拠となる法律が整備されていることとDVという人権課題への財政的措置無くしては成り立たない。アメリカにおいては，1994年にできた女性に対する暴力防止法に続く2000年以降の改正によって財政的投入がされるようになった（戒能 2002：179；村本 2013：21）。DV 防止法制定から20年を経る現在，本気で DV 被害者支援体制の構築に取り組むべき時といえる。

2　本書の到達点

　本書は，DV 被害者の語りの分析から DV 被害者の経験を明らかにしたものである。本研究で取り扱ったデータは，DV 関係に陥る婚姻や同居の中で関係を継続し，そしてそこから「離脱」した被害者の経験である。よって，関係当初や交際中に離別に至ったものや離別することなく関係を続けている被害者の経験を明らかにしたものではない。また，本研究はあくまでも分析焦点者である DV 被害者本人の経験を明らかにすることを主眼とした。そのため，子どもや被害者の子どもとの経験については，独立された概念としてはほとんど生成せず，概念生成を支えるバリエーションとして扱っている。DV 家庭に育つ子どもや親子の関係については更なる研究テーマとして深めていく。

　本書において，修正版グラウンデッド・セオリー・アプローチ（M-GTA）を用いた分析から DV 被害者が経験するプロセスをグラウンデッド・セオリーとして提示したことが本研究における最大の成果であり，わが国の DV 被害者研究に新たな知見をもたらすものであると考える。また，データに根ざして生成した概念やカテゴリーは，被害者が経験する世界のリアリティ，また支援者が出

235

会う現象のリアリティを説明できるものであると感じている。

　加えて，この知見の一部は暴力に巻き込まれ，身を守る動きを求められることになった DV 以外の暴力被害者にも適応が可能ではないだろうか。このように考えるのは，これまで筆者が出会ってきた多様な被害においても，状況理解と為すべきことの理解の 2 点において活用できたからである。

　本書では，分析結果からステージモデルを考案し，DV 被害者支援の視点を提示した。ステージモデルはシンプルであるが，被害者支援に関わる実践者にとって被害者理解と支援を検討する枠組みとなるのではないだろうか。また，DV 被害者の支援研究を促進する枠組みになるのではないだろうか。

　今後，当事者の心に届き，支援者の支援活動を支え得るさらなる知となるためには，支援の視点にとどまらず支援方策がさらに整理されていくことが必要である。

お わ り に

　本書は，筆者が大阪府立大学に提出した学位論文を基に，その後継続して実施している「DV被害者のソーシャルワークの支援理論の構築と研修プログラムの開発」(文部科学省・学術振興会科学研究費補助金〔若手研究〕)の研究成果を一部加え，加筆し執筆しなおしたものである。

　筆者はDV防止法が施行される前年に，DV被害者支援の現場に人事異動により図らずも身を置くことになった。そこでの被害者との出会いにおいて，親密な関係の中で起こる暴力のすさまじさ，人が人により激しく尊厳を奪われ，傷つけられる現実を目の当たりにした。一方で，力強く暴力関係から「離脱」し，新しい生活を築いていく多くの被害者にも出会い，その被害者の力にもしばしば驚かされ，その姿に筆者自身が何度も力をもらった。

　しかし，DV防止法施行前後の当時の支援現場は混沌としていた。役所の相談窓口では離別を決めてから相談に来て下さいという対応がなされ，一時保護の繰り返しや加害者のいる家に戻る人には厳しい言葉が投げかけられることもあった。

　もちろん，被害者に対して「あなたは悪くない」と説明することや，被害者と一緒にセーフティプランを考えることなどは支援のスタンダードとして理解されていたが，それだけでは足りないのではないかとも感じていた。何かの答えを得たいと研修会にも参加した。研修で取り上げられるテーマは，いかに女性たちがひどい暴力を受けているかという実態，女性への暴力が女性差別でありジェンダーの問題であり，いかに社会的に作られたものであるかということ，また支援者たち(特に行政職員への批判や社会福祉分野への批判は強かった)がいかに被害者に二次被害を与えているのかということ，二次被害はあってはならないということが中心となっていた。無論，それらの研修への参加は，筆者に被害者支援をしていく上での価値を培い，被害者支援についての多くの示唆を与えてくれるものであった。

237

しかし，実際の支援方策としては「あなたは悪くない」と伝える必要があること，セーフティプランを一緒に考えるようにというような提示にとどまり，実際に被害者が帰宅をすることや暴力関係から「離脱」していくことをどのように理解し，自身が被害者にどのような支援を行えばよいのかという具体的な視点や方策を得るには至らなかった。

　また自らが当時所属していた行政機関の職員が，二次被害を与えているという厳しい指摘や，社会構造上の問題であると指摘される話を聞くにつけ支援者一人として無力さを痛感し，「真面目な支援者」である（少なくともそうでありたい）と思っていた筆者の心は重くなった。支援での行き詰まり感から少し学び直しができたらと思い仕事の傍ら大学院に入学する中で，DV被害者支援に言葉を見出したい，理論を持ちたいと強く考えるようになった。

　その方法としてDV被害を経験した当事者の語りを分析することとなった。インタビューの際，多くの研究協力者は，自身の経験が他の被害者の力となり，より良き支援がなされることを願っての協力であると，その思いを語られた。丁寧に当事者の言葉を研究という手法を通じて紡いできたつもりであるが，この研究が当事者を少しでも支え得るものであればと願う。

　残された課題がある。本書はDV被害者の視点から被害者の経験を明らかにしたものであり，その分析を基に支援の視点を提示したものである。しかし，DV家庭に育つ子どもの視点からも調査が必要であると考えている。

　本書を執筆中に，千葉県で，小学4年生の女児が父親からの虐待により死亡するという痛ましい事件が起きた。その母親はDV被害を受けていたこと，母親は加害者である父からの相当な支配の中にいたと思われること，これまで関わってきた関係機関は母がDV被害者であることを把握していたこと，そして，母親は子どもを守ることができず，母もまた逮捕された。

　本書でも触れたように，DVと虐待は家庭内にある暴力として深く連関する。子どもを守るためにもDV被害者が責められるのではなく，適切に支援されることが不可欠である。被害者の「心」と「生活」にきちんと届く支援が求められる。そのためには，わが国において，DV被害者支援の実力を真に高めることが喫緊の課題であるといえよう。研究を進め，研究から現実的で実効性のある支援の視点と方策を支援現場に提示できること，家庭の中にある暴力という

視点で被害者と子どもにいかに介入し，支援するのかという理論が整理される
必要がある。

　また本書では，ステージモデルを提示し，ステージごとの支援視点を示した。
加えて，市町村への専門ワーカー・専門相談員の配置や民間力を活用したアド
ボケイトシステムを提案した。現在も実際に支援現場には，多様な相談が持ち
込まれ，多様な対応がなされている。今後は支援現場側から各ステージにおい
て実際に持ち込まれる相談内容がどのようなものであり，どのような支援方策
や連携が有効であるかの研究も必要であると考えている。

　筆者が用いた研究方法であるグラウンデッド・セオリー・アプローチ（以下，
M-GTA）は，結果が応用され，そして実践やさらなる研究のなかで修正されて
いくことを前提とした研究法である。引き続き実践と研究を行き来し，研究を
実践に発信し，また実践現場から学びを得ながら研究を進めていきたい。

　本研究を行うにあたり，多くの方々に暖かいお力添えをいただいた。あわせ
て，ここに心から感謝の思いを伝えたい。

　何よりもまず，本研究を続けていく強い動機とエネルギーをもたらしてくれ
たのは，多くのDV被害者の方との出会いである。また研究を実施するにあた
っては，被害経験のある方にご協力をいただいた。心より感謝を申し上げる。
支援者の方々には，調査協力者をご紹介いただいた。そして，今も支援者や支
援現場とのたくさんのつながりの中で，多くの刺激をいただいている。

　大阪府立大学の児島亜紀子先生には，博士後期課程においてご指導をいただ
いた。先生には，一人の研究者・一人の実践者として尊重していただくととも
に，時に書くことに行き詰まる私を丁寧に導いていただいた。特に，博士論文
完成前の半年間は仕事終わりや休日に先生のご自宅にお邪魔し，定期的に原稿
を見ていただいた。このゆったりとした，それでいて凛とした贅沢な時間を私
は忘れることはないだろう。

　山中京子先生には，大阪府立大学大学院博士前期課程の指導教員として，研
究の「いろは」から教えていただいた。一緒に分析をみていただく中で，デー
タに根ざすということ，データを解釈するという真髄と質的研究のおもしろさ
を学ばせていただいた。先生との出会いであり，研究の世界へ導かれた学園祭

での進学相談会を今でも思い出す。

　大阪府立大学の山野則子先生と西田芳正先生には，博士論文の副査をお引き受けいただいた。山野則子先生には，M-GTA による分析の視点や博士論文の構成について助言をいただいた。厳しくも率直な先生のご指摘により，新たな着想を得ることがしばしばあった。西田芳正先生には，私の拙い文章をとても丁寧にみていただいた。そして，意義深い研究であるとも言って下さり，書籍化の際の助言までいただいた。その助言を基に大きく加筆・再編成し，本書を刊行することができた。

　博士前期課程の時に後期課程に在籍していた岩本華子さんと出会った。そして，彼女には研究全般また本書を書き上げるにあたり，多様な協力とサポートをいただいた。大阪府の福祉職時代の同僚である丸橋正子さんには原稿を丁寧に見ていただき，DV に加え，その他の暴力やハラスメント被害者への適用も可能だとも言っていただいた。大学院の同期である木曽陽子さん・厨子健一さんとは様々に励まし合い，またたくさん助けていただいた。西日本 M-GTA 研究会で何度も発表をさせていただき，メンバーの皆様から分析について色々なアドバイスをいただいた。

　児童精神科医の岡本正子先生（元・大阪教育大学）には，本分野の専門家・研究者として尊重していただいた。先生との出会いが，暴力被害を受けた母子への包括的支援に向けた検討へとつながっている。弁護士の雪田樹里先生，ドーン財団の仁科あゆ美さん，兵庫県の大石由美子さんにも研究を続けていく後押しと前向きなエネルギーをもらっている。そして，共に支援について悩み議論した大阪府の元同僚，私を実践者として育ててくれた大阪府の福祉専門職に感謝する。

　最後にミネルヴァ書房の音田様には，多くの助言と励ましをいただいた。記して，感謝する。

　2019年7月

　　　　　　　　　　　　　　　　　　　　　　　　　増井香名子

参 考 文 献

有薗博子（2008）「弁護士との連携」小西聖子編『犯罪被害者のメンタルヘルス』誠心書
　　房，366-380頁。

有馬真喜子（2002）「国際社会の流れの中で跡づける」人権文化を育てる会『DV ——女
　　性たちの SOS』ぎょうせい，104-110頁。

いくの学園（2009）『DV 被害者当事者の自立支援に関する調査報告書——482人の声を
　　聴きました』。

石井朝子（2005）「DV 被害者の精神保健」『治療』87（12），3233-3238頁。

石井朝子（2009）『よくわかる DV 被害者への理解と支援』明石書店。

岩瀬久子（2010）「DV 被害者に対する民間支援団体のアドボカシー活動——米国の現状
　　と日本の課題」『奈良女子大学社会学論集』17，115-132頁。

宇治和子（2014）「DV 被害女性の体験の意味づけ——加害者との関係を断ち切れない理
　　由とは」『臨床心理学研究』51（1），14-27頁。

大阪教育大学学校危機メンタルサポートセンター・兵庫県こころのケアセンター訳
　　（2018）「SAMHSA のトラウマ概念とトラウマインフォームドアプローチのための
　　手引き」（http://www.j-hits.org/child/pdf/5samhsa.pdf，2019年 6 月 1 日アクセス）。

「夫（恋人）からの暴力」調査研究会（1998）『ドメスティック・バイオレンス［新装版］』
　　有斐閣選書。

戒能民江（2002）『ドメスティック・バイオレンス』不磨書房。

戒能民江（2006）「日本における DV の実態」戒能民江編著『DV 防止とこれからの被害
　　当事者支援』ミネルヴァ書房，63-94頁。

戒能民江（2013）『危機をのりこえる女たち—— DV（ドメスティック・バイオレンス）
　　法10年，支援の新地平へ』新山社。

川崎佳代子・三澤寿美・西脇美春ら（2006）「DV（ドメスティック・バイオレンス）の
　　被害と回復過程への支援——第1報：被害の実態と支援の現状と課題」『山形保健医
　　療研究』91，9-32頁。

木下康仁（1999）『グラウンデッド・セオリー・アプローチ——質的実証研究の再生』弘
　　文堂。

木下康仁（2003）『グラウンデッド・セオリー・アプローチの実践』弘文堂。

木下康仁（2007）『ライブ講義 M-GTA ——実践的質的研究法』弘文堂。

木下康仁（2014）『グラウンデッド・セオリー論』弘文堂。

久保美紀（2000）「エンパワーメント」加茂陽編『ソーシャルワーク理論を学ぶ人のため

に』世界思想社，107-135頁。

雲かおり・太湯好子（2002）「肝臓がん患者の苦難の体験とその意味づけに関する研究」『川崎医療福祉学会誌』12，91-101頁。

厚生労働省雇用均等・児童家庭局家庭福祉課（2018）「平成28年度婦人保護事業実施状況報告の概要」（http//www.mhlw.go.jp/file/06-Seisakujouhou-11900000-Koyoukintou jidoukateikyoku/0000065113.pdf，2018.10.20）。

小西聖子（2001）『ドメスティック・バイオレンス』白水社。

小西聖子（2010）「精神健康の側面から見たDV被害の実態と研究の課題」『国立女性教育会館研究ジャーナル』14，15-21頁。

須藤八千代（2000）「シェルター利用女性へのインタビュー調査結果」国広陽子・シェルター・DV問題調査研究会議『シェルターにおける援助に関する実態調査——問題解決の主体としての女性をとりまく社会資源とシェルターが行う援助を考察する』横浜女性協会，8-18頁。

須藤八千代（2002）「『ドメスティック・バイオレンス』とソーシャルワーク研究——AFFILIA：Journal of Women and Social Work における研究の視座」『愛知県立大学社会福祉研究』4，25-40頁。

須藤八千代（2003）「ドメスティック・バイオレンスとソーシャルワーク」『ソーシャルワーク研究』29（1），10-17頁。

春原由紀（2011）『子ども虐待としてのDV——母親と子どもへの心理臨床的援助のために』星和書店。

春原由紀（2016）「DVの母子関係への影響と支援の必要性について」『武蔵野大学心理臨床センター紀要』16，13-17頁。

総理府（2000）「男女間における暴力に関する調査」。

高井葉子（2000）「ドメスティック・バイオレンスの社会問題化とエシックス——女性が主体の意義申し立て運動」杉本貴代栄編著『ジェンダー・エシックスと社会福祉』ミネルヴァ書房，113-135頁。

高畠克子（2013a）「日本におけるDV防止への取り組みの変遷」高畠克子編著『DVはいま——協働による個人と環境への支援』ミネルヴァ書房，2-17頁。

高畠克子（2013b）「DV被害者とは誰なのか」高畠克子編著『DVはいま——協働による個人と環境への支援』ミネルヴァ書房，50-63頁。

宅香菜子（2010）『外的後成長に関する研究——ストレス体験をきっかけとして青年の変容』風間書房。

武内珠美・小坂真利子（2011）「デートDV被害女性がその関係から抜け出すまでの心理的プロセスに関する質的研究——複線径路・等至性モデル（TEM）を用いて」『大分大学教育福祉科学部研究紀要』33（1），17-30頁。

田澄美佐子・神田清子（2010）「造血幹細胞移植を受けた子どもを持つ母親が療育体験を

意味づけるプロセス」『日本看護研究学会雑誌』33（2），23-33頁。

寺田貴美代（2007）「DV（ドメスティック・バイオレンス）に関するソーシャルワーク理論の考察」『清和大学短期大学部紀要』36，9-19頁。

東京都生活文化局（1998）「『女性に対する暴力』調査報告書の概要」（http://seikatubunka. metro.tokyo.jp/index8files/bouryoku.html, 2009.5.31）。

土岐祥子・藤森和美（2013）「親密なパートナーからの暴力（IPV）関係を終結するか継続するかの決定に関する研究の概観」『学校危機とメンタルヘルスケア』5，50-68頁。

土岐祥子・藤森和美（2014）「インベストメント・モデルの基礎的検証——親密なパートナーからの暴力関係を終結するか継続するかの意思決定の側面から」『トラウマティック・ストレス』12（2），193-203頁。

とちぎ女性センター（2003）『夫・パートナーからの暴力に関する二次被害の実態調査報告書』（http://www.parti.jp/info/h14chosaall.pdf, 2009.11.30）。

友田明美（2016）「被虐待者の脳科学研究」『児童青年精神医学とその近接領域』57（5），719-729頁。

友田尋子（2004）「DV 被害者に看護師ができること——二次被害から守る」『看護学雑誌』68（10），1038-1041頁。

内閣府男女共同参画局（2001）「配偶者等からの暴力に関する事例調査」。

内閣府男女共同参画局（2007）「配偶者からの暴力の被害者の自立支援に関する調査報告書」。

内閣府男女共同参画局（2008）「配偶者からの暴力の防止及び被害者の保護のための施策に関する基本的な方針」（http：//www.gender.go.jp/e-vaw/law/houshin.pdf, 2009. 11.30）。

内閣府男女共同参画局（2011）「地域における配偶者間暴力対策の現状と課題に関するアンケート調査報告書」。

内閣府男女共同参画局（2018a）「男女間における暴力に関する調査報告書」（http://www. gender.go.jp/policy/no_violence/evaw/chousa/h29_boryoku_cyousa.html, 2019.2.1）。

内閣府男女共同参画局（2018b）「配偶者からの暴力に関するデータ」（http://www. gender.go.jp/policy/no_violence/e-vaw/data/pdf/dv_data.pdf, 2019.2.1）。

内閣府男女共同参画局（2019）「配偶者暴力相談支援センターの機能を果たす施設一覧」（http://www.gender.go.jp/policy/no_violence/e-vaw/soudankikan/pdf/center.pdf . 2019.7.30）

中島幸子（2013）『マイレジリエンス——トラウマとともに生きる』梨の木舎。

野坂洋子（2015）「DV 被害者支援における二次被害と DV の類似性」『現代福祉研究』15，141-151頁。

信田さよ子（2002）『DV と虐待——「家族の暴力」に援助者ができること』医学書院。

橋本和明（2010）「配偶者虐待が深刻化する要因についての研究——事例のメタ分析を用いた虐待のメカニズムの解明」『花園大学社会福祉学研究紀要』18，31-59頁。

原田恵理子（1999）「被害者への対応・社会的支援の現状と課題」『現代のエスプリ』383，64-76頁。

フェミニストカウンセリング堺 DV 研究プロジェクトチーム（1998）「夫・恋人（パートナー）等からの暴力について調査報告書」。

藤田景子（2014）「ドメスティック・バイオレンス被害女性の周産期および育児期を通じた DV 被害に対する認識の回復過程」『日本看護科学会誌』34，198-207頁。

藤平裕子（2012）「フェミニストカウンセリング視点に立った DV 被害者支援——支配からの解放と回復を目指した支援を考える」『フェミニストカウンセリング』10，24-44頁。

堀千鶴子（2013）「婦人保護事業の現在」戒能民江編著『危機をのりこえる女たち——DV 法10年，支援の新地平へ』信山社，100-126頁。

本田りえ・小西聖子（2010）「DV 被害者の治療」『精神科』17（1），19-23頁。

増井香名子（2011）「DV 被害者は，いかにして暴力関係からの「脱却」を決意するのか——『決定的底打ち実感』に至るプロセスと『生き続けている自己』」『社会福祉学』52（2），94-106頁。

増井香名子（2012）「パワー転回行動—— DV 被害者が暴力関係から『脱却』する行動のプロセス」『社会福祉学』53（3），57-69頁。

増井香名子（2016）「関係離脱後の DV 被害者の生活再生プロセス——ソーシャルワーク支援の位置づけの必要性」『社会福祉学』57（2），29-41頁。

増井香名子・丸橋正子・加藤典子・岡本正子（2016）「婦人相談所一時保護からみる DV 被害者とその子どもの実態——社会的養護としての DV 被害母子の支援への視点」『子どもの虐待とネグレクト』17（3），400-407頁。

増井香名子（2017）「DV 被害経験からの『回復』と経験への意味づけ——当事者インタビューの分析からみえた心的外傷後成長（PTG）」『社会福祉学』58（2），55-66頁。

松島京（2000）「ドメスティック・バイオレンス（Domestic Violence）という用語が持つ意味——先行研究からの考察」『立命館産業社会論集』36（1），141-163頁。

三毛美予子（2005）「M-GTA を用いた社会福祉実践研究の実際と研究への提言——これから M-GTA を用いる人へ」木下康仁編『分野別実践編グラウンデッド・セオリー・アプローチ』弘文堂，23-59頁。

宮地尚子（2007）『環状島——トラウマの地政学』みすず書房。

宮地尚子（2016）「虐待サバイバーとレジリエンス」『子どもの虐待とネグレクト』17（3），346-352頁。

宮本和彦（2003）「DV と児童虐待への対応」夏刈康男・宮本和彦編『児童虐待・DV——その事例と対応』八千代出版，165-200頁。

参考文献

三輪久美子 (2010)『小児がんで子どもを亡くした親の悲嘆ケア――絆の再構築プロセス
　　とソーシャルワーク』生活書院。

宗像美由 (2014)「アフター DV 回復支援活動―― DV 被害者から回復支援者――」『保
　　健の科学』56 (1), 35-40頁。

村本邦子 (2013)「アメリカにおける DV 防止への取り組みの変遷」高畠克子編著『DV
　　はいま――協働による個人と環境への支援』ミネルヴァ書房, 18-34頁。

森田ゆり (2001)『ドメスティック・バイオレンス――愛が暴力に変わるとき』小学館。

矢野裕子 (2007)「DV 支援現場における支援者による被害――二次被害当事者へのイン
　　タビューから」『西山学苑研究紀要』2, 19-36頁。

山野則子 (2009)『子ども虐待を防ぐ市町村ネットワークとソーシャルワーク――グラウ
　　ンデッド・セオリー・アプローチによるマネージメント実践理論の構築』明石書店。

山本恒雄・新納拓爾 (2009)「DV 問題に関連する児童虐待相談およびその通告に関する
　　調査研究――警察・婦人相談所と児童相談所との連携における課題について」『日本
　　子ども家庭総合研究所紀要』46, 265-288頁。

山本由紀 (2007)「ドメスティック・バイオレンス被害へのソーシャルワーク――被害者
　　自覚を持つに至るプロセスの一考察」『上智社会福祉専門学校紀要』2, 25-33頁。

吉田博美・小西聖子・影山隆之・野坂祐子 (2005)「ドメスティック・バイオレンス被害
　　者における精神疾患の実態と被害体験の及ぼす影響」『トラウマティック・ストレス』
　　3 (1), 83-89頁。

吉浜美恵子・釜野さおり編著 (2007)『女性の健康とドメスティック・バイオレンス――
　　WHO 国際調査／日本調査結果報告書』新水社。

米田弘枝 (2014)「ドメスティック・バイオレンス被害者が被害を受けていくプロセスの
　　検討」『立正大学臨床心理学研究』12, 12-31頁。

Anderson, D. K. & Saunders, D. G. (2003) "Leaving an abusive partner: An empirical
　　review of predictors, the process of leaving, and psychological well-being"
　　Trauma, Violence, & Abuse 4(2), pp. 163-191.

Anderson, K. M., Renner, L. M. & Danis, F. S. (2012) "Recovery: Resilience and growth
　　in the aftermath of domestic violence" *Violence Against Women* 18(11), pp.
　　1279-1299.

Astin, M. C., Lawrence, K. J. & Foy, D. W. (1993) "Posttraumatic stress disorder
　　among battered women: Risk and resiliency factors" *Violence and Victims* 8(1),
　　pp. 17-28.

Bancroft, L. (2004) *When dad hurts mom: Helping your children heal the wounds of
　　witnessing abuse*, Berkley. (= 2006, 白川美也子・山崎知克監訳, 阿部尚美・白倉三
　　紀子訳『DV・虐待にさらされた子どものトラウマを癒す――お母さんと支援者の
　　ためのガイド』明石出版。)

Barnett, O. W. (2001) "Why battered women do not leave, part 1: External inhibiting factors within society" *Trauma, Violence, & Abuse* 1, pp. 343-372.

Benton, D. A. (1986) "Battered women: Why do they stay?" *Health Care for Women International* 7(6), pp. 403-411.

Bitton, M. S. (2014) "PTSD, posttraumatic growth, and coping among ultra-orthodox jewish battered women in Israel" *Journal of Loss and Trauma* 19(2), pp. 155-172.

Black, C. J. (2003) "Translating principles into practice: Implementing the feminist and strengths perspectives in work with battered women" *Affilia - Journal of Women and Social Work* 18(3), pp. 332-349.

Brewer, G., Roy, M. & Smith, Y. (2010) "Domestic violence: The psychosocial impact and perceived health problems. Journal of Aggression" *Conflict and Peace Research* 2(2), pp. 4-15.

Brown, J. (1997) "Working toward freedom from violence: The process of change in battered women" *Violence Against Women* 3(1), pp. 5-26.

Burke, J. G., Gielen, A. C., McDonnell, K. A., O'Campo, P. & Maman, S. (2001) "The process of ending abuse in intimate relationships: A qualitative exploration of the transtheoretical model" *Violence Against Women* 7(10), pp. 1144-1163.

Burke, J. G., Mahoney, P., Gielen, A., McDonnell, K. A. & O'Campo, P. (2009) "Defining appropriate stages of change for intimate partner violence survivors" *Violence and Victims* 24(1), pp. 36-51.

Burkitt, K. H. & Larkin, G. L. (2008) "The transtheoretical model in intimate partner violence victimization: Stage changes over time" *Violence and Victims* 23(4), pp. 411-431.

Bybee, D. I. & Sullivan, C. M. (2002) "The Process Through Which an Advocacy Intervention Resulted in Positive Change for Battered Women Over Time" *American Journal of Community Psychology* 30(1), pp. 103-132.

Calhoun, L. G., Cann, A., Tedeschi, R. G. & McMillan, J. (2000) "A correlational test of the relationship between posttraumatic growth, religion, and cognitive processing" *Journal of Traumatic Stress* 13(3), pp. 521-527.

Campbell, R., Sullivan, C. M. & Davidson, W. S.,II. (1995) "Women who use domestic violence shelters: Changes in depression over time" *Psychology of Women Quarterly* 19(2), pp. 237-255.

Campbell, J. C. (1989) "Women's responses to sexual abuse in intimate relationships" *Health Care for Women International* 10(4), pp. 335-346.

Campbell, J. C. & Lewandowski, L. A. (1997a) "Mental and physical health effects of intimate partner violence on women and children" *Psychiatric Clinics of North*

America 20(2), pp. 353-374.

Campbell, J. C., Kub, J., Belknap, R. A. & Templin, T. N. (1997b) "Predictors of depression in battered women" *Violence Against Women* 3(3), pp. 271-292.

Campbell, J., Rose, L., Joan, K. & Nedd, D. (1998) "Voices of strength and resistance: A contextual and longitudinal analysis of women's responses to battering" *Journal of Interpersonal Violence* 13(6) pp. 743-762.

Campbell, J. C. & Soeken, K. L. (1999) "Forced sex and intimate partner violence: Effects on women's risk and women's health" *Violence Against Women* 5(9), pp. 1017-1035.

Campbell, J. C. (2002) "Health consequences of intimate partner violence" *Lancet* 359 (9314), pp. 1331-1336.

Campbell, J. C., Jones, A. S., Dienemann, J., Kub, J., Schollenberger, J., O'Campo, P. & Wynne, C. (2002) "Intimate partner violence and physical health consequences" *Archives of Internal Medicine* 162(10), pp. 1157-1163.

Chang, J. C., Dado, D., Ashton, S., Hawker, L., Cluss, P. A., Buranosky, R. & Scholle, S. H. (2006) "Understanding behavior change for women experiencing intimate partner violence: Mapping the ups and downs using the stages of change" *Patient Education and Counseling* 62(3), pp. 330-339.

Chang, J. C., Dado, D., Hawker, L., Cluss, P. A., Buranosky, R., Slagel, L. & Scholle, S. H. (2010) "Understanding turning points in intimate partner violence: Factors and circumstances leading women victims toward change" *Journal of Women's Health* 19(2), pp. 251-259.

Cobb, A. R., Tedeschi, R. G., Calhoun, L. G. & Cann, A. (2006) "Correlates of posttraumatic growth in survivors of intimate partner violence" *Journal of Traumatic Stress* 19(6), pp. 895-903.

Crawford, E., Liebling-Kalifani, H. & Hill, V. (2009) "Women's understanding of the effects of domestic abuse: The impact on their identity, sense of self and resilience. A grounded theory approach" *Journal of International Women's Studies* 11(2), pp. 63-82.

Davis, R. E. (2002) ""The strongest women": Exploration of the inner resources of abused women" *Qualitative Health Research* 12(9), pp. 1248-1263.

Dutton, D. G. & Painter, S. L. (1981) "Traumatic bonding: The development of emotional attachments in battered women and other relationships of intermittent abuse" *Victimology:* 1, pp. 139-155.

Enander, V. & Holmberg, C. (2008) "Why does she leave? the leaving process (es) of battered women" *Health Care for Women International* 29(3), pp. 200-226.

Farrell, M. L. (1996) "Healing: A qualitative study of women recovering from abusive relationships with men" *Perspectives in Psychiatric Care* 32(3), pp. 23-32.

Feder, A., Nestler E. J. & Charney, D. S. (2009) "Psychobiology and molecular genetics of resilience" *Nature Reviws Neuroscience* 10, pp. 446-457.

Follingstad, D. R., Brennan, A. F., Hause, E. S., Polek, D. S. & Rutledge, L. L. (1991) "Factors moderating physical and psychological symptoms of battered women" *Journal of Family Violence* 6(1), pp. 81-95.

Gelles, R. J. (1976) "Abused wives: Why do they stay" *Journal of Marriage and Family* 38(4), pp. 659-668.

Giles, J. R. (2004) *Growing through adversity: Becoming women who live without partner abuse. A grounded theory study*, Auckland University of Technology.

Giles, J. & Curreen, H. (2007) "Phases of growth for abused New Zealand women: A comparison with other studies" *Affilia - Journal of Women and Social Work* 22(4), pp. 371-384.

Glaser, B. G. & Strauss, A. L. (1967) *The Discovery of Grounded Theory: Strategies for Qualitative Research*, Aldine Publishing Company. (＝1996, 後藤隆・大出春江・水野節夫訳『データ対話型理論の発見——調査からいかに理論をうみだすか』新曜社。)

Golding, J. M. (1999) "Intimate partner violence as a risk factor for mental disorders: A meta-analysis" *Journal of Family Violence* 14(2), pp. 99-132.

Hegarty, K. L., O'Doherty, L. J., Gunn, J., Pierce, D. & Taft, A. J. (2008) "A brief counselling intervention by health professionals utilising the 'readiness to change' concept for women experiencing intimate partner abuse: The weave project" *Journal of Family Studies* 14(2-3), pp. 376-388.

Herman, J. L. (1992) *Trauma and Recovery*, Basic Books. (＝1999, 中井久夫訳『心的外傷と回復』みすず書房。)

Hou, W. L., Ko, N. Y. & Shu, B. -C. (2013) "Recovery experiences of Taiwanese women after terminating abusive relationships: A phenomenology study" *Journal of Interpersonal Violence* 28(1), pp. 157-175.

Kearney, M. H. (2001) "Enduring love: A grounded formal theory of women's experience of domestic violence" *Research in Nursing and Health* 24(4), pp. 270-282.

Khaw, L. & Hardesty, J. L. (2007) "Theorizing the process of leaving: Turning points and trajectories in the stages of change" *Family Relations* 56(4), pp. 413-425.

Kim, J. & Gray, K. A. (2008) "Leave or stay?: Battered women's decision after intimate partner violence" *Journal of Interpersonal Violence* 23(10), pp. 1465-1482.

Landenburger, K. M. (1989) "A process of entrapment in and recovery from an abusive relationship" *Issues in Mental Health Nursing* 10(3-4), pp. 209-227.

Landenburger, K. M. (1998) "The dynamics of leaving and recovering from an abusive relationship" *Journal of Obstetric, Gynecologic, and Neonatal Nursing: JOGNN / NAACOG* 27(6), pp. 700-706.

McCauley, J., Kern, D. E., Kolodner, K., Dill, L., Schroeder, A. F., DeChant, H. K. & Derogatis, L. R. (1995) "The "battering syndrome": Prevalence and clinical characteristics of domestic violence in primary care internal medicine practices" *Annals of Internal Medicine* 123(10), pp. 737-746.

Merritt-Gray, M. & Wuest, J. (1995) "Counteracting abuse and breaking free: The process of leaving revealed through women's voices" *Health Care for Women International* 16(5), pp. 399-412.

Mills, T. (1985) "The assault on the self: Stages in coping with battering husbands" *Qualitative Sociology* 8, pp. 10-123.

Moss, V. A., Pitula, C. R., Campbell, J. C. & Halstead, L. (1997) "The experience of terminating an abusive relationship from an Anglo and African American perspective: A qualitative descriptive study" *Issues in Mental Health Nursing* 18 (5), pp. 433-454.

Patzel, B. (2001) "Women's use of resources in leaving abusive relationships: A naturalistic inquiry" *Issues in Mental Health Nursing* 22(8), pp. 729-747.

Reisenhofer, S. & Taft, A. (2013) "Women's journey to safety - the transtheoretical model in clinical practice when working with women experiencing intimate partner violence: A scientific review and clinical guidance" *Patient Education and Counseling* 93(3), pp. 536-548.

Rhodes, N. R. & McKenzie, E. B. (1998) "Why do battered women stay?: Three decades of research" *Aggression and Violent Behavior* 3(4), pp. 391-406.

Romero, M. (1985) "A comparison between strategies used on prisoners of war and battered wives" *Sex Roles* 13(9-10), pp. 537-547.

Sabri, B., Holliday, C. N., Alexander, K. A., Huerta, J., Cimino, A., Callwood, G. B. & Campbell, J. C. (2016) "Cumulative Violence Exposures: Black Women's Responses and Sources of Strength" *Social work in public health 31* (3), pp. 127-139.

Senter, K. E. & Caldwell, K. (2002) "Spirituality and the maintenance of change: A phenomenological study of women who leave abusive relationships" *Contemporary Family Therapy* 24(4), pp. 543-564.

Sieutel, M. R. (1998) "Women's experiences of abuse: A review of qualitative research" *Issues in Mental Health Nursing* 19(6), pp. 525-539.

Straus, M. A., Gelles, R. J. & Steinmetz, S. K. (1980) *Behind Closed Doors: Violence in the American Family*, Anchor Press.

Sullivan, C. M. & Davidson, W. S., II. (1991) "The provision of advocacy services to women leaving abusive partners: An examination of short-term effects" *American Journal of Community Psychology* 19(6), pp. 953-960.

Taylor, J. Y. (2004) "Moving from surviving to thriving: African American women recovering from intimate male partner abuse" *Research and Theory for Nursing Practice* 18(1), pp. 35-50.

Tedeschi, R. G. & Calhoun, L. G. (1996) "The posttraumatic growth inventory: Measuring the positive legacy of trauma" *Journal of Traumatic Stress* 9(3), pp. 455-471.

Tedeschi, R. G. & Calhoun, L. G. (2004) "Posttraumatic growth: Conceptual foundations and empirical evidence" *Psychological Inquiry* 15(1), pp. 1-18.

Temple, J. R., Weston, R., Rodriguez, B. F. & Marshall, L. L. (2007) "Differing effects of partner and nonpartner sexual assault on women's mental health" *Violence Against Women* 13(3), pp. 285-297.

Tolman, R. M. & Rosen, D. (2001) "Domestic violence in the lives of women receiving welfare: Mental health, substance dependence, and economic well-being et al" *Violence Against Women* 7(2), pp. 141-158.

Ulrich, Y. C. (1991) "Women's reasons for leaving abusive spouses" *Health Care for Women International* 12(4), pp. 465-473.

Valdez, C. E. & Lilly, M. M. (2015) "Posttraumatic growth in survivors of intimate partner violence: An assumptive world process" *Journal of Interpersonal Violence* 30(2), pp. 215-231.

Walker, Lenore E. A. (1979) *The Battered Women*, Harper & Row. (＝1997, 斎藤学監訳・穂積由利子訳『バタード・ウーマン――虐待される妻たち』金剛出版。)

Weaver, T. L., Allen, J. A., Hopper, E., Maglione, M. L., McLaughlin, D., McCullough, M. A. & Brewer, T. (2007) "Mediators of suicidal ideation within a sheltered sample of raped and battered women" *Health Care for Women International* 28 (5), pp. 478-489.

Werner-Wilson, R. J., Schindler, Z. T. & Whalen, D. (2000) "Resilient response to battering" *Contemporary Family Therapy* 22(2), pp. 161-188.

Wozniak, D. F. (2009) "Rites of passage and healing efficacy: An ethnographic study of an intimate partner violence intervention" *Global Public Health* 4(5), pp. 453-463.

Wuest, J. & Merritt-Gray, M. (1999) "Not going back: Sustaining the separation in the process of leaving abusive relationships" *Violence Against Women* 5(2), pp.

110-133.

Wuest, J. & Merritt-Gray, M. (2001) "Beyond survival: Reclaiming self after leaving an abusive male partner" *Canadian Journal of Nursing Research* 32(4), pp. 79-94.

Wuest, J. & Merritt-Gray, M. (2002) "While leaving abusive male partners, women engage in a four-stage process of reclaiming self" *Evidence-Based Nursing* 5(2), p. 60.

Yoshihama, M. & Horrocks, J. (2003) "The relationship between intimate partner violence and PTSD: An application of cox regression with time-varying covariates" *Journal of Traumatic Stress* 16(4), pp. 371-380.

Zink, T., Elder, N., Jacobson, J. & Klostermann, B. (2004) "Medical management of intimate partner violence considering the stages of change: Precontemplation and contemplation" *Annals of Family Medicine* 2(3), pp. 231-239.

索　引

あ 行

アウトリーチ　232
明日はやってくる　141
新しい生活に日常ができる　161, 166, 206
アドボケイト　9, 233
　　――システム　232
後戻りできない　71, 79
あの生活に戻れない・戻らない　159
歩めている自分自身に支えられる　164
新たな自己　193, 195
新たなつながりに救われる　157
改めて、人生の舵を握り直す　176
改めて、喪失が痛む　174, 194
あれよあれよと深まる　60, 73
安心が感じられる　140
安全の担保　120, 130, 206, 226
怒りが噴出する　147, 170
勢いづく行動　121, 177
生き続けている自己　93, 102, 108, 110
生きる意味づけが増強される　186
意向の優先が癖づいていく　64, 74, 76
Ⅰステージ　217
一時保護　31, 32, 35, 40, 41, 216
命綱の受取り　117, 132
命綱の差出し　132
今ある幸せを思う　186
意味の再構成　107
インターラクティブ性　49
インタビューガイド　50
インフォーマルなサポート　140
ヴァリエーション　48, 54
内なる痛みに苦悶する　153
奪われる自己　92, 100, 127
エンパワメントアプローチ　17
エンパワメント実践　132
横断的連携　230

押し留めのメッセージの受入れ　84
夫（恋人）からの暴力調査研究会　29
親子関係　27

か 行

外傷後成長尺度　→ PTGI
概念　ii, 48, 54
概念生成　52
戒能民江　30, 35, 133
回復　7, 171, 183, 194
顔色と機嫌に生活が支配される　75
加害者　33
学習性無力感　5, 22
過去を置いて、今を生きる　182
過去を悔恨する　187
加速する決意　122
カテゴリー　ii, 56, 204
紙一重　144
　　――感　123, 232
からくりに気づいていく　149, 170
仮暮らし　177
関係が進む　64, 69, 78, 79
関係継続願望・責務　85, 108
関係と生活のなかに暴力が位置づく　67, 72,
　　75, 205
関係に陥るプロセス　57, 208, 212
関係の区切りがつく　161, 166, 206
関係の線を引いていく　141, 151, 160, 166
がんじがらめになっていく　57, 58, 75
がんじがらめを生きることへのシフト　72
感情の蓋　148
完了テーマ　204
危機回避家出　91, 107, 109, 216, 220, 223
傷を知り、向き合う　181, 197
木下康仁　45
希望がみえる　125
希望なし状態　101, 125

253

境界設定の完了　160, 161, 166, 171, 174, 206,
　220
境界線　79
　　──がみえる　128
強靭的側面　1, 6, 11, 15
　　──プロセス型研究　16
恐怖と無力感の埋め込まれ　67
極力戦わない　143
ぐったりしのぐ　147
グラウンデッド・セオリー　21, 43
　　──・アプローチ　43
グレーザー,B.G.　43, 45
ケア役割　77
経験が私を作っている　191, 195
経済的暴力　24, 63, 76
警察　31, 40, 216, 233
ケースマネジメント　132, 234
決意行動をつなぐ他者存在の獲得　116, 121,
　124, 128, 206
欠如感　173
決定的底打ち実感　97, 103, 107, 109, 113,
　155, 205, 217, 219, 220
　　──に至る　82, 83, 106
限界感の蓄積　86, 93, 97, 108, 110
限界ラインの押し広げ　83, 92-94, 108
研究する人間　48
健康な関係を得る　150, 168
権利のために戦う　142, 151
コアカテゴリー　ii, 55, 56, 204
好意を伴う親密関係の始まり　59, 76
肯定的自己原形　102
行動する主体としての自分の取戻し　113,
　121, 124, 206
行動の急発進　113, 116
行動変容理論モデル　11, 13
高齢者虐待　33
　　──の防止，高齢者の養護者に対する支援等
　　に関する法律　32, 33
コーディネート　169, 232
　　──機能　224, 225
心の線を引いていく　147, 160, 166
子ども　27, 37, 108, 131, 154, 167, 179, 212
　　──ががんばり源　158, 167

　　──の痛みと荒れに苦悶する　154, 158,
　　167
　　──を利用した暴力　24
小西聖子　26, 38
孤立化による孤独　101, 110, 129
孤立感　25

さ 行

サヴァイバー　19, 210
作用　128
　　──主実感　124, 127, 185
残傷にやられそうになる　194
シェルター　14, 216, 233
支援獲得行動　114, 131
支援システム　229
支援の視点　222-227
支援の役割　78, 110, 132, 168, 196
支援ルートのっかり　115, 119, 177
自己がはがれ出てくる　164
自己資源掘り起こし　114, 131
自己状況客観事象への直面　95
自己喪失恐怖　87, 102, 108
自己認識　164
自己の経験　199
自己の状況　204
自己の確かさ　191
自己の変化　207
自己の譲り渡し　64, 73
自己のよみがえり　127
システマティックレビュー　12, 45
実質的サポートを得る　139, 168
児童虐待　33, 37
　　──の防止等に関する法律　27, 32, 33
児童相談所　27, 33
児童福祉　38
　　──機関　38, 95
支配の呪縛に苦しむ　136, 147, 165
支配のメカニズム　110, 150, 222, 224-227,
　234
支配-被支配　25, 34
社会関係の弱まり　69, 79
社会資源　132, 169

索　引

——の助けを得る　139, 168
社会的暴力　24, 70, 76, 101
社会福祉　38
社会への作用感　184, 194, 197
周囲からの直言　91, 94
修正版グラウンデッド・セオリー・アプローチ
　　ii, 18, 45
縦断的連携　231
主観的経験　16
障がい者虐待　33
障害者虐待の防止，障害者の養護者に対する支
　　援等に関する法律　32, 33
女性に対する暴力　29
　　——撤廃宣言　29
　　——防止法　29
女性福祉　39
自立境界の保持　183, 194, 196
人材養成　234
　　——システム　234
侵襲に消耗する　152
心身からのSOS　89, 108
身体的暴力　24, 76
心的外傷後成長　→ PTG
真の「離脱」　166, 207, 221
心理的絡みとられ　67, 75, 205
心理的虐待　27
心理的支援　234
心理的支配　34, 234
心理的状況　204, 215
心理的ステージ　215, 217
スーパービジョン　37
ステージモデル　iii, 215, 217, 236
須藤八千代　14, 17, 31, 38
ストーリーライン　iii, 58, 82, 112, 134, 173,
　　199, 202
ストラウス,A.L.　43, 45
ストレングス　9
スピリチュアル　7, 126, 131, 211
　　——サポート　10
　　——な存在からの守られ・背中押され感
　　126
生活の困難　178, 196
生活の再生プロセス　133, 165, 206, 209, 213

生活の断絶　136, 165
生活の場の確保　119, 130, 206, 216, 226
生活を作っていく　138, 160, 166
脆弱な側面　1, 5, 15
精神的サポートを得る　144, 168
精神的暴力　24, 76
性的暴力　24, 76
セーフティプラン　223
責任の過剰引受け　83, 128
接近禁止命令　30
切片化　47
背中押しメッセージ　109
　　——の受取り　93, 94
ゼロにはならない　189, 194
喪失し，重荷をおう　136, 154
喪失自己からの歩み　163
喪失自己との格闘　163
ソーシャルワーク　17, 19, 38, 132, 234
　　——研究　18, 39
促進要因　210
外からの脅かしに苦悩する　152

た　行

第2波フェミニズム運動　28
太鼓判を押してもらう　116, 132
太鼓判を押す　132
大丈夫が増える受動的側面　146, 149, 166
大丈夫な私になっていく　171-173, 180, 194
大丈夫な私として統合されていく　188
大丈夫を増やしていく・大丈夫が増えていく
　　134-136, 160, 165
大丈夫を増やす主体的側面　145, 149, 166
大丈夫をもたらす支援的側面　145, 166, 168
他者との関係　77, 109, 131, 168, 196
立入調査　32
ターニングポイント　7, 107, 161
試し相談　90, 109, 220, 222
男女間における暴力に関する調査　4, 30
男性被害者　19, 35
小さな幸せ　166
　　——に強化づけられる　52, 158
知恵の提示　132

255

知恵を借りる　117, 132
超自己の感得　125
通告　32
通報　32, 40
突き示す決別宣言　122
つないでもらう　118, 132
つながり　105, 156, 168, 169, 196
　　——に救われる　156
定義　48, 54
抵抗が功を奏さない　65
抵抗の不成功　64
デートDV　14, 19
でき得る限りの抵抗をする　65
同行支援　232
ドメスティック・バイオレンス　23
トラウマ　17, 170, 183, 211
　　——インフォームドケア　170, 234
　　——ティック・ボンディング　5, 22
　　——反応　234
トランスセオレティカルモデル　11, 13

な　行

内的エネルギーの湧き上がり感　126
仲間を思う　185, 194
流れに委ねる　145
何かが違う・何かが足りない　173, 188, 193
二次加害　37
二次被害　36
Ⅱステージ　217
残した味方に救われる　157, 168
残った関係が重い　137, 165

は　行

配偶者からの暴力　23, 33
配偶者からの暴力の防止及び被害者の保護等に
　関する法律　23, 33, 35, 40
配偶者からの暴力の防止及び被害者の保護に関
　する法律　30
配偶者からの暴力の防止及び被害者の保護のた
　めの施策に関する基本的な方針　31
配偶者暴力相談支援センター　30, 35, 36, 40,

　　41, 232
売春防止法　35, 40
ハイヤーパワー　10, 126, 131
バージョンアップ　193, 195
パートナー関係の疑念　87, 109
ハネムーン期言動　68, 69, 76
ハネムーン期効果　68, 76
パワー　129, 130
　　——が発動される　146
　　——転回行動　111-113, 129
　　——転回へのスパイラル　121
被害経験から（の）「回復」　20
被害者からの脱皮　209
被害者性の獲得　151, 209
被害者認識の変化　208
惹かれる　73
引き金事象　109
　　——の遭遇　97
非常（情）な言動に驚く　62
一つ一つをそろえていく　138
人に傷つく　153
非プロセス型　1, 15
　　——研究　1
疲弊混乱状態　153
不安に蓋をする　63
不安をスルーしての関係継続　61, 74, 76
フェミニズム・アプローチ　39
複雑性PTSD　163
婦人相談員　35, 41, 232
婦人相談所　27, 31, 33, 35, 40
不信と怖さを感じる　63
婦人保護事業　35, 41
婦人保護施設　139, 176, 206, 216
「二人ワールド」の回避　104, 110
物理的がんじがらめ　67, 69, 75, 77, 205
物理的支援　234
物理的状況　204, 215
物理的ステージ　215, 216
フラッシュバック　26
ぶれそうになる　155, 221
プロセス型　1, 15
　　——研究　5, 11
分析結果図　iii, 18, 48, 56, 58, 82, 112, 135,

256

172, 200
分析焦点者　52, 56
分析テーマ　52, 57, 81, 111, 134, 171
分析ワークシート　48
　——例　54
平気になる　161, 166, 206
ペースにはまる　73
法的・安全支援を得る　143, 168
暴力が本格化する　64, 75
暴力関係から（の）「離脱」　20
暴力性を垣間見る　61, 74, 76, 78
暴力的傾向を感じる　61
暴力による限界感　86, 108
暴力のある生活　20, 106, 109
暴力のない生活　20, 130
「暴力のない生活」は何事にも代えられない
　158
暴力への拒絶感・違和感　103
暴力をふるわれた女性たちの運動　28
亡霊が出てくる　179
保護命令　30, 40, 81, 106, 141
母子生活支援施設　139, 176, 206, 216
本格的な暴力の始まり　64, 78

ま　行

真逆を体感する　150
道半ば感　174
未来が戻る　178
民間シェルター　30, 233
無力感　25
目覚めの瞬間　99, 205
面会交流　233
面前DV　27
もらった力を大事に生きる　186
問題の過小評価　83

や　行

「優しい」から始まる　59
有援感　128
要保護女子　35
予防教育　78

ら　行

離婚　167
　——手続き　142
離脱の行動プロセス　111, 205, 213, 220
離脱の不可欠資源の確保　119, 121, 132, 166,
　206, 220
リフレーム情報　150
　——を得る　149, 168, 170
離別の決意　97
　——に至るプロセス　81, 107, 205, 208,
　212, 220
離別の不可欠資源の確保　130, 131
理論的メモ　48, 54
レジリエンス　9, 211
連携　229
　——システム　230

わ　行

私が決める　115
私暮らしを模索する　176
私の人生・私の過去　190, 195
「私」の新生プロセス　171, 193, 209, 213
私は力を持っている　192
私を私なりに育む　181

欧　文

A I　222
A II　224
A ステージ　216
B I　223
B II　225
Battered Women's Movement　→暴力をふ
　るわれた女性たちの運動
B ステージ　216
C I　226
C II　227
Common Low　28
C ステージ　216
DV　→ドメスティック・バイオレンス

DV 関係に陥るプロセス　57, 75, 205
DV のサイクル　24, 78, 86
　緊張期　24, 76
　爆発期　24, 76
　ハネムーン期　24, 76
DV 被害から（の）「脱却」　20
DV 被害者　19, 23
　男性――　19
DV 被害者支援のためのステージモデル
　216, 218
DV 防止法　→配偶者からの暴力の防止及び
　被害者の保護等に関する法律
D ステージ　216, 227
GTA　→グラウンデッド・セオリー・アプ
　ローチ
Herman,J.L.　17, 163, 171
intimate partner violence　→ IPV
in-vivo 概念　56

IPV　23
Landenburger,K.M.　7, 11, 109, 133
M-GTA　→修正版グラウンデッド・セオ
　リー・アプローチ
Nation Women Study　3
National Violence Against Women Survey
　3
NVAWS　→ National Violence Against
　Women Survey
NWS　→ Nation Women Study
Prochaska,J.O.　14
PTG　10, 193, 195
PTGI　10
PTGI スケール　10
PTSD　10
The Battered Women　2
TTM　→トランスセオレティカルモデル
Walker,L.E.　2, 5

著者紹介

増井香名子（ますい・かなこ）

2017年 大阪府立大学大学院人間社会学研究科社会福祉学専攻博士後期課程修了。博士（社会福祉学）。社会福祉士・精神保健福祉士。

現 在 新見公立大学健康科学部地域福祉学科講師・大阪府立大学客員研究員。

主 著 「DV被害者は，いかにして暴力関係からの『脱却』を決意するのか──『決定的底打ち実感』に至るプロセスと『生き続けている自己』」『社会福祉学』52（2），2011年。
「パワー転回行動──DV被害者が暴力関係から『脱却』する行動のプロセス」『社会福祉学』53（3），2012年。
「関係離脱後のDV被害者の生活再生プロセス──ソーシャルワーク支援の位置づけの必要性」『社会福祉学』57（2），2016年。
「DV被害経験からの『回復』と経験への意味づけ──当事者インタビューの分析からみえた心的外傷後成長（PTG）」『社会福祉学』58（2），2017年。
「DV被害者の支援の視点──『ステージモデル』から理解を深める」『社會問題研究』68，2019年。

MINERVA社会福祉叢書�61
DV被害からの離脱・回復を支援する
──被害者の「語り」にみる経験プロセス──

2019年10月20日　初版第1刷発行　　　〈検印省略〉

定価はカバーに
表示しています

著　者　増　井　香名子

発行者　杉　田　啓　三

印刷者　中　村　勝　弘

発行所　株式会社　ミネルヴァ書房
607-8494 京都市山科区日ノ岡堤谷町1
電話代表 (075)581-5191
振替口座 01020-0-8076

ⓒ 増井香名子, 2019　　　　　中村印刷・新生製本

ISBN978-4-623-08727-3

Printed in Japan

DV はいま

高畠克子 編著

A5 判／ 336 頁／本体 3500 円

アメリカ発　DV 再発防止・予防プログラム

山口佐和子 著

A5 判／ 280 頁／本体 3000 円

女性学入門［改訂版］

杉本貴代栄 編著

A5 判／ 248 頁／本体 2800 円

よくわかる女性と福祉

森田明美 編著

B5 判／ 218 頁／本体 2600 円

子どものニーズをみつめる児童養護施設のあゆみ

大江ひろみ・山辺朗子・石塚かおる 編著

A5 判／ 304 頁／本体 3000 円

里親のためのペアレントトレーニング

武田建・米沢普子 著

四六判／ 236 頁／本体 2000 円

──── ミネルヴァ書房 ────

http://www.minervashobo.co.jp/